Holmsten
Deutschland Juli 1944

Der Führer: Unser Erfindergeist ist im Begriff das technische Gleichgewicht wiederherzustellen

Berlin, 5. 7.

Auf einer Tagung, die Reichsminister Speer einberufen hatte, um den verantwortlichen Männern der deutschen Rüstung und Kriegsproduktion weitere Richtlinien und Unterlagen für ihre Arbeit zu geben, sprachen Reichsminister Speer und die Amtschefs seines Ministeriums sowie im Auftrage von Reichsminister Backe Staatsminister Riecke über die Ernährungslage des deutschen Volkes.

Reichsminister Speer gab einen umfassenden Ueberblick über den augenblicklichen Stand der deutschen Rüstungs- und Kriegsproduktion. Dabei konnte er feststellen, daß dank der Selbstverantwortung der Industrie, des vorbildlichen Einsatzes des deutschen Arbeiters und der intensiven Rationalisierung und Entfeinerung der Fertigungen trotz des feindlichen Bombenterrors eine weitere Steigerung der deutschen Rüstung ermöglicht werden konnte.

Der Minister verkündete eine Reihe von Maßnahmen, die ein weiteres Anwachsen unserer Rüstung sicherstellen werde. In der entscheidensten Zeit des Krieges, so betonte er, werde die Rüstung alles daran setzen, dem deutschen Soldaten die für die Erringung des Sieges notwendigen überlegenen Waffen in immer größerer Menge zur Verfügung zu stellen.

Im Laufe der Tagung zeichnete Reichsminister Speer eine Reihe um die Rüstung besonders verdienter Männer aus. Er überreichte im Auftrag des Führers das Ritterkreuz des Kriegsverdienstkreuzes mit Schwertern an Reichslastverteiler Dr. Fischer, Generaldirektor Keßler, Generalkommissar für Sonderproduktionsaufgaben Direktor Langenohl, Leiter des Hauptringes Guß, und Dr.-Ing. Lueschen, Leiter des Hauptausschusses Elektrotechnik. Einer Reihe weiterer Mitarbeiter überreichte der Minister das ihnen vom Führer verliehene Deutsche Kreuz in Silber.

Die Tagung fand ihren Höhepunkt in einem Empfang der Teilnehmer durch den Führer im Führerhauptquartier. Der Führer gab den verantwortlichen Männern der deutschen Rüstung und Kriegsproduktion einen Ueberblick über die Aufgaben der deutschen Wirtschaft in Krieg und Frieden. Dieser Krieg, so betonte der Führer im Verlauf seiner Ausführungen, könne nicht nach Tagesereignissen gemessen werden.

In einem so gewaltigen weltgeschichtlichen Ringen spiele ein vorübergehender Erfolg oder Mißerfolg keine entscheidende Rolle. In diesem größten Schicksalskampf unseres Volkes, der über Sein oder Nichtsein von vielen Generationen entscheide, habe jeder einzelne nur die Pflicht, unablässig für den Sieg zu kämpfen und zu arbeiten. „Ich weiß, daß eine unerhörte Nervenstärke und eine unerhörte Entschlußkraft notwendig sind, um in solchen Zeiten wie den heutigen zu bestehen. Aber über uns steht unverrückbar als Leitstern unseres Handelns das eine Prinzip: — daß vor gar keiner Schwierigkeit kapituliert wird!"

Der Führer verwies auf das Heldentum an der Front, wo so viele tapfere Soldaten Tag für Tag das scheinbar Unmögliche möglich machten und auch vor unlösbar scheinenden Aufgaben nicht zurückschreckten, sondern sie am Ende doch immer wieder meisterten. „Wenn Sie dieses Heldentum anschauen, dann verstehen Sie auch meinen unerschütterlichen Glauben. Gegenüber solchem Heldentum sollte eine Führung wie die unsere, die das Glück hat, sagen zu können, daß sie vier Jahre lang überhaupt nur Erfolge erzielt hat, vor irgend etwas versagen? Nein! — Wir werden diese Zeit bestehen und am Ende diesen Krieg gewinnen. Der Sieg wird uns einmal alle dafür entschädigen, was jeder einzelne opfern, was er an Sorgen auf sich nehmen und mit seiner Familie an Blut einsetzen mußte."

Dieser Krieg, so erklärte der Führer den verantwortlichen Männern der deutschen Rüstung und Kriegführung, sei nicht allein ein Krieg der Soldaten, sondern vor allem auch der Techniker. Technische Erfindungen hätten ihm von Anfang an ihren Stempel aufgeprägt. Im Laufe des Krieges sei es den Gegnern gelungen, von unseren Erfahrungen zu lernen, unseren Vorsprung auf manchen Gebieten aufzuholen und auf einigen uns zunächst auch zu überholen. „Der deutsche Erfindungsgeist aber ist im Begriff, das technische Gleichgewicht nunmehr wiederherzustellen, um so die Voraussetzungen zu schaffen, das Steuer des Krieges endgültig herumzureißen."

Am Schluß seiner Ausführungen sprach der Führer Reichsminister Speer und seinen Mitarbeitern seinen besonderen Dank für ihre hervorragenden Leistungen auf dem Gebiet der deutschen Rüstung aus und beauftragte sie, diesen Dank auch an Arbeitern in den deutschen Rüstungsbetrieben zu übermitteln.

Dr. Fischer, Keßler, Langenohl, Dr. Lüschen

Berlin, 5. 7.

Der Führer verlieh auf Vorschlag des Reichsministers für Rüstung und Kriegsproduktion, Speer, das Ritterkreuz des Kriegsverdienstkreuzes mit Schwertern an Reichslastverteiler Dr. Fischer, Generaldirektor Keßler, Generalkommissar für Sonderproduktionsaufgaben, Direktor Langenohl, Leiter eines Hauptringes, und Dr.-Ing. Lüschen, Leiter des Hauptausschusses Elektrotechnik.

Dr.-Ing. Fischer hat seit Kriegsbeginn die Reichsstelle für die Elektrizitätswirtschaft aufgebaut und als Reichslastverteiler des Generalinspekteurs für Wasser und Energie mit einem kleinen Stab für die beste Ausnutzung der deutschen Energieerzeugungsanlagen und des Verbundnetzes gesorgt. In engster Zusammenarbeit mit der gesamten deutschen Energiewirtschaft hat Dr.-Ing. Fischer durch großzügige Befehlsführung und unermüdliche Kleinarbeit den Einsatz der Anlagen so gelenkt, daß die der Elektrizitätswirtschaft gestellte Aufgabe der Versorgung der Rüstungsindustrie und der Bevölkerung mit Strom auch bei schwerer Feindeinwirkung gelöst wurde. Dr.-Ing. Fischer hat sich hiermit entscheidende Verdienste um die deutsche Kriegswirtschaft erworben. Die Verleihung des Ritterkreuzes des Kriegsverdienstkreuzes an ihn ist zugleich eine Anerkennung der großen Leistungen der gesamten deutschen Energiewirtschaft.

Direktor Keßler hat durch seine Energie und seinen persönlichen Einsatz ein wichtiges Fertigungsgebiet der Zulieferung im entscheidenden Moment auf eine gewaltige Produktionshöhe gebracht und damit wesentlich zur Steigerung unserer gesamten Rüstung beigetragen.

Direktor Langenohl hat als Leiter des Hauptringes Guß die Bereitstellungen von Gußstücken, die für die Gesamtproduktion von großer Bedeutung sind, in kürzester Frist erheblich gesteigert und damit einen vor Aufnahme seiner Tätigkeit bestandenen Mangel auf diesem Gebiet der Rüstungszulieferung beseitigt.

Als Leiter des Hauptausschusses Elektrotechnik hat Dr.-Ing. Lüschen eine in kurzer Zeit notwendige Vervielfachung des Ausstoßes an Zulieferungen auf dem Gebiet der Elektrotechnik ermöglicht und mit besonderer Energie das ihm übertragene Aufgabengebiet vorangetrieben.

Mit der hohen Auszeichnung von Keßler, Langenohl und Lüschen finden die Verdienste der gesamten Zulieferungsindustrie besondere Anerkennung

(Siehe hierzu Seite 5)

Georg Holmsten

Deutschland Juli 1944
Soldaten, Zivilisten, Widerstandskämpfer

Droste Verlag Düsseldorf

Fotonachweis:
Bundesarchiv Koblenz: 5, 42, 43, 44, 45, 46, 47, 48, 49, 50, 58, 63, 64, 65, 68, 69, 70, 71, 75, 76, 80, 83, 84, 85, 97, 98, 99, 100, 101, 103, 104, 106, 107, 108, 111, 115, 116, 117, 121, 122, 124, 125, 126, 127, 128, 129, 130, 131, 132, 133, 134, 137, 138, 139, 140, 141, 143, 144, 145, 146, 148, 149. Landesbildstelle Berlin: 3, 9, 10, 11, 12, 14, 15, 16, 18, 19, 20, 23, 24, 27, 28, 32, 37, 38, 53, 55, 59, 67, 93. Paulmann: 1, 4, 7, 8, 77, 78, 79, 81, 87, 88, 89, 90, 91, 105, 118, 119, 135. Privat: 136, 142, 147. Ullstein Bilderdienst: 2, 6, 13, 17, 21, 22, 25, 26, 29, 30, 31, 33, 34, 35, 36, 39, 40, 41, 51, 52, 54, 56, 57, 60, 61, 62, 66, 72, 73, 74, 82, 86, 92, 94, 95, 96, 102, 109, 110, 112, 113, 114, 120, 123, 150, 151, 152, 153.

Foto auf Seite 2:
«...was jeder einzelne opfern, was er an Sorgen auf sich nehmen und mit seiner Familie an Mut ersetzen mußte»: Hitlers Parole, Deutschland Juli 1944. Die immer kritischer werdende Lage auf dem Rüstungssektor veranlaßt Hitler und den Rüstungsminister Speer, 200 Wehrwirtschaftsführer und Rüstungsfachleute ins Führerhauptquartier auf den Berghof bei Berchtesgaden einzuladen. Hitler hält dort am 4. Juli 1944 seine letzte Rede vor einem nichtmilitärischen Kreis.

Sonderausgabe für Gondrom Verlag GmbH & Co. KG, Bindlach, 1990
© 1982 Droste Verlag GmbH, Düsseldorf
Einband- und Buchgestaltung: Helmut Schwanen
Fotos: Ullstein Bilderdienst
Lithos: Droste Repro, Düsseldorf
Gesamtherstellung: ZUMBRINK DRUCK GmbH, Bad Salzuflen
ISBN 3-8112-0691-5

Inhalt

1. Die deutsche Situation im Juli 1944 — 7
2. Bendlerblock Berlin: Widerstandszentrum 1944 und militärische Befehlszentrale seit 1919 — 15
3. Die Marine regiert am Landwehrkanal — 20
4. Reichswehr und Republik – Soldaten zwischen zwei Welten — 30
5. Zwischen Anpassung und Widerstand – Der Bendlerblock im Hitlerstaat — 46
6. Der 20. Juli 1944 — 69
7. Der Bendlerblock persönlich erlebt – Im «Verschwörernest» am Landwehrkanal — 84
8. Ich lerne Stauffenberg kennen – Ein riskanter Auftrag — 96
9. Die große Krise 1944: Generaloberst Jodl will Berlins Ruinen sehen — 110
10. Der 20. Juli 1944 im Bendlerblock – Wie ich ihn erlebte — 123
11. Der Schlußakt: Ich komme noch einmal davon — 127

Chronik der Ereignisse des Sommers 1944 — 154

Literatur zum Thema — 160

Zur Person des Autors — 160

2 *So sah es nach den seit 1943 dauernd verstärkten Luftangriffen der Alliierten in zahlreichen deutschen Städten aus. Die Innenstadt von Stuttgart war nach den Bombardierungen zwischen dem 24. und 29. Juli 1944 nur noch ein Trümmermeer. 898 Tote, über 100 000 Obdachlose wurden registriert.*

1. Die deutsche Situation im Juli 1944

Am 20. Juli 1944 spielte sich im Berliner Bendlerblock, dem Zentrum der militärischen Aktion gegen das Hitlerregime, eine Szene von sinnbildlicher Bedeutung ab. Kurz vor 16 Uhr löste General Olbricht, Amtschef beim Oberbefehlshaber im Heimatkriegsgebiet, mit dem Stichwort «Deutschland» die Alarmmaßnahmen des Walküre-Plans aus, jenes Plans, der für den Fall innerer Unruhen «zur Aufrechterhaltung von Recht und Ordnung den militärischen Ausnahmezustand» verhängte und die «Vollziehende Gewalt» auf die Wehrmacht übertrug. Gleich nach dem Eintreffen der – wie es sich erst später herausstellte – nicht zutreffenden Meldung, daß Hitler tot sei, versuchten die Verschwörer des 20. Juli den seit langem ausgearbeiteten Walküre-Alarm-Plan für ihre Zwecke zu benutzen. Und Deutschland, die Rettung Deutschlands in letzter Stunde, war – wie das von Olbricht ausgegebene Stichwort besagte – das Hauptziel der Aktion der Männer des 20. Juli.

Heute, viele Jahre nach den so tragisch verlaufenden Geschehnissen des Sommers 1944, wissen wir, daß die für die Zeitgenossen so überraschende Aktion Stauffenbergs, Olbrichts und ihrer Mitverschworenen aus mannigfachen Gründen berechtigt war, aus militärischen, politischen, wirtschaftlichen und nicht zuletzt ethischen Gründen. Für alle Einsichtigen, die im Kriegsjahr 1944 einen klaren Kopf bewahrt hatten und aufgrund ihrer Tätigkeit in militärischen Führungsstellen über die Lage besser unterrichtet waren als das Gros der Deutschen, bestand kein Zweifel, daß auf eine «Wende des Krieges» – um ein Schlagwort der NS-Propaganda jener Tage zu gebrauchen –, auf eine Wende des Krieges zugunsten Deutschlands nicht mehr zu hoffen war. Der Historiker Professor Percy Ernst Schramm, gerichtlicher Sachverständiger im Remer-Prozeß, dem nach dem Kriege angestrengten Verfahren gegen den an der Niederschlagung des Staatsstreichs am 20. Juli beteiligten Kommandeur des Berliner Wachbataillons, Otto-Ernst Remer, kommt in seinem nüchtern abwägenden Gutachten zu dem Resultat: «Von unseren Verbündeten war am 20. 7. 1944 Italien bereits abgefallen. Die Regierung Mussolini führte nur noch ein Schattendasein. Es wurden einige neue italienische Divisionen in unserem Verbande aufgestellt, aber noch mehr Divisionen auf der Badoglio-Seite. Finnland, Rumänien und Bulgarien sonderten sich unmittelbar nach dem 20. 7. ab. Die Slowakei bedeutete im großen Rahmen gar nichts; sie hat uns nur zwei Brigaden gestellt, und die haben uns wenig genutzt. In Kroatien hielt sich noch die Regierung des sog. ‹Poglavnik›, gestützt auf ihre fluchwürdige Ustascha, am Ruder. Hätte hier Ante Pavlowitsch, der bei der Wehrmacht keine Freunde gewonnen hatte, nicht Rückhalt an Hitler gehabt, dann wäre er zweifellos weggefegt worden. Ungarn wurde mühsam bei der Stange gehalten. Deutschland stand am 20. 7. also praktisch allein und hatte keinerlei Aussichten, daß ihm noch irgend jemand beispringen würde. An der Ostfront hatte sich die doppelte Katastrophe bei der Heeresgruppe Mitte und in Rumänien bereits angebahnt. In Finnland, auf dem Balkan und in Italien war mit dem Zusammenbruch der bisher gehaltenen Fronten zu rechnen. Und das Schlimmste: im Westen war den Alliierten die Landung gelungen, und der Tag, an dem die Normandie-Front zerspringen und dem Angreifer den Weg nach Frankreich freigeben werde, war in kurzer Zeit zu erwarten. Daraus ergibt sich der zwingende Schluß: die militärische Lage war am 20. 7. bereits ausweglos. Auf der militärischen Ebene war kein Umschwung mehr zu erwarten, selbst wenn man die unwahrscheinlichsten Glücksfälle mit in Rechnung stellte.»

Zum Schluß seines Gutachtens erörtert Professor Schramm die schon 1944 und auch später bisweilen aufgestellte Behauptung, «Verrat und Sabotage», insbesondere militärischer Führungsstellen, seien am für Deutschland ungünstigen Ausgang des Krieges schuld gewesen: «Man kann die Deutung ‹Verrat› genau so wenig heranziehen wie das Wort ‹Sabotage›, um den Ablauf des Krieges zu erklä-

Der Schriftsteller Wolfgang Paul, *der als kriegsversehrter Offizier die Luftangriffe auf Berlin im Jahr 1944 miterlebt hat, berichtet in seinem Buch «Der Heimatkrieg 1939 bis 1945» (Esslingen 1980):*
Berlin wurde von den Besatzungen in den Flugzeugen als «psychologisch hartes Ziel» betrachtet, während sie die Städte, die sich neben den Hydrieranlagen befanden und bei den Angriffen mitgetroffen wurden, nicht aus psychologischen Gründen, sondern wegen ihrer für den weiteren Verlauf des Krieges geltenden Bedeutung als notwendige Ziele ansahen. Sie waren Objekte der militärischen Kriegführung, während die anhaltende Zertrümmerung Berlins zur psychologischen Kriegführung gehörte. Von der Erde sah ein Großangriff zuerst so aus, als näherten sich vom Horizont her in aufsteigender Linie Schlangen. Die Bomber waren silberglänzende Schlangenköpfe, hinter denen sich die langen, schneeweißen Kondensstreifen im Bogen über das Blau des Himmels erstreckten. Weißgestreift sah der Himmel aus, wenn die Abwurfsignale sich von den Flugzeugen lösten, die riesenhafte schneeweiße Wolkenbänder wie seltsame Figuren an den Himmel malten. Die Abschüsse der Flak von Berlin, die ersten detonierenden Bomben vermischen sich zu einem anrollenden Donner, der in das mächtige Getöse des Großangriffs übergeht. Das Mündungsfeuer der Flakgeschütze auf der Erde, die explodierenden Granaten und das Bellen der automatischen Waffen von den Flugzeugen am Himmel – es bilden sich über dem brennenden Berlin die ersten grauschwarzen Nebelbänke, die die Sonne verdunkeln und sie hinter einem dichten Schleier nur noch als einen blassen Mond erkennen lassen, der bald verschwindet. Jetzt liegt ein unwirkliches, gelbgraues Licht über der Erde, während nichts anderes mehr zu hören ist als das dumpfe Dröhnen des Bombenstroms, das Rauschen und Pfeifen der herabsausenden Bomben als Unterton zur eruptiven Kulisse der Detonationen. In den Dörfern vor Berlin bleiben nur die Hühner unangefochten, sie picken im Gras, während alle anderen Lebewesen sich verkrochen haben. Nach einer Stunde ist der Himmel, der vorher wolkenlos war, mit weißen und grauen Wolken bedeckt. Wind kommt auf, wie immer nach Riesenbränden. Asche fällt. Oft geschah es, daß auf Großangriffe, die Berlin galten, Regen folgte; die Leute sagten, der Himmel vergieße Tränen über dieser Stadt, aber das gehörte zu der unaufhörlichen Trauer, die wie eine Erlösung auf die Angriffe folgte. Die Splitterschutzgräben in großer Zahl erinnerten an die Schützengräben des Ersten Weltkriegs; jetzt waren es Zivilisten, die dort Schutz suchten, keine Frontsoldaten. Verdun und die Somme hatten in den angegriffenen Städten ihre Wiederkehr, die Materialschlachten wurden am Himmel ausgetragen, und das, was von dort niederging, nahm Besitz und Privilegien, Gesundheit und Leben. Die privaten

ren. Der Ablauf des Krieges ist vielmehr in sich selbst so schlüssig, daß sein Ausgang keiner anderen Erklärung mehr bedarf... Die militärische Lage war an den Fronten so bedrohlich, z. T. so katastrophal, daß der Krieg am 20. 7. bereits als endgültig verloren angesehen werden mußte. Das Heer war ausgebrannt, die Wehrwirtschaft trat in einen Schrumpfungsprozeß ein, die Treibstofflage drohte die Wehrmacht schließlich zum Stehen zu bringen; außenpolitische Möglichkeiten gab es nicht mehr, solange Hitler selbst noch führte. Wie man die Dinge auch wendet, von welcher Ebene aus, aus welchem Sektor heraus man auch den Krieg betrachten mag: der Krieg war am 20.7. verloren. Die Schlußkatastrophe war gewiß – nur über ihr Datum konnte man noch streiten.»
Soweit das aus der Sicht der historischen Forschung erarbeitete nachträgliche Urteil eines Experten. Den Zeitgenossen, die das Jahr 1944 im Heimatgebiet und an den Fronten miterlebten,

Bunker in den Gärten der Vororte boten mehr Schutz als die Keller. Ein getroffener und nicht standhaltender Bunker wurde zum Grab. Viele fanden es tröstlicher, hier von einer Bombe begraben zu werden als in den Kellern von Mietshäusern der Innenstadt unter Hunderten von Tonnen Mauerstein und zerschmetterten Leitungen für Wasser, Gas und Abwässer. Dem Erdboden ist Berlin nicht gleichgemacht, es ist auch nicht niedergebrannt, nur teilweise ausgebrannt. Versengte und geschwärzte Hauswände, die Bürgersteige von grauen, braunen und schwarzen Haufen eingefaßt, in denen Hausrat alle Stadien der Auflösung durchmacht. Glas und Metall wehren sich am längsten dagegen, schimmernde Glasscheiben, verrostete Badewannen, verbogene Rohre ragen aus den Schutthaufen. Kachelöfen blieben wie Broschen an einer Mumie an den rauchgeschwärzten Mauerwänden der Stockwerke hängen. In den Kellergewölben fette Ratten. Frischer Hausrat vom letzten Luftangriff, der noch auf die Verdauung durch die Natur wartet, aus brennenden Häusern herausgeschleppt für Leute, die längst tot in den Kellern lagen, Hitlerbilder am Straßenrand, Nippesfiguren, Gardinen, Teppiche, Plüschsofas, Radiogeräte, Telefone, Grammophone, vom Wind geleerte Schubfächer, aus Schränken und Kommoden gerissen. Groß-Berlin zerfällt in viele Kleinstädte, es verwandelt sich zurück in die Vergangenheit, aus der größten Stadt des Kontinents wird Ninive.

blieb nur selten Zeit zu ruhiger distanzierter Überlegung. Wie sah es in Deutschland im fünften Kriegsjahr aus, in jenen krisenreichen Wochen, die im Juni mit der Invasion im Westen und der sowjetischen Großoffensive im Osten begannen, deren von der Nachwelt am meisten diskutiertes Ereignis – die Widerstandsaktion des 20. Juli – sich jedoch fernab von den Fronten abspielte? Für viele Deutsche waren jene Wochen ein nervenaufreibender Kampf ums Leben, ums Überleben. «Bleibe übrig»

3 *Die Straße einer Stadt nach einem Großangriff mit Brand- und Sprengbomben. Es ist ein Bild aus Berlin aus dem Jahr 1944. Jedoch die Bilder der Zerstörung sind auswechselbar. In Hamburg, München, Köln, Stuttgart und mancher anderen Stadt sah man ebensolche Ruinen und Steinwüsten.*

Volle Ausschöpfung aller Kräfte für Front und Rüstung

Führerhauptquartier, 25. 7.

Der Führer hat am 25. Juli 1944 für das Gebiet des Großdeutschen Reiches und entsprechend für die angegliederten und besetzten Gebiete einen Erlaß über den totalen Kriegseinsatz vollzogen, dessen wesentliche Bestimmungen wie folgt lauten:

Die Kriegslage zwingt zur vollen Ausschöpfung aller Kräfte für Wehrmacht und Rüstung. Ich ordne daher an:

I.

Der Vorsitzende des Ministerrats für die Reichsverteidigung, Reichsmarschall Hermann Göring, hat das gesamte öffentliche Leben den Erfordernissen der totalen Kriegführung in jeder Beziehung anzupassen. Zur Durchführung dieser Aufgabe schlägt er mir einen „Reichsbevollmächtigten für den totalen Kriegseinsatz" vor. Dieser hat im besonderen dafür Sorge zu tragen, daß alle öffentlichen Veranstaltungen der Zielsetzung des totalen Krieges angemessen sind und Wehrmacht und Rüstung keine Kräfte entziehen. Er hat den gesamten Staatsapparat einschließlich Reichsbahn, Reichspost und aller öffentlichen Anstalten, Einrichtungen und Betriebe mit dem Ziele zu überprüfen, durch einen restlosen, rationellen Einsatz von Menschen und Mitteln, durch Stillegung oder Einschränkung minder kriegswichtiger Aufgaben und durch Vereinfachung der Organisation und des Verfahrens das höchste Maß von Kräften für Wehrmacht und Rüstung freizumachen.

Zu diesen Zwecken kann er von den Obersten Reichsbehörden Auskünfte verlangen und ihnen Weisungen erteilen.

Die danach von den zuständigen Obersten Reichsbehörden zu erlassenden Rechtsvorschriften und grundsätzlichen Verwaltungsanordnungen ergehen im Einvernehmen mit dem Reichsminister und Chef der Reichskanzlei, dem Leiter der Parteikanzlei und dem Generalbevollmächtigten für die Reichsverwaltung.

II.

Der Leiter der Parteikanzlei wird die von mir angeordneten Maßnahmen durch den Einsatz der Partei auf Grund der ihm erteilten Vollmachten tatkräftig unterstützen.

*

Auf Grund dieses Erlasses hat der Führer auf Vorschlag des Vorsitzenden des Ministerrats für die Reichsverteidigung, Reichsmarschalls Hermann Göring, Reichsminister Dr. Goebbels zum „Reichsbevollmächtigten für den totalen Kriegseinsatz" bestellt.

4 *Zur «vollen Ausschöpfung aller Kräfte für Front und Rüstung» ernennt Hitler unter dem Eindruck des Attentats vom 20. Juli fünf Tage später den Propagandaminister Goebbels zum «Reichsbevollmächtigten für den totalen Kriegseinsatz». Alle deutschen Zeitungen – hier der «Völkische Beobachter» – müssen den Erlaß in Fettdruck auf den Titelseiten bringen.*

war die häufig mit Galgenhumor ausgesprochene Redensart, mit der sich Frontsoldaten und von Luftangriffen bedrohte Zivilisten voneinander verabschiedeten. Sie alle hatten, meist passiv und ohne die Möglichkeit zum Ausweichen, zur Gegenwehr, die Folgen des Krieges zu ertragen.

Frauen, Kinder, Alte mußten in der Heimat die Luftangriffe über sich ergehen lassen, die so manche Stadt in eine Ruinenwüste verwandelten. Die Ostseehäfen Kiel, Königsberg und Stettin, ferner München, Leipzig und Dessau waren einige der Städte, die im Sommer 1944 besonders heftigen Angriffen ausgesetzt waren. Die Hauptstadt Berlin, die meistbombardierte Stadt des Zweiten Weltkrieges, erlebte am 21. Juni einen Tagesangriff, an dem 2500 US-Bomber und Jäger beteiligt waren. Bei dem Tagesangriff von rund 1000 amerikanischen Flugzeugen – 600 Bombern und 400 als Begleitschutz eingesetzten Jägern – auf Leipzig am 7. Juli kam es im Anflugraum bei Oschersleben zu einem der schwersten Luftkämpfe dieses Krieges über Deutschland. Das speziell zur Bekämpfung der Tagesangriffe bereitgestellte deutsche Geschwader vernichtete in der «Luftschlacht von Oschersleben» 92 Flugzeuge, darunter 71 viermotorige Bomber. Jedoch diese Teilerfolge konnten nicht darüber hinwegtäuschen, daß die am Mangel an Benzin und Flugzeugen leidende deutsche Luftabwehr den alliierten Großangriffen auf die Dauer nicht gewachsen war. Die folgenschwerste Attacke des Sommers 1944 richtete sich gegen Stuttgart, das in den letzten Julitagen vier Nachtangriffen ausgesetzt war, bei denen mehr als 100 000 Bewohner der württembergischen Hauptstadt ihr Heim verloren.

Immer mehr konzentrierte sich im Juli und August 1944 der Luftkrieg gegen Deutschland auf Werke der Rüstungsindustrie wie etwa die Schweinfurter Kugellagerfabriken und die Hydrieranlagen, die die Wehrmacht mit Treibstoff versorgten. Hauptziel der Angriffe waren die Leunawerke in Thüringen, das führende deutsche Unternehmen zur Herstellung von synthetischem Benzin für die Luftwaffe und das Heer. Man hat nach dem Kriege errechnet, daß bei der «Schlacht von Leuna» in 22 Aktionen amerikanischer und britischer Flugzeugverbände insgesamt 6552 Bomber eingesetzt wurden, die eine Bombenlast von 18 328 Tonnen abwarfen. Die deutsche Treibstoff- und Rüstungswirtschaft, die bis in den Sommer 1944 trotz der Vernichtung

5 Durch gesteigerte Massenanfertigung von schwer gepanzerten Sturmgeschützen versuchen die Rüstungswerke trotz des häufigen Ausfalls infolge der alliierten Bombenangriffe den steigenden Bedarf der Fronttruppe zu befriedigen. «In den deutschen Waffenschmieden läuft die Produktion auf hohen Touren bis zur Erringung des Sieges», lautet noch im Krisensommer 1944 die immer wieder in Presse und Rundfunk verkündete Parole.

mancher Betriebsteile durch Luftangriffe weiter gearbeitet hatte, mußte vom August ab erhebliche, nicht aufholbare Produktionsausfälle hinnehmen. Die Einziehung zahlreicher weiterer Männer und Frauen zur Arbeit in Rüstungsbetrieben, die der Ende Juli von Hitler zum «Reichsbevollmächtigten für den totalen Kriegseinsatz» ernannte Reichspropagandaminister Goebbels forcierte, kam zu spät. Es fehlte an Rohstoffen für die Waffenproduktion, vor allem auch an Benzin.

Die permanente Gefährdung durch Luftangriffe, der Dienst im Luftschutz, zu dem in steigendem Maße auch Frauen verpflichtet wurden, die Arbeit in den Werkstätten der Rüstungsproduktion – das waren die Hauptfaktoren, die im fünften und sechsten Kriegsjahr das Leben der Bewohner des sogenannten Heimatkriegsgebiets bestimmten, der «Heimatfront», in der das Leben infolge der Bombardierungen oft gefährlicher war als an den Fronten der Armeen. Zu den Bewohnern des Heimatkriegsgebiets zählten auch Millionen von Ausländern, die in der deutschen Rüstung, aber auch in der Landwirtschaft und anderen lebenswichtigen Wirtschaftszweigen arbeiteten. Hitlers «Generalbevollmächtigter für den Arbeitseinsatz», Fritz Sauckel, in Nürnberg 1946 als Hauptverantwortlicher für die Deportation ausländischer Arbeitskräfte nach Deutschland zum Tode verurteilt, hat im Jahr 1944 in einer später bekannt gewordenen Erklärung zugegeben, daß von den in Deutschland in den Kriegsjahren tätigen Ausländern «nicht einmal 200 000 freiwillig» kamen; und dies bei einer Gesamtzahl von etwa 7 Millionen Arbeitern und Arbeiterinnen aus dem Ausland, die im letzten Kriegsjahr in der deutschen Wirtschaft, vorwiegend in Rüstungsbetrieben, beschäftigt waren.

Das elendeste Los war in der zweiten Kriegshälfte den Insassen der Konzentrationslager beschieden. Am 1. August 1944 gab es im Deutschen Reich und den noch unter deutscher Verwaltung stehenden europäischen Ländern insgesamt 524 277 In- und Ausländer, die in einem KZ interniert waren. Ein großer Teil von ihnen mußte unter besonders harten Bedingungen Zwangsarbeit in Rüstungsbetrieben leisten, die sich vielfach auf dem Gelände und in der Nähe der Konzentrationslager befanden. Im Laufe des Krieges nahm die Zahl dieser Lager von Jahr zu Jahr zu. In der zweiten Hälfte 1944 gab es, Haupt- und Nebenlager zusammengezählt, nicht weniger als 394 Männer- und 17 Frauen-KZ. Erst nach dem Kriege erfuhren die Deutschen Genaueres über das Ausmaß und die allen Geboten der Menschlichkeit Hohn sprechenden Zustände in den Konzentrationslagern.

Eine Mauer des Schweigens umgab vor allem die meist auf dem Gebiet des besetzten Polen angelegten Vernichtungslager wie etwa Auschwitz und Treblinka, in denen Millionen von Juden aus Deutschland und andern Ländern, aber auch viele andere Häftlinge systematisch umgebracht wurden. Auf dem Gebiet des Deutschen Reiches der Vorkriegsjahre, wo bis zur Machtübernahme Hitlers mehr als eine halbe Million Bürger jüdischer Konfession lebten, gab es am 1. September 1944 noch 14 574 Juden im Sinne der von den Nationalsozialisten erlassenen Nürnberger Gesetze. Hinzu kamen noch ein paar tausend Juden, die in Berlin und andern großen Städten als sogenannte «U-Boote» untergetaucht waren und dort mit Unterstützung nichtjüdischer Bekannter ein risikoreiches Dasein in der Illegalität führten.

In den Sommermonaten 1944 näherten sich die militärischen Fronten im Westen und Osten immer mehr den Grenzen des durch Kriegseroberungen stark vergrößerten Territoriums, das offiziell und in der NS-Propaganda immer noch den anspruchsvollen Namen «Großdeutsches Reich» führte. In den uns erhaltenen Geheimberichten des Nachrichtendienstes des Reichssicherheitshauptamts Himmlers, den sogenannten «Meldungen aus dem Reich», wird erwähnt, daß der baldige, kaum noch vermeidbare Einmarsch der sowjetischen, amerikanischen und britischen Truppen in Deutschland ein Hauptgesprächsthema der Bevölkerung, vor allem in den östlichen und westlichen Grenzgebieten, darstellte.

Nachdem der verzweifelte Versuch der Männer des 20. Juli, den Krieg vor der Besetzung des Landes durch Deutsche zu Ende zu bringen, gescheitert war, konnte das deutsche Volk nur noch durch das Ausland, die militärische Macht der Amerikaner, Briten und Russen, von der nationalsozialistischen Diktatur Hitlers und seiner Gefolgsleute befreit werden. In dem Schlußresümee seines grundlegenden Buches «Geist der Freiheit – Der zwanzigste Juli» stellt Eberhard Zeller fest: «In den Monaten nach dem zwanzigsten Juli ist es der deutschen Führung auch nicht mehr für kurze Zeit gelungen, die Handlungsfreiheit zu gewinnen und den fortschreitenden Zerfall der deutschen Kriegskraft aufzuhalten. Eine Luftabwehr hatte der Gegner nicht mehr zu fürchten. Es war für ihn zumeist nur noch eine Frage rechnender Lenkung, welche Menge Pulver, Stahl, Phosphor über Deutschland zur Wirkung gebracht werden konnte. Die Zerstörungen in der Zeit vom zwanzigsten Juli bis zum Kriegsende waren entsprechend. Man hat ausgerechnet, daß sie zusammen mit dem durch den vorrückenden Endkampf und den befohlenen Sprengungen verursachten weit über die Hälfte des gesamten Kriegsschadens in Deutschland ausgemacht haben. Ihre eigentliche Vernichtung erlebten in dieser Zeit, um nur einige zu nennen, die Städte München, Dresden, Bremen, Frankfurt am Main, Hamburg, Nürnberg, Würzburg, Stuttgart, Hildesheim, Braunschweig, Münster und schließlich auch Berlin. Bei den Menschen wird dies Verhältnis von halb zu halb noch übertroffen: es sind mehr Menschen in den neun Kriegsmonaten nach dem zwanzigsten Juli umgekommen als in den fast 59 Monaten seit dem 1. September 1939.»

6 *Hauptziele der alliierten Luftoffensive in den Sommermonaten 1944 sind neben einigen Großstädten die Hydrierwerke, die Benzin für alle Motorfahrzeuge, Panzer und Flugzeuge produzieren. Ein Rauch- und Flammenmeer sind nach dem Großangriff amerikanischer Bomber die Leuna-Werke in Thüringen, die größten Anlagen zur Herstellung von synthetischem Treibstoff in Deutschland.*

Der Maikäferwitz
Man singt jetzt: Maikäfer flieg! Der Vater ist im Krieg. Den Opa ziehn sie auch noch ein. Das wird dann die Vergeltung sein.

Den Mauerwitz erzählte man sich nicht, er ist auf den Mauern der Hausruinen mit Kreide aufgeschrieben: Das danken wir dem Führer.

Die Presse des neutralen Auslands verstärkt im Sommer 1944 ihre Berichterstattung über die sich immer mehr zuspitzende Krisenlage in Deutschland. In einem Report zum Thema «Luftkrieg und Volksmoral in Deutschland» läßt das schwedische Blatt «Morgon-Tidningen» am 10. 7. 1944 berichten:

Die im Zusammenhang mit der Invasion in Frankreich durchgeführten unerhörten Bombenangriffe gegen Deutschland aktualisieren von neuem die Frage: Welche Rückwirkungen hatte der Luftkrieg in den letzten Monaten und Wochen auf die Moral des deutschen Volkes?

Unbeschreiblich ist die materielle Schlagkraft des Luftkrieges, wenn sie sich gegen zivile Ziele richtet. Dagegen erwies es sich, daß die Luftangriffe in den betroffenen Gebieten eine geringere Wirkung auf die Moral der Bevölkerung ausübten, als man im Ausland vermutet hatte. Die Bevölkerung zeigte eine starke Widerstandskraft. Die Berliner, z. B., haben die Probe bestanden. Zwar befanden sie sich im Sommer 1943 unter dem Eindruck der Katastrophe von Hamburg am Rande der Panik. Aber schließlich hielten sie doch stand. Der Verkehr in der Stadt und die Verbindungen mit dem übrigen Deutschland konnten wieder aufgenommen werden. Die Hoffnung, durch Zerstörung der Wohnviertel die Arbeiter verjagen zu können, hat sich nicht erfüllt. Der Grund ist zunächst darin zu suchen, daß sich die Stadtbevölkerung zäh an ihre Häuser klammert, sogar an deren Ruinen. Hinzu kam, daß den Ausgebombten an anderen Orten kein freundlicher Empfang zuteil geworden war. Die Bevölkerung zeigt wenig Verständnis für die Gäste, die sie aufnehmen muß. Klagen über Streitigkeiten und schlechte Behandlung durch die örtlichen Behörden gehörten eine Zeitlang zur Tagesordnung.

Und trotzdem ist die Widerstandskraft des deutschen Volkes durch die Luftoffensive weitgehend herabgesetzt und zerstört worden. Das läßt sich folgendermaßen erklären: Wie der Frontkämpfer hat auch der Zivilist keine ruhige Stunde mehr. Das Gefühl der Sicherheit und Geborgenheit ist verschwunden. Der Luftkrieg beherrscht im Grunde das Leben vollständig. Er ist fast das einzige Gesprächsthema; die Ereignisse an der Front und im politischen Leben treten in den Hintergrund. Interesse findet nur die Frage, ob das Wetter in der kommenden Nacht einen Luftangriff zuläßt und wie der letzte Angriff verlief. Und wenn die feindlichen Geschwader abgeflogen, die Toten begraben und die Brände gelöscht sind, beginnt wieder der graue Alltag, der fast schwerer zu ertragen ist als die Schrecken der Bombennächte selbst.

Unter den hier geschilderten Verhältnissen beginnt die Widerstandskraft der Bevölkerung zu erschlaffen. Die Luftangriffe zehren an den Nerven. Nervosität und Todesangst hinterlassen Spuren auch bei gesunden Menschen. Die Nachtruhe, die Grundlage einer gesunden Lebensführung, ist zerstört. Das Leben ist jetzt nur ein grauenhaftes Provisorium. Wer noch ein Dach über dem Kopf hat, zählt sich zu den vom Schicksal Bevorzugten. In der schrecklichen Ungewißheit verliert das Leben seinen Sinn. Warum sich anstrengen, wenn man vielleicht schon morgen tot ist?

So hat sich ein gewisser unpolitischer Defaitismus ausgebreitet. Die Zahl der Menschen, die mit dem besten Willen in der Welt nicht mehr imstande sind, weiterzukämpfen, nimmt ständig zu. Sie sind so müde, daß sie um jeden Preis das Ende ihrer Leiden erleben möchten. Die Erschöpfung, die jede Handlungskraft lähmt und die Sehnsucht nach Ruhe ins Unerträgliche steigert, gewinnt offensichtlich die Überhand. Die Gleichgültigkeit prägt alle Lebensäußerunge. Die Ausgebombten strengen sich z. B. nicht mehr an, die neue Wohnung bequem einzurichten. Das Geld, an dessen Wert kein Mensch mehr glaubt, wird sinnlos auf Kleinigkeiten verschwendet. Kurz: Die normale menschliche Existenz, die allein eine ordentliche Arbeit ermöglicht, verschwindet langsam, aber sicher.

2. Bendlerblock Berlin: Widerstandszentrum 1944 und militärische Befehlszentrale seit 1919

Das nach 1945 von Zeitgenossen und Historikern am leidenschaftlichsten erörterte Ereignis des Kriegssommers 1944, die so tragisch ausgegangene Widerstandsaktion des 20. Juli, hat sich in der deutschen Hauptstadt Berlin in dem unter dem Namen Bendlerblock bekannten Komplex zwischen dem Tiergarten und dem Landwehrkanal abgespielt. Es gibt gewiß auffälligere, architektonisch bemerkenswertere Gebäude in Berlin. Der mit den Örtlichkeiten weniger vertraute Besucher, der sich bei einem Spaziergang zwischen Nationalgalerie, Philharmonie und Tiergarten zufällig in die Straße verirrt, die früher Bendlerstraße hieß und heute den Namen des Widerstandskämpfers Claus Graf von Stauffenberg trägt, wird ahnungslos an den Bauten auf der Westseite der kurzen Straße vorübergehen. Solche nüchternen Büro- und Verwaltungsgebäude gibt es in vielen deutschen Städten. Biegt der Spaziergänger dann am Landwehrkanal nach Westen ab, so stößt er am Reichspietschufer

7 *Die deutsche militärische Befehlszentrale zwischen 1919 und 1945 am Berliner Landwehrkanal. Hier hatten das 1935 in Reichskriegsministerium umbenannte Reichswehrministerium und der Generalstab ihren Sitz. Das geöffnete Fenster im obersten Stock neben dem Dreieckgiebel gehört zu dem Raum der Amtsgruppe Ausland, in dem der Verfasser des Buches 1943–44 tätig war.*

8 *Eingang zum Bendlerblock, dem Befehls- und Verwaltungszentrum des Heeres. Im 2. Stock die Diensträume des Allgemeinen Heeresamts im OKH, in denen sich Hauptereignisse des 20. Juli 1944 abspielten.*

auf ein Gebäude mit mächtigem Giebel und Portal, das ihm schon eher auffallen wird. «Repräsentativer Behördenbau der wilhelminischen Epoche» wird selbst der Laie in Fragen der Architektur beim Anblick der imposanten Fassade feststellen. Am Eingang wird er Messingschilder mit dem Bundesadler entdecken, die darauf hinweisen, daß in dem großen grauen Gebäude auch heute noch Behörden ihren Dienstsitz haben.

Jedoch nur wenige wissen, daß sich in diesen mehr oder weniger markanten Bauten am Landwehrkanal und in der Stauffenbergstraße ein nicht unbedeutender Teil der deutschen Geschichte des 20. Jahrhunderts abgespielt hat. Da die wichtigsten Regierungsgebäude in der Wilhelmstraße den Zweiten Weltkrieg nicht überstanden haben, ist der Bendlerblock heute neben dem Reichstag das Bauwerk auf Berliner Boden, das den Zeithistoriker und überhaupt jeden an der Geschichte Interessierten am meisten fesseln dürfte. Merkwürdigerweise ist über die Persönlichkeiten, die im Bendlerblock gewirkt und die Ereignisse, die sich dort zugetragen haben, noch nie eine zusammenfassende Darstellung publiziert worden. Die dramatischen Verwicklungen des Jahres 1944, die in der Aktion des 20. Juli gipfelten, und so manche andere Aspekte der deutschen Zeitgeschichte sind jedoch erst dann klar zu verstehen, wenn man weiß, daß der Bendlerblock militärisches Führungszentrum während dreier Jahrzehnte und zugleich Jahre hindurch bis 1944 ein Zentrum des deutschen Widerstandes gegen das Hitlerregime war.

Lang ist die Reihe der bisweilen von den Historikern sehr unterschiedlich beurteilten Persönlichkeiten, die in dem zugleich nüchternen und imposanten Dienstgebäude des deutschen Heeres und der Marine gewirkt und manchmal auch gewohnt haben, angefangen von dem ersten «Hausherrn», dem kaiserlichen Großadmiral v. Tirpitz, über die Minister und militärischen Chefs der Reichswehr der Weimarer Republik bis zu den Repräsentanten der Wehrmacht des Hitlerstaates wie etwa Blomberg und Keitel. In der Verwaltungs- und Befehlszentrale der Land- und Seestreitkräfte kristallisierte sich schließlich der Widerstand gegen die vermessene Kriegspolitik Hitlers. Es kam zu einer ständig zunehmenden Opposition der Militärs, die schon vor dem Kriege unter verantwortungsbewußten Generalstabschefs wie Beck begann, um schließlich am 20. Juli in der Aktion Stauffenbergs und seiner Mitverschworenen ihren Höhepunkt und ihr tragisches Ende zu finden.

Der älteste Teil des historischen Baukomplexes ist das mächtige, graue Gebäude am Landwehrkanal an der damaligen Königin-Augusta-Straße, heute Reichpietschufer. Es wurde kurz vor dem Ersten Weltkrieg als Dienstsitz für das Reichsmarineamt und den Admiralstab errichtet, da das alte Haus der Flottenleitung am Leipziger Platz den steigenden Ansprüchen der Kriegsmarine des deutschen Kaiserreiches schon lange nicht mehr genügte. Für das Marinekabinett des Kaisers wurde um die Ecke in der Bendlerstraße 14 ein kleineres Haus aufgeführt. Nach dem verlorenen Krieg wurden für die durch die Bestimmungen des Versailler Vertrages stark verkleinerte Kriegsmarine nicht mehr so viele Verwaltungsräume benötigt. Die ranghöchsten Admirale – die Chefs der Marineleitung, die ab 1935 den Titel eines Oberbefehlshabers der Kriegsmarine führten – behielten nach wie vor bis 1945 ihre Diensträume im vorderen Teil des ehemaligen

Reichsmarineamts am Landwehrkanal. Jedoch beanspruchte die militärische Spitzenbehörde der Weimarer Republik, das Reichswehrministerium, seit 1919 die meisten Zimmer der Marinebauten. Im zweiten Stock des Gebäudes am Landwehrkanal, in der Ministeretage, amtierten die Reichswehrminister, und zwar als erster Gustav Noske (Febr. 1919–März 1920), sodann Otto Geßler (März 1920–Jan. 1928), Wilhelm Groener (Jan. 1928–Mai 1932), Kurt v. Schleicher (Juni 1932–Jan. 1933), Werner v. Blomberg bis Jan. 1938, ab 1935 mit dem neuen Titel eines Reichskriegsministers. Im dritten Stock arbeiteten die Chefs des Truppenamts, das im wesentlichen die Aufgaben des früheren Generalstabes hatte, und zwar als erster Hans v. Seeckt (Okt. 1919–März 1920), sodann Wilhelm Heye (März 1920–März 1922), Otto Hasse (März 1922–Febr. 1926), Georg Wetzell (Febr.–Dez. 1926), Werner v. Blomberg (Jan. 1927–Sept. 1929), Kurt Freiherr v. Hammerstein-Equord (Sept. 1929–Okt. 1930), Wilhelm Adam (Nov. 1930–Sept. 1933), Ludwig Beck (Okt. 1933–Aug. 1938), ab 1935 unter der neuen Amtsbezeichnung Chef des Generalstabes, schließlich Franz Halder als letzter der im Bendlerblock amtierenden Generalstabschefs ab August 1938. Bei Kriegsbeginn wurde der Generalstab nach Zossen umquartiert. In der obersten Etage waren gleichfalls Dienststellen des Generalstabes untergebracht, ferner Teile des Abwehramtes des Admirals Canaris, u. a. die zu Abwehr/Ausland gehörende Amtsgruppe Ausland.

Im zweiten Stock des Hauses Stauffenbergstraße 14 befanden sich von 1919 bis in den Zweiten Weltkrieg hinein die Diensträume der Chefs der Heeresleitung, die ab 1935 die Amtsbezeichnung Oberbefehlshaber des Heeres führten. Dort arbeiteten Walter Reinhardt (Okt. 1919–März 1920), Hans v. Seeckt (März 1920–Okt. 1926), Wilhelm Heye (Okt. 1926–Okt. 1930), Kurt Freiherr v. Hammerstein-Equord (Nov. 1930–Jan. 1934), Werner Freiherr v. Fritsch (Febr. 1934–Febr. 1938) und Walter v. Brauchitsch (Febr. 1938–Dez. 1941). In dem heute als Film- und Vortragsraum benutzten ehemaligen Speisesaal des Chefs der Heeresleitung fand am 3. Februar 1933 das denkwürdige Treffen statt, bei dem Hitler der Generalität der Reichswehr seine politischen Ziele darlegte.

Nach der Machtübernahme Hitlers und der Wiedereinführung der allgemeinen Wehrpflicht be-

9 *In der 2. Etage der Bendlerstraße, der heutigen Stauffenbergstraße, wo am 20. Juli 1944 der Staatsstreich initiiert wurde, befindet sich seit 1968 die Gedenk- und Bildungsstätte Stauffenbergstraße mit der ständigen Ausstellung «Widerstand gegen den Nationalsozialismus». Fotos, Schautafeln und schriftliche Zeitdokumente geben dort anschaulich Überblick über die vielfältigen Aktivitäten der militärischen und zivilen Opposition im Dritten Reich. Im Vordergrund des Bildes ein Porträtfoto Stauffenbergs.*

10 *Der originalgetreu wiederhergestellte Arbeitsplatz Stauffenbergs in seinem früheren Dienstzimmer im 2. Stock des Bendlerblocks.*

gann eine zweite große Bauperiode in dem Militärkomplex am Landwehrkanal. Für die erweiterten Aufgaben des 1935 in Reichskriegsministerium umbenannten Zentrale des Heeres und der Marine reichten die Räumlichkeiten nicht mehr aus. Auf den angrenzenden Grundstücken Bendlerstraße 11–13 wurden ab 1938 neue Gebäude errichtet, die sich tief in das rückwärtige Gelände hinzogen. Damals kam die einprägsame Bezeichnung «Bendlerblock» für den ganzen militärischen Baubezirk auf, ein Begriff, der auch außerhalb Berlin bei allen bekannt wurde, die mit der Wehrmacht zu tun hatten. Büros des in der Ära Hitler neu geschaffenen Oberkommandos der Wehrmacht wurden gleichfalls im Bendlerblock untergebracht. Besonders ab November 1943 war der Bendlerblock wiederholt das Ziel der Angriffe alliierter Bomber. Ganze Gebäudeteile, vor allem in den rückwärtigen Partien des Geländes, wurden trotz der Bemühungen der zum Löschen eingesetzten Kommandos zerstört. Viele Dienststellen mußten in der zweiten Kriegshälfte evakuiert werden, wobei die meisten in den Kasernen um Zossen und Potsdam ein neues Domizil fanden.

Während man in den ersten Nachkriegsjahren nicht recht wußte, was man mit dem teilzerstörten Baukomplex anfangen sollte, der die meisten nur an den Krieg und das Hitlerregime erinnerte, ging man ab 1954 systematisch an die Wiederherstellung der Gebäude heran. Die Fassaden und Innenräume der Flügelbauten im rückwärtigen Teil wurden vereinfacht und modernisiert. Im Zuge der Zeit gab es auch Umbenennungen von Straßen. Das Tirpitzufer erhielt den Namen Reichpietschufer nach dem Matrosen Max Reichpietsch, der zu den Anführern der Matrosenrevolte in der Schlußphase des Ersten Weltkrieges gehörte. Die Straße, die im vorigen Jahrhundert nach dem Ratsmaurermeister Johann Bendler getauft worden war, wur-

11 *Zu einer nationalen Gedenkstätte gestaltet wurde der Hof des Bendlerblocks in der Stauffenbergstraße 11–13. In der Mitte das Ehrenmal des Bildhauers Richard Scheibe für die Opfer des 20. Juli 1944. Auf dem Ehrenhof finden alljährlich Gedenkfeiern statt, bei denen Persönlichkeiten aus dem Kreis der Widerstandskämpfer und des öffentlichen Lebens an die über den Tag hinaus gültige Bedeutung und Berechtigung des Widerstandes gegen jede Art von Gewaltherrschaft erinnern.*

de zu Ehren der führenden Persönlichkeit des Widerstandskreises des 20. Juli 1944 in Stauffenbergstraße umbenannt. Der Bendlerblock dient heute vielfältigen Zwecken. Außer privaten Unternehmen arbeiten dort Bundesbehörden und wissenschaftliche Einrichtungen. Die Gedenkstätte zu Ehren der Widerstandskämpfer gegen die Hitlerdiktatur befindet sich in der Stauffenbergstraße. Der langgestreckte Hof der Häuser Nr. 11–13 wurde zum Ehrenhof umgestaltet. Auf einer Grünfläche steht das 1953 von Richard Scheibe geschaffene Denkmal für die Opfer des 20. Juli 1944, die symbolische Gestalt eines gefesselten nackten Jünglings. Eine an der Hauswand neben dem Mahnmal angebrachte Gedenktafel bezeichnet den Platz, an dem Stauffenberg und seine Mitverschworenen nach Scheitern des Umsturzversuchs in der Nacht vom 20. zum 21. Juli 1944 standrechtlich hingerichtet wurden. Alljährlich findet am 20. Juli auf dem Ehrenhof eine Gedenkfeier statt, in der in Reden repräsentativer Persönlichkeiten an das die Nachwelt verpflichtende ideelle Vermächtnis der Männer des Widerstandes erinnert wird.

Die Büros des Befehlshabers des Ersatzheeres und des Allgemeinen Heeresamts, in denen Olbricht, Stauffenberg und ihre Gefährten die Pläne zum Sturz der Hitlerdiktatur entwarfen und am 20. Juli 1944 auszuführen versuchten, befinden sich im zweiten Stock des Hauses Stauffenbergstraße 14. Diese Räume sind seit dem 20. Juli 1968 als «Gedenk- und Bildungsstätte Stauffenbergstraße» der Öffentlichkeit zugänglich. In den Räumen sieht man Fotos und Dokumente über den deutschen und ausländischen Widerstand gegen das Hitlerregime. Auf erleuchteten Karten, Lageplänen und Schautafeln werden Geschichte, Gruppen und Hauptthemen des Widerstandes anschaulich dargestellt.

12 *Die Gedenktafel mit der Inschrift «Hier starben für Deutschland am 20. Juli 1944» ist an der Stelle der Hausmauer im Hof des Bendlerblocks angebracht, an der Stauffenberg und seine Mitverschworenen kurz nach dem mißglückten Staatsstreich durch Erschießen hingerichtet wurden.*

3. Die Marine regiert am Landwehrkanal

Nicht ohne Grund erhielt das Tirpitzufer kurz nach dem letzten Krieg den Namen von Max Reichpietsch. Man wollte mit diesem symbolischen Akt lieber an einen der Anführer der Matrosen erinnern, die sich im Ersten Weltkrieg gegen die sinnlose Fortsetzung des Völkermordens erhoben, als an den militanten Chef des Reichsmarineamts am Landwehrkanal. Denn der Großadmiral und Staatssekretär des Marineressorts Alfred v. Tirpitz war einer der typischsten Repräsentanten des Großmachtstrebens und der ehrgeizigen Flottenpolitik des deutschen Kaiserreiches mit allen Glanz-, aber auch Schattenseiten. Als Tirpitz kurz vor Ausbruch des Ersten Weltkrieges sein aufwendiges neues Amtsgebäude mit 660 Arbeitsräumen und einer Dienstwohnung von 24 Zimmern bezog, wurde dieses Faktum in der Berliner Öffentlichkeit und in politischen Kreisen der Hauptstadt als Bestätigung des Ansehens des Chefs des Marineamts und seiner Flottenpolitik gewertet.

Der Admiral mit dem mächtigen weißen Vollbart galt jahrelang als einflußreichste Persönlichkeit der deutschen Politik neben dem Reichskanzler. Seit seiner Ernennung zum preußischen Staatsminister und Staatssekretär des Reichsmarineamts im Jahr 1897 war Tirpitz der erklärte Favorit des Kaisers, dessen Passion für die Flotte er geschickt zugunsten seines Ressorts auszunutzen verstand. Gegen den Widerstand mancher Parlamentarier und Minister paukte er im Reichstag und Kabinett in den Jahren 1898 bis 1912 die Gesetze zur Schaffung einer Flotte durch, die Deutschland zur zweitstärksten Seemacht der Welt nach Großbritannien machten.

Im Krisenjahr 1916, als das diffizile Problem des U-Bootkrieges gegen Handelsschiffe zur Debatte stand, erwies sich jedoch, daß Tirpitz nicht mehr der «starke Mann» im Marineamt am Landwehrkanal war. Reichskanzler Bethmann Hollweg und andere Politiker sprachen sich gegen den Einsatz von Unterseebooten ohne vorherige Warnung gegen Handelsschiffe, vor allem gegen Handelsschiffe neutraler Staaten, aus, da sie den Kriegseintritt der USA und Schwierigkeiten mit den skandinavischen Staaten und Holland befürchteten. Dagegen hielt Tirpitz den unbeschränkten U-Boot-Krieg für das einzige wirksame Mittel zur Brechung der englischen «Hungerblockade» gegen Deutschland.

13 *Großadmiral Alfred von Tirpitz, der ebenso einflußreiche wie umstrittene Marineberater Kaiser Wilhelm II. und Schöpfer der deutschen Hochseeflotte vor dem Ersten Weltkrieg. Er war der erste Hausherr des Reichsmarineamts am Berliner Landwehrkanal, in dem sich nach dem verlorenen Krieg das Reichswehrministerium etablierte.*

14 *Der Kapp-Putsch im März 1920, ein von dem konservativen Politiker Wolfgang Kapp und dem Reichswehrgeneral v. Lüttwitz unternommener Versuch zum Sturz der Regierung der jungen Weimarer Republik, wurde in wenigen Tagen niedergeschlagen. Entscheidende Beschlüsse und Befehle zur Bekämpfung des Putsches wurden im Reichswehrministerium am Landwehrkanal gefaßt. Das nahe Brandenburger Tor, die Straße Unter den Linden und ihre Umgebung bis zum Schloß und Alexanderplatz hin wurden vorübergehend von aufständischen Freikorpsverbänden besetzt.*

15 Angehörige des am Kapp-Putsch beteiligten Freikorps des Kapitäns Ehrhardt entfalten demonstrativ im Berliner Regierungsviertel die schwarzweißrote Fahne des untergegangenen Kaiserreichs und seiner Marine.

16 *Soldaten der mit Kapp und Lüttwitz putschenden Freikorps errichten Straßensperren im Berliner Regierungsviertel.*

18 Gustav Noske konnte sich nur wenig mehr als ein Jahr als Reichswehrminister halten. Die Repräsentanten seiner Partei, der SPD, nahmen Noske das Zusammengehen mit dem Militär und die mit Blutvergießen verbundene Niederwerfung der Erhebungen gegen die Republik übel und zwangen ihn zum Rücktritt.

19 Otto Geßler, der liberale Nachfolger Noskes im Amt des Reichswehrministers, konnte sich fast 8 Jahre mit Wendigkeit und diplomatischem Geschick in dieser schwierigen Position zwischen Parlament und Offizierkorps behaupten.

◁ 17 Der erste Reichswehrminister, der Sozialdemokrat Gustav Noske, hält im Hof des Königsberger Schlosses eine Ansprache an die ostpreußischen Verbände der Reichswehr, in der er die Soldaten zur Loyalität gegenüber dem neuen Staat, der Republik, auffordert.

20 *Generaloberst Hans v. Seeckt (mit weißem Schnurrbart), Chef der Heeresleitung 1920–1926. Er gilt als der Schöpfer der Reichswehr. Links neben Seeckt der politisch aktivste Offizier der republikanischen Armee, der spätere Minister und Reichskanzler v. Schleicher.*

Der Kaiser stellte sich auf die Seite seiner zur Vorsicht ratenden Politiker und Admirale. Bei der entscheidenden Sitzung im Großen Hauptquartier wurde Tirpitz nicht hinzugezogen. Der Großadmiral reichte verbittert am 12. März sein Abschiedsgesuch ein, in dem er erklärte, er habe den ihm vom Kaiser zugesicherten Einfluß «bei den letzten großen Entscheidungen über die Anwendung unserer Seemacht nicht mehr ausüben können».

Nach dem Ausscheiden von Tirpitz traten an die Spitze des Marinezentrums am Landwehrkanal Seeoffiziere, die dem Kaiser, dem Kanzler und den Admiralen weniger Schwierigkeiten machten als der eigenwillige Organisator der Marine. Seine Nachfolger im Amt des Staatssekretärs in der zweiten Kriegshälfte, die Admirale v. Capelle, Behncke und v. Mann, fügten sich meist widerspruchslos den Weisungen und Wünschen aus dem kaiserlichen Hauptquartier. Capelle hatte auch nichts dagegen einzuwenden, als sich der Kronrat Anfang 1917 schließlich doch nach langem Zögern für die Einführung des unbeschränkten U-Boot-Krieges entschied; eine Entscheidung, die ganz im Sinne des inzwischen in Ungnade entlassenen Tirpitz war. Der weitere Verlauf des Seekrieges zeigte, daß diese rigorose Maßnahme keinen kriegsentscheidenden Effekt hatte. Die deutschen U-Boote konnten nicht so viele Schiffe versenken, daß eine

21 *Generaloberst v. Seeckt war eine bekannte Erscheinung im gesellschaftlichen Leben der Weimarer Republik. Hier im Gespräch mit dem französischen Botschafter in Berlin, François-Poncet.*

22 *Seeckt in der Loge des Großen Schauspielhauses bei der Festvorstellung von «Hoffmanns Erzählungen». Hinter ihm Gerhart Hauptmann und die Schauspielerin Helene Thimig mit ihrem Mann Max Reinhardt, dem prominentesten Regisseur der zwanziger Jahre.*

23 *Panzer und schwere Waffen waren der Reichswehr nach den Bestimmungen des Versailler Vertrags verboten. Bei den Manövern behalf man sich daher mit bisweilen recht seltsam aussehenden Attrappen auf Rädern, um den militärischen Ernstfall soweit wie möglich zu rekonstruieren.*

24 Die am längsten im Bendlerblock amtierenden Reichswehrminister: Dr. Otto Geßler, der dem Kabinett 1920–1928 angehörte, und sein Nachfolger Wilhelm Groener (links), der dem Ministerium bis in den Mai des Krisenjahrs 1932 vorstand.

25 Reichswehrminister Groener mit Seeckts Nachfolger im Amt des Chefs der Heeresleitung, Generaloberst Wilhelm Heye, bei dem Herbstmanöver 1930 der Reichswehr in Franken.

26 Generaloberst Kurt Freiherr v. Hammerstein, der letzte Chef der Heeresleitung der Weimarer Republik, zählte schon früh zu den Kritikern und in der NS-Ära zu den dezidierten Gegnern Hitlers.

ernsthafte Störung der Schiffstransporte aus den USA eintrat.

Der Zusammenbruch im Jahr 1918 und die Reduzierung der deutschen Kriegsmarine auf 15 000 Matrosen hatte zur Folge, daß auch der Betrieb in den Marinebüros am Landwehrkanal stark eingeschränkt wurde. Das stolze Reichsmarineamt verlor sowohl seinen Namen wie auch die Bedeutung, die es zur Zeit von Wilhelm II. und Tirpitz gehabt hatte. Den größten Teil der Diensträume des Reichsmarineamts und des Marinekabinetts in der Bendlerstraße übernahmen ab 1919 das Reichswehrministerium und das Heer als wichtigster und zahlenmäßig stärkster Teil der Armee der Weimarer Republik. Viel häufiger als die Blaujacken der Marine sah man nunmehr am Landwehrkanal die graugrünen Uniformen des Heeres.

27 *Kurt v. Schleicher, der «politische General» im Reichswehrministerium, der 1932 selber das Ministerium übernahm und letzter Reichskanzler der Republik vor Hitlers Machtübernahme war, gab sich gern jovial und zivil. Hier bei einem Spaziergang mit seiner Frau. Beide wurden bei dem sogenannten Röhmputsch 1934 von der SS erschossen.*

Der Warenhäuserwitz
Die meisten Warenhäuser gibt es in Berlin: Hier waren Häuser, da waren Häuser.

Der Eintopfwitz
Man nehme: Wenig Hirn, viel Kohl, immer wieder aufgewärmt mit brauner Soße.

4. Reichswehr und Republik – Soldaten zwischen zwei Welten

Der 1. Oktober 1919 ist ein wichtiger Tag in der Geschichte des Bendlerblocks. An diesem Tag nahm in den Gebäuden der Marinebehörden des deutschen Kaiserreichs, das am 9. November 1918 mit der Abdankung Wilhelms II. sein Ende gefunden hatte, das Reichswehrministerium die Arbeit auf. Es trat an die Stelle der militärischen Zentralbehörden, die im Berlin der Kaiserzeit im preußischen Kriegsministerium in der Wilhelm-Ecke Leipziger Straße und in Moltkes «Großer Bude», im Generalstabsgebäude am Königsplatz – heute Platz der Republik –, amtiert hatten.

Die beiden leitenden Männer im neuen Ministerium am Landwehrkanal, in dem in den beiden ersten wirren Nachkriegsjahren zunächst mehr notdürftig improvisiert werden mußte, waren der sozialdemokratische Politiker Gustav Noske als Minister und als Chef der Heeresleitung der württembergische Generalstabsoffizier Walther Reinhardt. Der Posten des Chefs der Heeresleitung, der zugleich der erste Berater des Ministers und der Oberkommandierende des Heeres war, gewann in der Folgezeit immer mehr an Bedeutung. Auch ein Chef der Marineleitung arbeitete in den Räumen des alten Reichsmarineamts; die Flottenführung war also von dem übermächtigen Landheer durchaus nicht völlig aus ihren ehemaligen Gebäuden verdrängt.

Noske gehörte zu den SPD-Politikern um den Präsidenten Ebert und Scheidemann, die in der ersten Nachkriegsperiode mit Hilfe von Freikorps, der Freiwilligenformationen der alten Armee, die Ordnung im Lande wiederherzustellen und das drohende politische Chaos zu bannen versuchten. Es wurde ihnen von ihren eigenen Genossen oft übelgenommen, daß sie sich bei diesem Bemühen von Offizieren des kaiserlichen Heeres helfen ließen, die für das untergegangene Hohenzollernreich mehr Sympathie hatten als für die junge, erst im Entstehen begriffene Republik. Besonders der erste Reichswehrminister Noske erwarb sich den Ruf eines rücksichtslosen «starken Mannes», als er die Freikorps zur Niederschlagung der vom kommunistischen Spartakusbund organisierten Aufstände und Streiks einsetzte. Seine Gegner aus dem kommunistischen Lager und vom linken Flügel seiner eigenen Partei gaben ihm den Beinamen «Bluthund Noske», weil er in den kritischen Januartagen des Jahres 1919 den Oberbefehl über die gegen die Berliner Aufständischen eingesetzten Regierungstruppen mit der forschen Erklärung übernommen hatte: «Meinetwegen! Einer muß der Bluthund werden, ich scheue die Verantwortung nicht.»

Während der kurzen Zeit der Ministertätigkeit Noskes stand der Bendlerblock mehr als einmal im Mittelpunkt des öffentlichen Interesses, so zum Beispiel im März 1920, als die Republik eine ihrer ersten Belastungsproben erlebte: den Kapp-Putsch. Der ultrakonservative Generallandschaftsdirektor Kapp plante zusammen mit dem Berliner Wehrkreiskommandeur General v. Lüttwitz den Sturz der republikanischen Regierung und die Errichtung einer nationalen Diktatur.

Am späten Abend des 20. März spitzte sich die Situation in Berlin zu. Im Reichswehrministerium traf die Nachricht ein, daß die 5000 Mann starke Marinebrigade des Kapitäns Ehrhardt von den Döberitzer Kasernen nach Berlin abmarschiert sei, um in der Hauptstadt Regierungsgebäude zu besetzen und den Putsch zu unterstützen. Über die dramatische Nachtsitzung im Ministerialgebäude am Landwehrkanal erzählt Noske in seinem kurz nach den Geschehnissen erschienenen Bericht «Von Kiel bis Kapp»:

> In meinem Zimmer saßen und standen General Reinhardt, mein Stabschef v. Gilsa, die Generale v. Seeckt, v. Oldershausen, v. Oven, Admiral v. Trotha, mehrere andere Offiziere. Die Folgen des Putsches setzte ich den Herren auseinander: die Marine gebe dem Reiche vielleicht den Rest, das Offi-

zierskorps könne sich als erledigt betrachten. Doch dürfe man jetzt den Mut nicht sinken lassen. Meiner Aufforderung, zu den Truppen zu gehen, wollten jedoch nur General Reinhardt und Major v. Gilsa entsprechen. Die übrigen Herren machten Einwände, Reichswehr werde nicht auf Reichswehr schießen; der Kampf werde höchstens zu einem fürchterlichen Blutbad führen, mit einer unvermeidlichen Niederlage für die zu schwachen Berliner Truppen. Mit einem Gefühl tiefen Ekels brach ich die Verhandlung ab ... Meine Zuversicht ist nicht enttäuscht worden. Der weitaus größte Teil der Reichswehr hat loyal seine Pflicht getan. Der Kapp-Lüttwitzsche Narrenstreich war nach 4 Tagen infolge der entschlossenen Abwehr der riesigen Mehrheit des Volkes vorüber.

Zu «der riesigen Mehrheit», von der Noske spricht, gehörten vor allem die Gewerkschaften. Durch einen Generalstreik der Arbeiterschaft, an dem sich auch die Beamten beteiligten, wurde der mangelhaft vorbereitete Putsch schnell zum Erliegen gebracht. Im Ruhrgebiet und in Sachsen kam es jedoch gleich nach dem Kapp-Putsch zu einem kommunistischen Aufruhr, zu dessen Niederschlagung Einheiten der Reichswehr eingesetzt werden mußten. Das in einer Krisenzeit zustandegekommene Zweckbündnis SPD-Reichswehr, die Zusammenarbeit mit den in die Streitkräfte der Republik übernommenen Offizieren der kaiserlichen Armee, die Noske bei den Unruhen notgedrungen praktizieren mußte, paßte vielen Mitgliedern der Parteiführung durchaus nicht. Jetzt sah man den Zeitpunkt gekommen, den Reichswehrminister zu entlassen.

28 *Wenige Tage nach Hitlers Regierungsantritt, am 3. Februar 1933, versuchen sich hier vier Männer, die sich gegenseitig mißtrauen, in mehr oder weniger aufrichtiger Freundlichkeit: Vizekanzler v. Papen im Gespräch mit Admiral Raeder, daneben der neue Reichswehrminister v. Blomberg und der Chef der Heeresleitung v. Hammerstein-Equord, der es mit diesem Hitler ergebenen Minister nicht lange aushielt und ein Jahr später zurücktrat.*

29 *Ab 1934 mußten die Soldaten auf dem Stahlhelm das Hakenkreuz, das Hoheitszeichen der NSDAP, tragen, eines der sinnbildlichen Merkmale der neuen Ära Hitler-Blomberg, in der das Militär seine politische Neutralität immer mehr aufgeben mußte.*

30 *Mit Aufmärschen und publikumswirksamen Paraden wurde der Bevölkerung gleich nach Hitlers Machtantritt demonstrativ klargemacht, daß «der Soldat der erste Mann im Staat» war – neben dem Parteimann natürlich. Vor dem Ehrenmal für die Gefallenen des Weltkrieges in Berlin werden der Zuschauermenge regelmäßig Aufmärsche der Wachkompagnie präsentiert.*

Nach einer mehrtägigen Sitzung der preußischen Landtagsfraktionen der SPD kam es zu den Ereignissen, über die Noske aus seiner Sicht berichtet:

> Das Resultat der dreitägigen Schwätzerei war die Preisgabe der Macht im Reiche mit der Begründung, daß bei der Stimmung der sozialdemokratischen Massen ein Sozialdemokrat mit der Verantwortung für die Reichswehr und die damit verbundenen sonstigen Aufgaben, zu denen die Niederwerfung des kommunistischen Aufstandes im Industriegebiet gehörte, nicht belastet werden

könne. Man überließ dem Bürgertum in Dr. Geßler das Wehrministerium und dem General v. Seeckt als Chef der Heeresleitung die Umgestaltung der Truppe. Damit hatte die Sozialdemokratische Partei als Machtfaktor im Reiche ausgespielt. Seeckt konnte, gedeckt durch Geßler und Ebert, mit den alten Generalstabsoffizieren, die er um sich gruppierte, die Reichswehr zu einem Instrument gestalten, das, als Ding an sich, der Regierung und der Volksvertretung ablehnend gegenüberstand. Ich habe Seeckt nie über den Weg getraut bei aller Anerkennung seiner militärischen Fähigkeiten.

31 *Eine Parade mit besonders großem Truppenaufgebot findet an den Heldengedenktagen nach 1933 im Lustgarten am Berliner Schloß statt.*

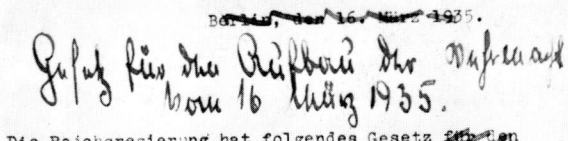

32 Im März 1935 ließ Hitler außenpolitische Rücksicht und die bisherige Tarnung seiner Absichten fallen. Das «Gesetz für den Aufbau der Wehrmacht» – hier ein Foto der Originalurkunde mit der Unterschrift Hitlers und der verantwortlichen Minister – wurde offiziell verkündet. Damit war die Ära der dem Deutschen Reich durch den Vertrag von Versailles vorgeschriebenen 100 000-Mann-Reichswehr beendet, und die Aufrüstung lief auf vollen Touren an.

Der eigenwillige SPD-Politiker Noske, in dessen Ministerium Hans v. Seeckt als Chef des Truppenamts gewirkt hatte, war nicht der einzige, der dem früheren Generalstäbler nicht «über den Weg» traute. Es ist in der Tat erstaunlich, daß die Zusammenarbeit zwischen den nunmehr führenden Männern im militärischen Zentrum der Weimarer Republik, Geßler und Seeckt, immerhin über sechs Jahre gedauert hat. Der diplomatisch umgängliche, aus der liberalen Deutschen Demokratischen Partei hervorgegangene Minister Otto Geßler, ein Verwaltungsjurist aus Bayern, nennt Seeckt in seinen Erinnerungen «einen schwierigen Charakter», dessen «hervorstechendste Merkmale Zurückhaltung und Unnahbarkeit» gewesen seien. Seeckt habe «nach außen eine undurchdringliche Maske» getragen.

Nicht nur in der Bendlerstraße, wo Seeckt als Chef der Heeresleitung amtierte, sondern auch im gesellschaftlichen Leben der Hauptstadt war der General eine bekannte Erscheinung. Man begegnete ihm auf manchem diplomatischen Empfang und bei Theaterpremieren.

Wenn in der Bendlerstraße der schwer zugängliche «Chef» die «Sphinx» oder auch die «einsame Pappel» genannt wurde, so verbarg sich hinter diesen Beinamen die widerwillige Anerkennung, die Seeckt auch von seinen Kritikern und Gegnern bezeugt wurde. Schon als Beauftragter der Obersten Heeresleitung für die Rückführung des Ostheeres und als Leiter der militärischen Vertretung der deutschen Friedensdelegation in Versailles hatte er organisatorisches Talent und diplomatisches Geschick gezeigt. Diese Fähigkeiten brauchte Seeckt dringend bei dem schwierigen Geschäft des Aufbaus eines Heeres der neuen Republik unter den Bedingungen des Vertrages von Versailles.

Die wichtigste Bestimmung, der Artikel 160, schrieb vor:

> Spätestens am 31. März 1920 darf das deutsche Heer nicht mehr als 7 Infanterie- und 3 Kavallerie-Divisionen umfassen. Von diesem Zeitpunkt ab darf die gesamte Iststärke des Heeres der sämtlichen deutschen Einzelstaaten nicht mehr als 100 000 Mann, einschließlich der Offiziere und der Depots, betragen; das Heer ist nur für die Erhaltung der Ordnung innerhalb des deutschen Gebiets und zur Grenzpolizei bestimmt. Die Gesamtstärke an Offizieren darf die Zahl 4000 nicht übersteigen.

33 *Generaloberst Freiherr v. Fritsch, seit 1935 Oberbefehlshaber des Heeres, bei einem Manöver in Ostpreußen. Fritsch, der Hitlers nur mit Waffengewalt durchsetzbaren außenpolitischen Expansionsplänen ablehnend gegenüberstand, wurde nach einer peinlichen Intrige 1938 entlassen.*

34 *Werner v. Blomberg, der es in den Jahren 1935 und 1936 sehr schnell zum Reichskriegsminister und Generalfeldmarschall brachte, und der Schöpfer der Reichswehr, Generaloberst v. Seeckt, bei einer Begegnung vor dem Reichspräsidentenpalais in der Wilhelmstraße.*

35 *Werner v. Blomberg stellte sich, politisch unerfahren und von Ehrgeiz besessen, als einer der wenigen höheren Offiziere der Reichswehr schon 1933 völlig auf die Seite Hitlers. Hier im Gespräch mit dem Reichsführer SS Himmler und SA-Führern beim Besuch einer nationalpolitischen Erziehungsanstalt, dem von der NSDAP geförderten Internatstyp für den Führungsnachwuchs in Staat und Partei, im Jahr 1934.*

Zu den 100 000 Angehörigen der Landstreitkräfte kamen noch 15 000 Marinesoldaten. Ihr höchster Offizier, der Chef der Marineleitung, arbeitete in den traditionsreichen Räumen des ehemaligen Reichsmarineamts.

In einer Zeit wirtschaftlicher Depression, politischer Wirrnis und scharfer Gegensätze zwischen den Parteien standen der Minister und sein Chef der Heeresleitung vor dem schwer lösbaren Problem, trotz der rigorosen Bestimmungen des Versailler Vertrages eine Armee aufzubauen, auf die sich der Staat im Notfall verlassen konnte. Erschwerend kam hinzu, daß nur wenige der aus dem Heer des Kaiserreiches übernommenen Offiziere die gerade erst etablierte Republik innerlich anerkannten. Ihr Chef selbst war alles andere als ein überzeugter Demokrat und Republikaner. Über die Weimarer Verfassung äußerte Seeckt, sie sei für ihn «kein noli me tangere». Er habe sie nicht gemacht, und sie widerspreche in den grundlegenden Prinzipien seinem politischen Denken. Jedoch verhielt er sich dem ungeliebten Staat gegenüber stets loyal. Es war keine Heuchelei, wenn Seeckt in einer Kabinettssitzung ironisch erklärte, in Deutschland könne nur einer einen Putsch unternehmen, und das sei er, aber er mache keinen Putsch. Der Reichswehrminister und Seeckt waren sich bei allem, das sie menschlich und politisch trennte, wie Geßler in seinen Erinnerungen betont, «in der Grundauffassung einig, die Reichswehr dem Getriebe der Parteien, sei es von rechts, sei es von links, zu entziehen und die ganze Erziehungsarbeit auf Pflicht und Treue gegenüber Staat und Volk einzustellen».

Wie die Erlasse und Befehle bezeugen, die aus den Büros der Heeresleitung in der Bendlerstraße an die Truppenkommandeure im Reichsgebiet hinausgingen, hat Seeckt die Schaffung einer Elitearmee mit hohem Ausbildungsstand in den Vordergrund seiner Bemühungen gestellt. Bei einem Freiwilligenheer, dessen Soldaten 12 und dessen Offiziere 25 Jahre Dienstzeit vor sich hatten, konnte man zweifellos beim einzelnen Soldaten mehr militärische Tüchtigkeit erreichen als bei einer Massenarmee von Wehrpflichtigen mit kurzer Dienstzeit. Bezeichnend für Seeckts Grundhaltung der «Apolitie» ist seine in manchem Erlaß betonte Auffassung, der Reichswehr werde «das Herausnehmen aus der Politik und die ausschließliche Beschäftigung mit militäri-

36 *Reichskriegsminister v. Blomberg in schlichtem Zivil nach seinem Rücktritt in Begleitung seiner Frau. Wegen ihrer angeblich zweifelhaften Vergangenheit, die erst nach Blombergs Heirat bekannt wurde, mußte Hitlers bisheriger Favorit in der Wehrmacht im Februar 1938 seinen Abschied nehmen.*

37 *Walter v. Brauchitsch, Oberbefehlshaber des Heeres und Generalfeldmarschall ab Juli 1940, konnte sich trotz Bedenken gegen Hitlers strategische und politische Absichten nie zum aktiven Widerstand aufraffen.*

38 *Generaloberst Ludwig Beck, Chef des Generalstabes des Heeres, trat 1938 von seinem Amt zurück, da er Hitlers Kriegspläne nicht billigte. In den nächsten Jahren wurde er einer der führenden Köpfe des Widerstandes gegen das NS-Regime.*

schen Aufgaben besonders gut tun», damit sie «das überparteiliche, nur dem Vaterland dienende Schwert bleibt».

Es war allerdings nicht leicht, aus der Reichswehr unter den Bedingungen des Versailler Vertrages ein wirksames «dem Vaterland dienendes Schwert» zu formen. Der Vertragsartikel 160 schrieb ausdrücklich vor, daß «das Heer nur für die Erhaltung der Ordnung innerhalb des deutschen Gebietes und zur Grenzpolizei bestimmt» sei. Schwere artilleristische Waffen, Panzerkampfwagen und Flugzeuge waren dem 100000-Mann-Heer verboten. Eine Interalliierte Militär-Kontroll-Kommission überwachte, allerdings oft recht lässig, die deutsche Rüstungsproduktion, die Rüstungs- und Ausbildungsmaßnahmen des Heeres. Da die Sowjetunion nicht zu den Signatarmächten des Versailler Vertrages gehörte, hatte Seeckt schon sehr bald nach Antritt seines Amtes als Chef der Heeresleitung die Idee, eine Zusammenarbeit mit der Roten Armee zu versuchen. 1921 wurde im Reichswehrministerium die Sondergruppe «R» (Rußland) geschaffen. Sowjetische Militärexperten gehörten in den folgenden Jahren zu den diskretesten Besuchern des Truppenamtes und anderer Heeresdienststellen. Die Chefs des Truppenamtes und andere Reichswehroffiziere reisten oft zu den Führungsstäben der Roten Armee mit Aufträgen, in die der Chef der Heeresleitung von allen Kabinettsmitgliedern höchstens den Reichskanzler und den Reichswehrminister, und manchmal noch nicht einmal diese, einweihte.

Es war ein für beide Seiten nützlicher Kontakt. Die Reichswehr schickte Instrukteure nach Rußland, die die Offiziere der Roten Armee nach deutschen Generalstabsmethoden ausbildeten. Anderseits erhielt die Reichswehr die Möglichkeit, auf russischen Übungsplätzen Personal für die in Deutschland verbotene Militärfliegerei und für Panzerkampfwagen auszubilden. Die für solche Aktionen erforderlichen Geldmittel wurden in dem sogenannten «blauen Haushalt» des Reichswehrministeriums untergebracht und dem Reichstag gegenüber geschickt kaschiert. In der Tarnung der Kollaboration mit der Sowjetarmee und dem Verschleiern anderer geheimer Rüstungsmaßnahmen gegenüber dem Reichstag und der Regierung entwickelten die «Sphinx» der Bendlerstraße, General v. Seeckt, und seine Mitarbeiter im Laufe der Jahre eine bemerkenswerte Fertigkeit.

Der Gebäudekomplex am Landwehrkanal wurde unter der Leitung von Geßler und Seeckt, die dort beide ihre Dienstwohnungen hatten, zum organisatorischen Führungszentrum des Heeres und der Marine. Nach und nach wurden hier alle wichtigeren Dienststellen untergebracht, die im Kaiserreich ihren Sitz in der Innenstadt und im Generalstabsgebäude gegenüber dem Reichstag hatten. Der Minister, der Chef der Marineleitung und etliche Heeresämter hatten ihre Büros im alten Reichsmarineamt direkt am Kanal, während der Chef der Heeresleitung «um die Ecke» im Hause Bendlerstraße 14 zu erreichen war. Dieses enge räumliche Beieinander begünstigte zweifellos die Zentralisierung der Führungsstäbe der Reichswehr, die sowohl Geßler wie Seeckt anstrebten.

Dem Chef der Heeresleitung unterstanden als wichtigste Ämter das Personalamt, die Heeresverwaltung und die Abteilung, die sich mit der Ausbildung der Truppe und ihre Ausrüstung mit Waffen und technischem Gerät zu befassen hatten. Hinter der vieldeutigen Bezeichnung Truppenamt verbarg sich die interessanteste Führungsstelle des Heeres. Da die Reichswehr nach den Bestimmungen von Versailles keinen «Großen Generalstab» mehr haben durfte, hatte das Truppenamt die meisten Aufgaben dieser traditionsreichen Planungs- und Führungsinstanz des Heeres übernommen. Das Amt

39 *Hitlers Generalfeldmarschälle Keitel und v. Brauchitsch hatten 1940 nach dem Sieg im Westen über die Niederlande, Belgien und Frankreich den Höhepunkt ihrer militärischen Karriere erreicht und ließen sich nicht ungern feiern.*

bestand aus vier Hauptabteilungen. Bei «T 1» wurden die Aufmarschfragen bearbeitet, bei «T 2» die Heeresorganisation, bei «T 3» die fremden Armeen, bei «T 4» Spezialfragen der Truppenausbildung. Seeckts Instruktion für die im Truppenamt tätigen Offiziere enthält die später berühmt gewordenen Sätze: «Die Form wechselt, der Geist bleibt der alte. Es ist der Geist schweigender selbstloser Pflichterfüllung im Dienste der Armee. Generalstabsoffiziere haben keine Namen.» Wenn Namen und dienstliche Funktionen der Generalstäbler auch nur Eingeweihten bekannt waren, so erkannte man sie doch im Bendlerblock leicht an den von so manchem Offizier erstrebten roten Streifen an den Hosen.

Im Herbst 1926 hatte die Bendlerstraße der deutschen Öffentlichkeit anstelle der sonst zuweilen in der Presse auftauchenden Gerüchte und Berichte über «schwarze Fonds» und geheime Rüstungsmaßnahmen der Reichswehr eine Sensation besonderer Art: der Chef der Heeresleitung, den viele für einflußreicher hielten als seinen Minister, mußte seinen Rücktritt erklären. Durch Presseveröffentlichungen war bekannt geworden, daß der älteste Sohn des Kronprinzen mit Wissen und Genehmigung Seeckts an einer Übung der Reichswehr teilgenommen hatte, obwohl er nicht dem Heer angehörte. Manche Zeitungen und Politiker sahen dieses an sich nebensächliche Ereignis als einen Beweis dafür an, daß man in den führenden Gremien der Reichswehr die Hoffnung auf eine Rückkehr des Hauses Hohenzollern nicht aufgegeben habe.

Die «Kronprinzenaffäre» erregte soviel Aufsehen, daß Geßler es ablehnte, den eigenmächtigen Schritt seines Chefs der Heeresleitung vor dem Reichstag zu rechtfertigen. Der Minister legte Seeckt den Rücktritt nahe. Gegen den Rat einiger Mitarbeiter reichte der Chef der Heeresleitung seinen Abschied ein, da er «um seine Person nicht kämpfen» könne. Man war in der Bendlerstraße düpiert, daß der einflußreiche «Chef», der noch im Jahr zuvor nach dem Tode Eberts nicht ungern Reichspräsident geworden wäre, so schnell resignierte. Seeckt umschrieb die tiefere Ursache seines Entschlusses mit den Worten: «Der Gegensatz zwischen dem demokratisch-parlamentarischen System und einer nicht von ihm innerlich abhängigen Persönlichkeit und letzten Endes der nicht zu überbrückende Gegensatz zwischen dem Repräsentanten des alten Deutschland und der überragenden Stellung seiner Armee und dem Machtgefühl der republikanisch-parlamentarischen Zivilgewalt.»

Seeckts Nachfolger im Amt des Chefs der Heeresleitung, Wilhelm Heye und Kurt Freiherr v. Hammerstein-Equord, standen der «republikanisch-parlamentarischen Zivilgewalt» weniger fremd und ablehnend gegenüber als der «Repräsentant des alten Deutschland», Exzellenz Generaloberst v. Seeckt – mit dieser Titulatur war der Chef der Heeresleitung a. D. im Berliner Adreßbuch verzeichnet.

40 *Generaloberst Franz Halder, Nachfolger Becks als Chef des Generalstabes und Hitlers maßgeblicher strategischer Experte von 1938 bis 1942 trotz mancher Bedenken gegen die nationalsozialistische Kriegspolitik, bei einem Staatsbesuch im verbündeten Finnland.*

Seeckt hinterließ seinem Nachfolger in der Bendlerstraße ein Erbe, das mit mancher zweifelhaften Hypothek belastet war. Von sozialdemokratischer Seite wurden der Reichswehr vor allem ihre Personalpolitik und die Methoden verübelt, mit denen sie ihren Bedarf an Rekruten deckte. Es ließ sich auf die Dauer nicht verheimlichen, daß man in der Bendlerstraße bei Beförderungen und Neuaufnahmen in Heer und Marine Männer bevorzugte, die aus «Rechtskreisen» stammten, während die Anwärter der Linken nur selten zum Zuge kamen. Die engen persönlichen Kontakte der Reichswehr zu rechtsgerichteten Verbänden wie etwa dem deutschnationalen «Stahlhelm-Bund der Frontsoldaten», Kontakte, die sich oft auch bei dienstlichen Entscheidungen auswirkten, waren stadtbekannt. Um Eingaben der SPD in den Ausschüssen und im Reichstag vorzubeugen, versprach der Reichswehrminister gleich nach dem Rücktritt Seeckts, in der neuen Reichswehrführung werde nun alles anders werden.

An dem größten Skandal, den die Reichswehrzentrale am Landwehrkanal seit ihrem Bestehen erlebte, waren jedoch nicht die seit Jahren bekannten und oft in der Presse erörterten Neigungen mancher Generale und Ministerialbeamter zu «rechten», republikfeindlichen Tendenzen schuld, sondern die in der Ära Seeckt aufgenommenen Sowjetkontakte.

Die sozialdemokratische Fraktion stellte im Reichstag einen Mißtrauensantrag gegen das Kabinett des Zentrumspolitikers Wilhelm Marx. Philipp Scheidemann hielt im Reichstag zur Begründung des Antrags eine ungewöhnlich scharfe Rede, die in einer Anklage gegen die von der Regierung geduldeten mehr oder weniger geheimen Aktivitäten der Reichswehr gipfelte. Scheidemann wies auf die Verbindungen der Reichswehr zur Großindustrie hin, auf deren finanzielle Unterstützung der Rüstung, auf die Kontakte zu den Verbänden der Rechtsparteien, vor allem aber auf die Kollaboration Reichswehr-Rote Armee.

Der Mißtrauensantrag der SPD fand eine große Mehrheit. Mit 249 gegen 171 Stimmen wurde das Kabinett Marx gestürzt. Eines ihrer Hauptziele, den Sturz des seit 1920 amtierenden Reichswehrministers Geßler, konnten die Sozialdemokraten jedoch nicht durchsetzen. Der gewandte, zu Kompromissen bereite Liberale residierte weiterhin in seinen repräsentativen Büroräumen aus Kaisers Zeiten am Landwehrkanal.

Mit seinem Nachbarn in der Bendlerstraße, dem neuen Chef der Heeresleitung, General Wilhelm Heye, kam er viel besser aus als mit dem kühlen, distanzierten Seeckt. Der joviale General mit dem weißen Schnurrbart, den seine Mitarbeiter unter sich «Papa Heye» nannten, galt als fürsorglicher Vorgesetzter der Offiziere und Beamten in der Bendlerstraße, dem höchstens einige standesbewußte Vertreter der Militärkaste vorzuwerfen hatten, er biedere sich zu sehr bei den Soldaten an. Aus der Politik hielt Heye sich soweit wie möglich heraus. Bei seinem Bemühen, mit dem Reichswehrminister und andern Politikern der Republik enger zusammenzuarbeiten als sein Vorgänger Seeckt, erregte er jedoch das Mißtrauen rechtskonservativer Kreise und einiger Generale. Sie befürchteten eine Schwächung der militärischen Kommandogewalt des Chefs der Heeresleitung und damit ihrer eigenen Vollmachten, als 1929 die politische Abteilung des Ministeriums in ein Ministeramt mit erweiterten Kompetenzen umgewandelt wurde.

Leiter dieses Amtes wurde der Generalleutnant Kurt v. Schleicher, ein betriebsamer, ehrgeiziger Mann, der den etwas lässigen, in politischen Dingen unerfahrenen Heye nach und nach als ersten Berater des Ministers auszuschalten verstand. Mit Schleicher trat am Landwehrkanal ein «politischer General» in Erscheinung; bisher hatten dort Militärs amtiert, die sich vom «politischen Geschäft» fernhielten. Schleicher, dem offiziell nur die Vertretung des Ministers im Kabinett und im Parlament in Angelegenheiten oblag, die nicht durch den Chef der Heeresleitung wahrgenommen wurden, baute das Ministeramt mit seinen unklar festgelegten Funktionen allmählich zu einer politischen Zentrale aus. Aufgrund seiner guten persönlichen Beziehungen zum Reichspräsidenten v. Hindenburg setzte er manche für die Reichswehr günstige Entscheidung durch. Er mischte sich auch direkt in politische Angelegenheiten, indem er zum Beispiel 1930 Hindenburg den Zentrumspolitiker Brüning als Reichskanzler empfahl. Im gleichen Jahr nahm Heye seinen Abschied. Es war im Bendlerblock ein offenes Geheimnis, daß der Chef der Heeresleitung nicht nur aus Altersgründen, sondern auch wegen seiner Kompetenzstreitigkeiten mit dem Leiter des Ministeramts resignierte.

Heyes Nachfolger wurde der bisherige Chef des Truppenamts, Kurt Freiherr v. Hammerstein-Equord, der mit Schleicher viel besser auskam. Hammerstein gehörte zu den wenigen Generalstäblern des kaiserlichen Heeres, die sich schon früh der Republik zur Verfügung gestellt hatten. Bereits 1918 war er im Stab des sozialdemokratischen Reichswehrministers Noske aktiv. Im kritischen März 1920 lehnte er es ab, am Kapp-Putsch teilzunehmen, obwohl Kapps militärischer Partner, der General v. Lüttwitz, Hammersteins Schwiegervater war.

Bereits 1928 war Geßler, der acht Jahre lang in den verschiedensten Regierungen das schwierige Ressort des Reichswehrministers verwaltet hatte, amtsmüde geworden. Geßlers Nachfolger wurde sein süddeutscher Landsmann, der frühere General und Verkehrsminister Wilhelm Groener, der ebenso wie Geßler der liberalen Deutschen Demokratischen Partei nahestand.

Im Bendlerblock waren in den Jahren vor Hitlers Machtübernahme nunmehr Groener, Hammerstein und Schleicher die maßgeblichen Männer. In den Jahren der wirtschaftlichen Krise und Massenarbeitslosigkeit, die nach 1929 anbrachen, einigte die drei bei allen Differenzen die Überzeugung, daß eine Regierung der radikalen Parteien, vor allem der Nationalsozialisten, für Deutschland vom Übel sei. Hammerstein erklärte Hitler diplomatisch und drohend zugleich noch wenige Monate vor der «Machtübernahme» der Nationalsozialisten im Januar 1933: «Wenn Sie legal zur Macht kommen, soll es mir recht sein. Im andern Fall werde ich schießen.»

Ganz in ähnlichem Sinne wird in den während Hammersteins Amtszeit herausgegebenen Richtlinien der Heeresleitung für die Ausbildung der Soldaten der Reichswehr betont: «Wer den Staat und seine Verfassung angreift, ist ihr Feind, ohne Ansehen der Person. Die Wehrmacht steht über den Parteien. Die Wehrmacht dient allein dem Staate. Sie verleiht ihm die Macht, seinen Willen durchzusetzen, die Verfassung und Recht zu schützen.»

In diesem Sinne handelte auch der Reichswehrminister Groener, als er 1931 zusätzlich das Amt des Innenministers übernahm. In dieser Doppelfunktion trat er für das Verbot der SA und SS ein, der für viele Unruhen, Saalschlachten und politische Morde verantwortlichen paramilitärischen Formationen der NSDAP. Dadurch geriet Groener in Gegensatz zu seinem politischen Berater v. Schleicher, der auf seine Art durch ein riskantes politisches Doppelspiel mit den Nationalsozialisten fertig zu werden hoffte. Das Ministeramt im Bendlerblock entwickelte sich unter Schleicher zu einem

41 *Hitler bei einer Kartenbesprechung mit den Marschällen v. Rundstedt und Keitel im Jahr 1942, als die militärische Gesamtsituation immer kritischer wurde. Rundstedt hatte Ende 1941 sein Kommando an der Ostfront wegen Kontroversen mit Hitler über den Rückzug in Südrußland aufgeben müssen und war seit März 1942 Oberbefehlshaber West in Frankreich.*

Ort politischer Geheimverhandlungen, ja Intrigen, wie sie bisher den Militärs fremd geblieben waren.

Nach den Wahlerfolgen der Nazis war Schleicher zu der Überzeugung gelangt, daß man dieser Partei Sitze im Kabinett zubilligen müsse. Wie manche Politiker der Rechten hoffte Schleicher, daß die Nationalsozialisten sich in der praktischen Regierungsarbeit «selbst abnutzen» würden, denn für die Probleme des Notjahres 1932 mit seinen 6 Millionen Arbeitslosen würden auch Hitler und seine Leute keine Lösung finden. Schleicher versuchte daher das strikte Vorgehen Groeners gegen die SA zu verhindern. Nach einer turbulenten Reichstagssitzung im Mai 1932, bei der Groener sich mit seiner Rechtfertigung des SA-Verbots nicht durchsetzen konnte, mußte der Minister, von Schleicher und andern gedrängt, seinen Rücktritt erklären. Schleicher trat selbst die Nachfolge Groeners als Reichswehrminister an.

Im Dezember 1932 ernannte Hindenburg den vielgewandten politischen General zum Reichskanzler, da Franz von Papens «Kabinett der Barone» bei der Lösung der Zeitprobleme versagt hatte. Als Kanzler setzte Schleicher, der seine Arbeits- und Wohnräume im Bendlerblock nicht aufgab, seine schwer durchschaubare Politik des Verhandelns nach mehreren Seiten hin fort. Insbesondere hoffte er, und mit ihm der Chef der Heeresleitung v. Hammerstein, die NSDAP durch Beteiligung an der Regierung «zähmen» zu können. Schleicher versuchte, die NSDAP zu spalten, indem er Hitlers Widersacher in der Partei, Gregor Strasser, den Vizekanzlerposten anbot. Als «sozialer General» machte Schleicher der SPD und den Gewerkschaften politische Offerten. Die Folge war, daß selbst sein Gönner Hindenburg der undurchsichtigen, vielschichtigen Politik Schleichers müde wurde und am liebsten wieder seinen Favoriten v. Papen zum Kanzler gemacht hätte.

Die nervöse Atmosphäre zu Anfang des Jahres 1933 griff auch auf die anderen leitenden Männer der Reichswehr im Bendlerblock über. Sie entschlossen sich am 27. Januar zu einer Aktion, über die Schleichers Biograph Thilo Vogelsang berichtet: «Die Armee hatte bislang geschwiegen, obgleich sie den Beginn einer neuen Entwicklung ahnen mußte. Da machte sich Hammerstein zum Sprecher der Reichswehrführung und ihrer Bedenken und benutzte kurz entschlossen einen Routinevortrag des Chefs des Personalamtes (Bussche-Ippenburg), um diesen zu Hindenburg zu begleiten. Nach Erledigung der dienstlichen Obliegenheiten wies der Chef der Heeresleitung darauf hin, daß ein Sturz oder Rücktritt Schleichers sowie ein sich daraus ergebender Regierungswechsel ernste Auswirkungen auf die Reichswehr haben könnten. Das Heer könne Einflüssen von seiten der NSDAP erliegen und so der Gehorsam in Mitleidenschaft gezogen werden. Auch vor der Person Hitlers wurden deutliche Warnungen ausgesprochen. Hindenburg antwortete brüsk, politische Angelegenheiten gehörten nicht zu den Kompetenzen der Generale, die Ernennung und Entlassung von Kanzlern sei seine Sache. Mit den Worten: ‹Sie werden mir doch nicht zutrauen, meine Herren, daß ich diesen österreichischen Gefreiten zum Reichskanzler mache›, brach er die Unterredung ab.»

Wie die Ereignisse der nächsten Tage bewiesen, entschloß sich der Präsident trotz dieser Zusicherung, den «österreichischen Gefreiten» Hitler am 30. Januar 1933 zum Reichskanzler zu berufen. Schleicher mußte sowohl das Kanzleramt wie das Reichswehrministerium abgeben. Von den Männern um Papen und den Nationalsozialisten gedrängt faßte der greise Präsident schnell, allzu schnell diesen Entschluß. Schuld an dieser Hast mochten nicht zuletzt die im Regierungsviertel in der Wilhelmstraße und im Bendlerblock kursierenden Gerüchte sein, die Reichswehr wolle putschen und unter Ausschaltung des Reichspräsidenten eine Militärdiktatur Schleicher-Hammerstein errichten.

Es läßt sich nicht der Nachweis erbringen, daß die leitenden Männer im Bendlerblock im Januar 1933 eine Militärdiktatur planten. Jedoch der Gedanke, eine von der Reichswehr protegierte autoritäre Regierung ans Ruder zu bringen, die unter Ausschaltung der extremen Rechten und Linken, der Nationalsozialisten und Kommunisten, die politischen Kräfte der Mitte und der Konservativen vereinigte – über die Möglichkeit einer solchen Regierung wurde in den Büros rund um die Bendlerstraße diskutiert. Unter den Berufsmilitärs gab es manchen, der der gleichen Ansicht war wie der Reichswehrminister und General a. D. Groener, der bei den Herbstmanövern 1930 erklärt hatte: «In der politischen Struktur Deutschlands kann kein Stein bewegt werden, wenn die Reichswehr es nicht will.»

1944:
Gewehr und Spaten für die Zivilisten – Das letzte Aufgebot

42 In den Wochen nach dem 20. Juli 1944 mehren sich an allen Fronten die Anzeichen des militärischen Zusammenbruchs. Im Osten und Westen nähern sich Sowjets, Amerikaner und Engländer den deutschen Grenzen. Im Zeichen des im August 1944 erneut verkündeten und verstärkten «totalen Kriegseinsatzes» werden nunmehr auch Zivilisten, Männer aller Berufe und Altersklassen sowie die Jungen der Hitler-Jugend zu Schnellkursen befohlen, bei denen man ihnen den Umgang mit Waffen notdürftig beibringt. Die Bewohner eines Städtchens im Hannoverschen bei einem Wehrappell der «Landwacht» in den Augusttagen 1944.

43 In Reih und Glied marschieren Männer zum Schießplatz, wo sie im Rahmen der «Wehrtage der SA», Hitlers paramilitärischer Parteitruppe, im Schießen ausgebildet werden.

 44

 45

 46

47 Besonders prekär wird im Spätsommer 1944 die Lage in Ostpreußen, wo sich die Sowjetarmee nach dem Zusammenbruch der Heeresgruppe Mitte bedrohlich den deutschen Grenzen nähert. Ein in Memel erlassener Aufruf fordert alle Männer zwischen 15 und 60 Jahren auf, sich bei der Einsatzstelle der NSDAP zum Grenzschutz zu melden.

Der Kriegswitz
Wenn wir den uns aufgezwungenen Krieg bloß nicht angefangen hätten.

48

49

50

48 Mit diesem grimmigen, karikaturistisch aufgemachten Porträt Stalins und ähnlichen Plakaten läuft im Frühherbst 1944 die Werbung für das letzte Aufgebot, den Volkssturm, an.

49 Die ostpreußischen Männer werden in den Augusttagen 1944 zum Bau der «Ostpreußen-Schutzstellung» eingezogen. Sie müssen Schanzarbeiten verrichten, und vielen wird gleich ein Gewehr in die Hand gedrückt, mit dem sie nach flüchtiger Ausbildung zur Verteidigung der Provinz eingesetzt werden. Die Parteimänner, allen voran Ostpreußens wegen seiner Härte und Launen gefürchteter Gauleiter Koch, rühmen in markigen Reden und Artikeln das «Bollwerk des Reiches im Osten». Von den in aller Eile zu seiner Errichtung Eingezogenen, die mit Pappkarton und Köfferchen die Reise an die Front der Schanzer antreten müssen, blicken nur einige aus den vorderen Reihen, offensichtlich vom Fotografen dazu aufgefordert, lächelnd in die Kamera.

50 Auf den ostpreußischen Äckern werden Schanzgräben ausgehoben, die die Panzer der Roten Armee aufhalten und den Verteidigern notdürftig Schutz gewähren sollen.

44 Ein Ritterkreuzträger der Wehrmacht gibt Hitler-Jungen Unterricht in der Bekämpfung von Panzern mit Panzerfäusten und anderen Waffen.

45 Die jungen Männer des Reichsarbeitsdienstes werden im August 1944 statt mit Straßenbau und Erntehilfe vorwiegend mit Hilfsarbeiten für die Wehrmacht beschäftigt. Sie müssen Flugplätze, Flakstellungen und Schanzen bauen.

46 Auch die meistgelesene deutsche Illustrierte, die «Berliner Illustrierte Zeitung», wirbt im August 1944 auf ihrer Titelseite für den «totalen Kriegseinsatz» von «Ostpreußens Jugend» mit der Schlagzeile: «Mit geschultertem Spaten und nur von dem Gedanken beseelt, die Heimat zu schützen».

5. Zwischen Anpassung und Widerstand – Der Bendlerblock im Hitlerstaat

Es war ein kühl kalkulierter diplomatischer Akt Adolf Hitlers, daß er sich sofort nach seinem Amtsantritt am 30. Januar 1933 zu einem Kontakt mit den führenden Persönlichkeiten der Reichswehr bereit fand. Die Anregung zu der außergewöhnlichen Begegnung in der Bendlerstraße ging jedoch anscheinend von der Reichswehrleitung aus. Hitler hatte am 31. Januar in Berliner Kasernen ohne Voranmeldung und Wissen der Kommandeure vor der Truppe Ansprachen über die politischen Ziele des «neuen Deutschland» und seiner Partei gehalten. Über diese Methode der Agitation beunruhigt lud der Chef der Heeresleitung v. Hammerstein den neuen Reichskanzler zu einer Aussprache mit den führenden Männern seines Amtes ein. Hammerstein hat sich von diesem Treffen des NS-Parteichefs und der Generäle vermutlich einen für beide Seiten nützlichen und aufklärenden Effekt versprochen.

Hitler ließ sich nicht lange bitten und erklärte sich bereit, schon am 3. Februar, also nur vier Tage nach der «Machtübernahme», an einer Zusammenkunft mit den Amtschefs der Heeresleitung sowie den Gruppen- und Wehrkreisbefehlshabern bei einem mehr zwanglosen Essen in den Diensträumen Hammersteins teilzunehmen. Es war zweifellos ein Novum in der Geschichte der Republik, daß ein gerade erst ernannter Regierungschef so schnell und unmittelbar mit den Militärs ins Gespräch kommen wollte. Wie ein Teilnehmer des «Arbeitsessens» im großen Speiseraum in der zweiten Etage der Bendlerstraße, der Adjutant des Chefs der Heeresleitung, v. Mellenthin, berichtet, stellte Hammerstein «etwas wohlwollend von oben herab den ‹Herrn Reichskanzler› vor, die Generalsphalanx quittierte höflich kühl, Hitler machte überall bescheidene linkische Verbeugungen und blieb verlegen, bis er nach dem Essen die Gelegenheit zu einer längeren Rede bei Tisch bekam.»

Hitler äußerte Ideen, die vielen der anwesenden Generale sicherlich zusagten, so etwa, wenn er als das vordringlichste Ziel der neuen Regierung die «völlige Umkehrung der gegenwärtigen innenpolitischen Zustände» durch «Bekämpfung von Marxismus und Pazifismus» bezeichnete und die Stärkung der Wehrbereitschaft durch «straffste autoritäre Staatsführung» versprach. In der Außenpolitik müsse man den Kampf gegen Versailles in vorsichtiger Form führen, die Verständigung mit England anstreben. «Problematisch» erschienen ihm, Hitler, vor allem die Jahre des versteckten politisch-militärischen Wiederaufbaus, wobei es sich erweisen werde, ob Frankreich einen solchen Wiederaufbau zulassen werde oder nicht. Daß zur Lösung der Wirtschaftskrise und zur Behebung der Arbeitslosigkeit vielleicht eines Tages eine territoriale Expansion, die «Eroberung neuen Lebensraumes im Osten» notwendig sein werde, deutete Hitler im Laufe seiner fast zweistündigen Ansprache vorsichtig an. Da der Kanzler der Reichswehr jedoch eine ruhige Entwicklung und seine Unterstützung als alleinigem «Waffenträger der Nation» zusicherte, hatte der überwiegende Teil der Generale den Eindruck, daß man die Zusammenarbeit mit Hitler versuchen sollte.

Zu denen, die im politischen Taumel der nächsten Monate einen kühlen Kopf bewahrten, gehörte der Chef der Heeresleitung, der den Werdegang Hitlers seit langem mit kritischer Distanz verfolgt hatte. Schon nach Hitlers Putschversuch im Jahre 1923 hatte Hammerstein, damals Bataillonskommandeur, seinen Soldaten erklärt: «In München ist ein Gefreiter Hitler verrückt geworden.» Nach dem Ausscheiden Schleichers aus dem politischen Leben und der Ernennung des mit den Nationalsozialisten sympathisierenden Generals Werner v. Blomberg zum Reichswehrminister sah Hammerstein keine Möglichkeit mehr, die Reichswehr in irgendeiner Form gegen Hitler und seine Parteiorganisation einzusetzen.

Hammerstein wußte auch, daß er nicht mit einer Unterstützung durch Hindenburg rechnen konnte, nachdem der Reichspräsident wenige Tage vor dem 30. Januar jedes Eingreifen des Militärs in die Politik abgelehnt hatte. In seinem grundlegenden Buch «Das Heer und Hitler» stellt Klaus-Jürgen Müller fest, Hammerstein habe nur zu deutlich gesehen, daß er «bei seinen eigenen gespannten Beziehungen zum Reichswehrminister angesichts der damaligen nationalen Hochstimmung in weiten Teilen von Nation und Offizierkorps keinerlei Aussicht hatte, das Heer auf den Weg der Opposition zu führen. Zudem war er viel zu klug, um nicht zu übersehen, welche schwache Stellung er selbst hatte.» Blomberg habe beispielsweise immer häufiger über Hammersteins Kopf hinweg in sein Ressort eingegriffen. «Die Einsicht in die Gegebenheiten», fährt der Historiker fort, habe den Chef der Heeresleitung daran gehindert, «seine grundsätzliche Gegnerschaft zum Nationalsozialismus in tatkräftiger Führung auf das Heer zu übertragen, die kleine Schar der dem Regime feindlichen Offiziere zu sammeln und dem Kurs des Reichsministers entgegenzutreten. Er resignierte vielmehr und ließ den Dingen ihren Lauf, so sehr er auch von verschiedenen Seiten zur Aktivität gedrängt wurde.»

Brüning ließ Hammerstein im Sommer 1933 wissen, er möge auf ihn keine Hoffnung setzen; er habe nur noch nominell die Kommandogewalt. Es ist überliefert, daß Hammerstein noch beim Herbstmanöver 1933 offenherzig in größerem Kreise von den Nazis als «Verbrecherbande» und «Schweinigels» sprach. Da er jedoch seine Erkenntnis angesichts der Realitäten nicht in eine Aktion gegen Hitler und seine Trabanten umsetzen konnte, reichte der Chef der Heeresleitung im Oktober 1933 seinen Abschied ein. Zum 1. Februar 1934 wurde Hammerstein durch den Reichspräsidenten als Generaloberst in den Ruhestand versetzt. Damit verließ der Mann den Bendlerblock, um den sich vielleicht noch am ehesten ein Widerstand gegen das Hitlerregime hätte kristallisieren können.

Im gleichen Jahr 1934 verlor die Reichswehr ihren früheren Amtschef und Minister v. Schleicher. Hitler benutzte die blutige Niederschlagung der sogenannten «Röhm-Revolte» am 30. Juni dazu, außer den SA-Führern auch eine Reihe anderer Männer beseitigen zu lassen, die er für gefährliche Opponenten hielt. Das prominenteste Opfer des Massakers war Schleicher, der politische General par excellence, der einst versucht hatte, die NSDAP durch Angebote an Hitlers Rivalen Gregor Strasser zu spalten. Hammerstein besaß soviel Zivilcourage, entgegen einem ausdrücklichen Befehl des Reichswehrministers an der Beerdigung teilzunehmen: ein demonstrativer Akt der Kameradschaft, mit dem er sein eigenes Leben gefährdete.

Hammersteins Nachfolger als Chef der Heeresleitung, der General Werner Freiherr v. Fritsch, gab auf die nach dem 30. Juni an ihn gerichtete Frage, warum die Reichswehr bei der Mordaktion nicht eingegriffen habe, zur Antwort, er könne nur handeln, wenn er einen Befehl des Reichspräsidenten erhalte. Fest steht, daß es Generale gab, denen die mit so brutalen, verwerflichen Methoden betriebene Ausschaltung der SA im Endeffekt nicht unwillkommen war. Im Bendlerblock befürchtete mancher schon seit langem, die Sturmabteilungen des unberechenbaren und machthungrigen SA-Chefs Röhm könnten sich allmählich zu einer ernsthaften Konkurrenz für die Reichswehr, dem bisher einzigen «Waffenträger der Nation», entwickeln.

Nach dem Ausscheiden Hammersteins hatten mehr als vier Jahre, bis 1938, drei Männer die einflußreichsten Positionen im Bendlerblock: Blomberg, Fritsch und Beck. Der Öffentlichkeit am meisten bekannt wurde zweifellos der neue Reichswehrminister Werner v. Blomberg. Er hatte als Chef des Truppenamts, Befehlshaber des Wehrkreises Ostpreußen und Chef der deutschen Militärdelegation bei der Genfer Abrüstungskonferenz Führungsqualitäten und diplomatische Wendigkeit bewiesen und war deshalb von Hindenburg gegen den Willen Hammersteins zum Minister berufen worden. Daß der impulsive, leicht beeinflußbare General sich schnell zum überzeugten Gefolgsmann Hitlers entwickeln würde, hatte der greise Reichspräsident nicht vorausgesehen.

Als am 2. August 1934, dem Todestag Hindenburgs, die Ämter des Reichspräsidenten und Reichskanzlers vereinigt wurden und Hitler sich fortan «Führer und Reichskanzler» titulieren ließ, gab Blomberg noch am gleichen Tag den Soldaten der Reichswehr den Befehl, dem «Führer des Deutschen Reiches und Volkes» den Treueid zu schwören; bisher waren die Reichswehrangehörigen auf «Volk und Vaterland» vereidigt gewesen. Es steht fest, daß nicht zuletzt diese eigenmächtige, spontane Aktion Blombergs, die eidliche Bindung des Soldaten an Hitler als Person, daran schuld

war, daß viele Angehörige der Armee den Widerstand gegen Hitler und seine Kriegspolitik ablehnten.
Im Gegensatz zu Blomberg, der sich rückhaltlos den neuen Machthabern zur Verfügung stellte, standen der seit Februar 1934 amtierende Chef der Heeresleitung, Werner Freiherr v. Fritsch, und der Leiter des Truppenamts, General Ludwig Beck, dem Nationalsozialismus mit Skepsis und Distanz gegenüber. Während Beck sich sehr bald zu einem resoluten Gegner des Hitlerregimes entwickelte, war der in der Tradition des kaiserlichen Heeres und der Reichswehr Seeckts großgewordene General v. Fritsch ein Repräsentant der «Apolitie» im Offizierkorps. Das «Eindringen parteipolitischer Maximen» in das Heer, ganz gleich von welcher Partei sie stammten, versuchte er zu verhindern. Es ist ein Verdienst Fritschs, daß das Heer trotz der mit nationalsozialistischer Ideologie durchsetzten Erlasse Blombergs eine recht selbständige Organisation blieb, in der die Partei und die allmählich im Volk immer mehr gefürchtete Geheime Staatspolizei keinen Einfluß hatten. Es war in den ersten Jahren des Hitlerstaates ein offenes Geheimnis, daß mancher Gegner des Naziregimes in die Armee eintrat, weil er sich dort nicht für die Ziele der staatstragenden Partei zu engagieren brauchte. So mancher, der «dagegen» war, «emigrierte» nicht ins Ausland, sondern in die Armee. Selbst die sonst so mächtige Gestapo hatte nicht das Recht, einen Soldaten einfach zu verhaften und zu verhören. Sie mußte die belastenden Akten den Militärgerichtsbehörden übergeben, die dann selbständig entschieden, ob gegen den Beschuldigten ein Verfahren einzuleiten sei.
Hitler hütete sich zunächst, die Kompetenzen der Reichswehr und der Generalität zu beschränken und ihre traditionellen Vorrechte anzutasten. Es waren die Jahre 1933 bis 1939, die Periode der zunächst geheimen, dann immer offeneren Aufrüstung, in der Hitler die Experten der Reichswehr nicht entbehren konnte. Das 100 000-Mann-Heer, das der Vertrag von Versailles dem Deutschen Reich bewilligt hatte, entwickelte sich im Laufe weniger Jahre zu einer Massenarmee, die 1939 bereits 1,1 Millionen ausgebildeter Soldaten stellen konnte. Was die Warner im Auswärtigen Amt und die Militärs im Bendlerblock, die in den zwanziger Jahren manchmal Schwierigkeiten mit der durch den Versailler Vertrag eingesetzten Interalliierten Militär-Kontrollkommission gehabt hatten, am meisten verblüffte, war die Tatsache, daß das Ausland, vor allem Frankreich, die forcierte deutsche Aufrüstung tolerierte.
Zwangsläufig entwickelte sich der Bendlerblock in den Jahren nach 1933 aus der relativ bescheidenen Führungs- und Verwaltungszentrale einer Reichswehr von 100 000 Heeres- und 15 000 Marinesoldaten zu einer militärischen Mammutbehörde, wie es sie noch nie in Deutschland gegeben hatte. In der Bendlerstraße und ihrer Umgebung wurden durch den Militärfiskus für die neuen Dienststellen Grundstücke gekauft, ganze Häuser käuflich erworben oder gemietet.
1935 verkündete Hitler die Wiedereinführung der allgemeinen Wehrpflicht. Am 21. Mai erging dann das Gesetz über den «Aufbau der Wehrmacht», das die Einzelheiten über die Dienstpflicht aller deutschen Männer zwischen 18 und 45 Jahren regelte.
Die Verwaltungsbürokratie im Bendlerblock und seiner Umgebung erhielt damit eine Fülle neuer Aufgaben, an die die Offiziere und Beamten teils mit Begeisterung, teils mit Bedenken herangingen. Für viele von ihnen ergaben sich durch die Vergrößerung der Streitkräfte berufliche Chancen und Aufstiegsmöglichkeiten. Jedoch manche fragten sich, ob das Ausland auch die neuen Gesetze hinnehmen würde, die die Regierung ermächtigten, ein Millionenheer aufzustellen. Und mußten die neuen Bezeichnungen für die militärischen Spitzeninstanzen nicht in Paris und London Anstoß erregen?
Das Reichswehrministerium wurde in Reichskriegsministerium umbenannt, womit man den Namen des Ministeriums des Hohenzollernstaates wieder einführte, mit dem die Franzosen und Engländer in einen langen Krieg verwickelt gewesen waren. Die Reichswehr hieß von nun ab Wehrmacht. Der Chef der Heeresleitung bekam den Titel eines Oberbefehlshabers des Heeres, der Chef der Marineleitung den eines Oberbefehlshabers der Kriegsmarine. Aus der Heeresleitung wurde das Oberkommando des Heeres, das OKH mit seinen zahlreichen neuen Büros in der Bendlerstraße. Das Truppenamt am Landwehrkanal, an dessen Spitze General Beck stand, durfte wieder die aufgrund der Bestimmungen des Versailler Vertrages verbotene traditionsreiche Bezeichnung Generalstab des Heeres führen.
Zur Überraschung mancher Politiker und Genera-

le, die besonders von seiten der französischen Regierung eine scharfe Reaktion erwartet hatten, blieb es nach den Maßnahmen des Hitlerregimes im Frühjahr 1935 und auch nach der Besetzung der entmilitarisierten Zone des Rheinlandes durch deutsche Truppen im März 1936 bei einer Politik des «appeasement». Durch die Aufrüstung und allgemeine Wehrpflicht, so resümiert der Historiker Karl Dietrich Erdmann im «Handbuch der deutschen Geschichte» die Entwicklung, habe es zunächst den Anschein gehabt, «als werde hierdurch Deutschland um so tiefer in die selbstgewählte Isolation hineingeführt. England, Frankreich und Italien verpflichteten sich im Stresa-Abkommen, allen weiteren einseitigen Schritten Deutschlands entgegenzutreten. Auch der Völkerbund protestierte gegen die Aufkündigung der Entwaffnungsbestimmungen des Versailler Vertrages durch Deutschland. Aber hinter diesen Protesten und Entschlüssen verbarg sich in Wirklichkeit nur die Unentschlossenheit, Hitler ernsthaft entgegenzutreten.»

Die Generale im Bendlerblock hatten keine außenpolitischen Entscheidungen zu treffen. Auch die Militärs, die gegen die Politik der Nationalsozialisten Bedenken hatten, mußten sich darauf beschränken, zu warnen, auf die Probleme und Schwierigkeiten der immer noch recht bescheidenen Potenz einer erst im Aufbau befindlichen Armee hinzuweisen. Dies taten sie des öfteren in Sachgutachten, Denkschriften und bei den Sitzungen mit Hitler und Göring, so auch bei der durch das Protokoll des Obersten Hoßbach, des Wehrmachtsadjutanten Hitlers, zu dubioser Berühmtheit gelangten Konferenz am 5. November 1937. Hitler erklärte dabei laut Hoßbach-Protokoll den führenden Militärs Blomberg, Fritsch und Generaladmiral Raeder sehr offen, «zur Lösung der deutschen Frage könne es nur den Weg der Gewalt geben, dieser würde niemals risikolos sein»; zur «Gewinnung eines größeren Lebensraumes» und einer ausreichenden Nahrungsmittelbasis sei in Mitteleuropa «die Einverleibung der Tschechei und Österreichs» notwendig. Es ist bemerkenswert, daß bei der anschließenden heftigen Diskussion der Reichskriegsminister v. Blomberg, der als Vertreter der NS-Parteilinie in der Wehrmacht galt, seinen von jeher gegen solche aggressiven Pläne eingestellten Oberbefehlshaber v. Fritsch unterstützte, als dieser sachlich begründete Einwände

Die zwiespältige Stimmung und Situation im höheren Offizierkorps in den Wochen vor dem 20. Juli bezeugt ein Erlebnis, an das sich Hans Fritzsche, damals Hauptmann im Potsdamer Infanterie-Regiment 9 und einer der wenigen Überlebenden des Widerstandskreises um Stauffenberg, erinnert:

Der Befehlshaber des stellvertretenden Generalkommandos in Berlin war der General v. Kortzfleisch. Mir war er schon in Bessarabien ebenso beschränkt wie arrogant vorgekommen. Jetzt war er gelegentlich bei uns zum Abendessen im Potsdamer Kasino. Irgendjemand konnte dann und wann Karpfen aus der Havel, Krebse oder Wild herbeischaffen. Einmal brachte Kortzfleisch auch seinen Chef des Stabes, den Generalleutnant v. Rost, mit. Außer dem Chef des Ersatzbataillons des IR 9, Major Meyer, Hauptmann Klausing, dem später Hingerichteten, und mir waren lauter Generale da. Wir sprachen über die Lage an der Front. Da erhob sich der massige Generalleutnant v. Rost und sagte: «Meine Herren! Es nützt nichts, wenn wir die Lage mit einer rosaroten Brille betrachten. Dieser Krieg ist verloren. Aber darauf kommt es schon gar nicht mehr an. Es kommt darauf an, daß diese braunen Verbrecher an Laternenpfählen aufgehängt werden, damit der Ehrenschild des deutschen Soldatentums und unseres tapferen Volkes vom Schmutz dieser Leute gereinigt werde.» Sprach's und setzte sich. Schweigen. Schließlich sagte ein bekannter Heerführer der Wehrmacht, indem er das Glas erhob: «Herr Meyer, Sie haben einen vorzüglichen Mosel in Ihrem Keller.» – Kein Teilnehmer der Kasinorunde, auch der dem Hitlerregime immer noch ergebene General v. Kortzfleisch nicht, erstattete Meldung über diese in hohem Maße «staatsfeindliche» Äußerung des Generalleutnats v. Rost; dieser fiel ein paar Wochen später als Divisionskommandeur an der Italienfront.

erhob. Weiter konnten die führenden Militärs im Bendlerblock nicht gehen, wenn sie nicht ihre Abberufung riskieren wollten.

Vermutlich hat sich Hitler nach der kontroversen Debatte im November 1937 keine Illusionen mehr über die Einstellung der leitenden Männer der Wehrmacht gemacht. Es ist anzunehmen, daß er sie auch dann bei nächster Gelegenheit verabschiedet hätte, wenn es nicht schon wenige Wochen später zu den Affären um Blomberg und Fritsch gekommen wäre. Der Reichskriegsminister mußte den Dienst quittieren, weil es sich nachträglich herausstellte, daß die Frau, die er Anfang 1938 in zweiter Ehe heiratete, übel beleumundet war und unter sittenpolizeilicher Kontrolle gestanden hatte.

Ebenso schädlich für das Ansehen der Wehrmacht war der im Bendlerblock vielbesprochene Fall Fritsch. Der Generaloberst wurde das Opfer einer wahrscheinlich von seinem Rivalen in militärischen Fragen, Göring, in Kollaboration mit Himmler und Heydrich von der Gestapo inszenierten Sexualaffäre. In einer Hitler vorgelegten Akte wurde Fritsch beschuldigt, mit einem mehrfach vorbestraften Zuchthäusler homosexuellen Umgang gehabt zu haben. Die gerichtliche Untersuchung ergab schließlich, daß eine Namensverwechslung mit einem Rittmeister v. Frisch vorlag. Jedoch inzwischen war Fritsch, dessen ehrenwörtlicher Unschuldsbeteuerung Hitler keinen Glauben schenkte, am 4. Februar 1938 bereits aus seinem Amt entlassen worden. Erst vier Monate später hielt es Hitler für notwendig, in einer Ansprache vor den Generälen wenigstens in diesem kleinen Kreise die Ehre des OKH-Chefs wiederherzustellen, indem er angab, er sei einem Betrug zum Opfer gefallen. Jedoch eine seinem Rang entsprechende Stellung hat Fritsch nie wieder erhalten. Im Polenfeldzug 1939 ist er gefallen, und man muß annehmen, daß der in seiner Ehre schwer gekränkte Mann an der Front den Soldatentod gesucht hat.

Im Bendlerblock gab es viele Offiziere, die die schnöde Behandlung Fritschs als eine Beleidigung des gesamten Berufsstandes betrachteten. Aber zu dem von einigen Offizieren geforderten gemeinsamen Schritt der Generäle bei Hitler mit der Androhung ihres Rücktritts, falls der Oberbefehlshaber des Heeres nicht wieder in sein Amt eingesetzt werde, kam es nicht. Jedoch nach der Fritsch-Affäre gab es im Bendlerblock mehr Verbitterte, von Mißtrauen gegen Hitler und seine Partei Erfüllte als je zuvor. Wir wissen heute, daß sich 1938 im Kreise der höheren Militärs eine Opposition bildete, die der Kern des Widerstandes gegen das NS-Regime wurde.

Nicht zuletzt war an dem Wachsen dieser Opposition im Führungszentrum der Wehrmacht die gleich nach dem Ausscheiden Blombergs und Fritschs von Hitler durchgeführte Neuorganisation der Spitzengliederung schuld, die die Befehlsgewalt der alterfahrenen Berufsmilitärs weitgehend beschränkte. Es war der trotz seiner Entlassung immer noch Hitler ergebene Blomberg, der diesem bei seinem Abschied empfahl, das nunmehr freigewordene Reichskriegsministerium selbst zu übernehmen. Damit wurden die höchste Regierungs- und Kommandoinstanz in einer Hand vereinigt. «Der Führer und Oberste Befehlshaber der Wehrmacht» brauchte nicht mehr auf den Rat und Einspruch eines Ministers Rücksicht zu nehmen, der gelegentlich doch die Ansichten seiner Generalstäbler durchzusetzen versuchte. Hitler führte nunmehr unmittelbar das Kommando über die drei Wehrmachtsteile Heer, Marine und Luftwaffe. Mit dem Erlaß vom 4. Februar über die «organisatorischen Konzentrationsmaßnahmen» verkündete der praktisch zum Diktator aufgestiegene «Führer»: «Die Befehlsgewalt über die gesamte Wehrmacht übe ich von jetzt an unmittelbar persönlich aus. Das bisherige Wehrmachtsamt im Reichskriegsministerium tritt als Oberkommando der Wehrmacht unmittelbar unter meinen Befehl. Das Oberkommando der Wehrmacht nimmt zugleich die Geschäfte des Reichskriegsministeriums wahr.»

Das OKW, das in den nächsten Jahren unter dieser Abkürzung ein allen Deutschen bekannter Begriff wurde, war in der Praxis ein Koordinationsbüro zur Ausarbeitung und Weiterleitung der «Führerbefehle». Es wurde dem aus der Organisationsabteilung des Truppenamts hervorgegangenen General Wilhelm Keitel unterstellt. Seine Position als «Chef OKW» während mehr als sieben Jahren, von 1938 bis 1945, charakterisierte Keitel in einer Niederschrift, die er als Angeklagter im Nürnberger Kriegsverbrecherprozeß ausarbeitete: «Eine der Reichsregierung gegenüber verantwortliche Instanz der Wehrmacht (Kriegsminister) war nicht mehr vorhanden, nachdem der Führer dessen bisherige Funktionen selbst übernommen und mich in der Führung kriegsministerieller Verwaltungsgeschäfte an seine ‹Weisungen› gebunden hatte. Meine Bereitschaft, selbst Verantwortung zu übernehmen, scheiterte an der mir versagten Befugnis, mich durchzusetzen, d. h. befehlen zu können! Das Befehlsrecht hatte der Führer ganz ausschließlich an sich gezogen ... Ich war eben nur Soldat, als solcher gehorsam ...»

Nicht ganz so «gehorsam» wie Keitel, der sich wegen seiner Dienstbeflissenheit als Befehlsausführer Hitlers den Spitznamen ‹Lakeitel› einhandelte, war Fritschs Nachfolger als Oberbefehlshaber des Heeres Walther v. Brauchitsch, der sich auf diesem schwierigen Posten immerhin fast vier Jahre, bis Ende 1941, halten konnte. Daß Hitler bei seiner Abneigung gegen adlige Generalstabsoffiziere den ihm von Keitel empfohlenen schlesischen Aristokraten zum Oberbefehlshaber ernannte, war vermutlich ein diplomatischer Akt, der die Unzufriedenheit dämpfen sollte, die sich nach der krassen Verabschiedung Fritschs unter den höheren Offizieren auszubreiten drohte. Denn Hitler war zunächst an der Bereitschaft der erfahrenen älteren Militärs bei dem diffizilen Werk der Aufrüstung und Vorbereitung eines früher oder später fälligen Krieges gelegen. Und solch ein Offizier schien Hitler der in der Heeresorganisation beschlagene, im Umgang konziliante frühere Chef der Heeresausbildung und Inspekteur der Artillerie zu sein.

Brauchitsch, der kein dezidierter Nazi war wie Blomberg, hatte in den nächsten Jahren für die Anliegen der Kritiker Hitlers oft Verständnis. Jedoch zum aktiven Widerstand gegen den Diktator raffte er sich nicht auf.

Brauchitsch versagte der Opposition im Herbst 1939 und auch in den nächsten zwei Jahren eine wirklich effektive Unterstützung, wenn er auch mehr als einmal gegen Hitlers Kriegspläne sachliche militärische Einwände vorbrachte. Die Auseinandersetzungen mit Hitler nahmen nach den ersten Rückschlägen im Rußlandfeldzug so scharfe Formen an, daß eine Zusammenarbeit unmöglich wurde. Als Brauchitsch nach der Winterkatastrophe an der Ostfront im Dezember 1941 schließlich seinen Abschied erhielt, war er physisch und seelisch ein gebrochener Mann. Hitler zog aus den Debatten mit Brauchitsch die Konsequenz, das ihm schon lange unbequeme Amt des Oberbefehlshabers des Heeres zu liquidieren, indem er diese Funktion selbst übernahm. Er wollte es in Zukunft nur noch mit devoten Befehlsausführern zu haben und gab die bezeichnende Erklärung ab: «Das bißchen Operationsführung kann jeder machen. Die Aufgabe des Oberbefehlshabers des Heeres ist es, das Heer nationalsozialistisch zu erziehen. Ich kenne keinen General des Heeres, der diese Aufgabe in meinem Sinne erfüllen könnte. Darum habe ich mich entschlossen, den Oberbefehl über das Heer selbst zu übernehmen.»

Einer der wenigen führenden Männer im Bendlerblock, der sich schon lange vor Ausbruch des Krieges zu einer entschiedenen Opposition gegen Hitler entschloß, war der General Ludwig Beck, der Chef des Generalstabes des Heeres. Das aus dem Truppenamt der Reichswehr hervorgegangene Generalstabsbüro hatte nicht mehr die Bedeutung, die es zur Zeit Moltkes und Schlieffens besessen hatte, als der Generalstabschef selbständig neben dem Kriegsminister stand und das Recht zum unmittelbaren Vortrag beim Staatsoberhaupt hatte. In der Wehrmacht war der Leiter dieser Dienststelle nur einer der fünf Amtschefs, die dem Oberbefehlshaber des Heeres unterstanden. Trotz dieses verminderten Einflusses war der Generalstab jene wichtige Abteilung geblieben, in der die Details der Kriegsführung und Kriegsvorbereitung für alle eventuellen Konfliktfälle des Landes erarbeitet wurden. Durch Denkschriften und Analysen der strategischen Lage konnte der Generalstab die militärischen und politischen Führungsstellen informieren und zuweilen auch beeinflussen, soweit dies im Staat Hitler noch möglich war. Beck hat im Laufe seiner fünfjährigen Amtszeit von diesen Möglichkeiten häufig Gebrauch gemacht.

Als die Gefahr eines deutschen Einmarsches in die Tschechoslowakei immer näher rückte, richtete Beck in seinem dienstlichen Vortrag bei Brauchitsch am 16. Juli 1938 an diesen den Appell, «die höchsten Führer der Wehrmacht» seien nunmehr berufen, eine «gewaltsame Lösung der sudetendeutschen Frage» und einen Krieg zu verhindern. «Es stehen hier letzte Entscheidungen über den Bestand der Nation auf dem Spiele», heißt es beschwörend in der Notiz Becks für seinen Vortrag beim Oberbefehlshaber des Heeres. «Die Geschichte wird diese Führer mit einer Blutschuld belasten, wenn sie nicht nach ihrem fachlichen und staatspolitischen Wissen und Gewissen handeln. Ihr soldatischer Gehorsam hat dort eine Grenze, wo ihr Wissen, ihr Gewissen und ihre Verantwor-

tung die Ausführung eines Befehls verbieten. Finden ihre Ratschläge und Warnungen in solcher Lage kein Gehör, dann haben sie das Recht und die Pflicht vor dem Volk und vor der Geschichte, von ihren Ämtern abzutreten.»
Brauchitsch konnte sich zu keiner entscheidenden Aktion entschließen. Auch Becks Versuch, die Generäle zu einem kollektiven Schritt bei Hitler zu bewegen, um diesen von der Verwirklichung seines Angriffsplans gegen die Tschechoslowakei abzuhalten, kam nicht zum Zuge, da einige den Nationalsozialisten nahestehende Generale wie Busch und v. Reichenau nicht mitmachen wollten. Beck blieb schließlich nur das letzte ehrenhafte Mittel, seiner Opposition gegen die Politik des Staatsoberhaupts Ausdruck zu geben: der Rücktritt. Hitler, der zumindest die letzte Denkschrift Becks durch Brauchitsch erhalten hatte und kannte, genehmigte das Gesuch sofort. Er ließ Beck durch Brauchitsch bestellen, daß er einem Generalstabschef die Berechtigung zu politischen Ausführungen abspreche: er wisse allein, was er zu tun habe.
Beck hatte bei seinem Ausscheiden wenigstens den Trost, daß sein Nachfolger Franz Halder Hitlers Kriegsplänen ebenso ablehnend gegenüberstand. Der aus Bayern stammende Artilleriegeneral hatte zuletzt als Oberquartiermeister in Becks Amt gearbeitet. Ebenso wie dieser ähnelte Halder mehr einem «Mann der Studierstube» als einem schneidigen Troupier, ja auf manche wirkte der auf präzise Ausdrucksweise bedachte General mit dem Kneifer und der Bürstenfrisur wie ein strenger Oberlehrer. Auf das Generalstabsbüro Halders kam im Spätsommer 1938 die Aufgabe zu, den schon zu Becks Zeit begonnenen «Aufmarschplan Grün» fertigzustellen, den Plan eines Blitzangriffs gegen die Tschechoslowakei, den der zurückgetretene Generalstabschef kurz zuvor als undurchführbar nachgewiesen hatte, da die Franzosen als Verbündete Prags voraussichtlich an der deutschen Westgrenze zur Offensive übergehen würden.
Hitler ahnte nicht, daß zur gleichen Zeit, in der in den verschwiegenen Generalstabszimmern am Landwehrkanal die Offiziere den Plan «Grün» befehlsgemäß ausarbeiteten, Halder im Einvernehmen mit Beck einen Gegenplan zu «Grün» entwerfen ließ. Es handelte sich um eine Planstudie zur Besetzung des Berliner Regierungsviertels für den Fall, daß Hitler den Befehl zum Angriff gegen die Tschechoslowakei geben und damit den Krieg in Mitteleuropa eröffnen sollte. In den Sommermonaten 1938 hatte sich in Berlin ein Kreis von Männern zusammengefunden, den man als die Keimzelle jener Widerstandsbewegung bezeichnen kann, die in der Aktion des 20. Juli 1944 ihren Höhepunkt und ihr tragisches Ende fand.
Zu den Vertrauten Becks und Halders gehörte der Befehlshaber des Berliner Wehrkreises, General Erwin v. Witzleben, dessen Truppen nach dem Plan des Generalstabes bei Kriegsausbruch das Regierungsviertel besetzen und Hitler verhaften sollten. Die 1. Leichte Division, deren Kommandeur General Erich Hoepner gleichfalls ein Gegner der Kriegspläne des NS-Regimes war, hatte die Aufgabe, der in Bayern stationierten «Leibstandarte Adolf Hitler» den Weg nach Berlin zu sperren. Der ins Vertrauen gezogene Polizeipräsident von Berlin, Graf Helldorf, war bereit, seine Polizeikräfte zur Verfügung zu stellen. Zu den engsten Mitarbeitern des Plans zählte Halders Stellvertreter, der Oberquartiermeister im Generalstab General v. Stülpnagel, der im Juli 1944 die Maßnahmen gegen die SS in Paris veranlaßte. Auch die leitenden Offiziere der Spionageabwehr im Kriegsministerium, des späteren Amtes Ausland/Abwehr, Admiral Canaris und sein Stabschef Oster, hatten sich zur Unterstützung bereiterklärt.
Aus dem zivilen Milieu gehörten zu den entschlossenen Kriegsgegnern und Vertrauten Becks Männer, die er meist seit langem kannte. Unter ihnen war der Diplomat Ulrich v. Hassell, zuletzt Botschafter am Quirinal in Rom, der ebenso wie Beck 1938 wegen seiner Kritik an der nationalsozialistischen Politik aus dem Staatsdienst entlassen worden war. Im Auswärtigen Amt hatte der Kreis in dem Staatssekretär Ernst v. Weizsäcker einen Informanten und Helfer. Der Botschaftsrat in London, Theo Kordt, leistete gleichfalls Mittlerdienste zum Ausland. Mit dem früheren Leipziger Oberbürgermeister und Reichspreiskommissar Carl Goerdeler kam Beck seit 1935 zu politischen Gesprächen zusammen. Das kleine Haus des verabschiedeten Generalstabschefs in der Goethestraße in Lichterfelde war in den Jahren 1938 bis 1944 häufig ein Treffpunkt von Männern, die in der Opposition gegen Hitler wirkten.
In den letzten Septembertagen 1938 spitzte sich die Situation dramatisch zu. Während Brauchitsch und Halder von Hitler die Anweisung erhielten, die Truppen für den Aufmarschplan «Grün», die

Überraschungsoffensive gegen die Tschechoslowakei, bereitzustellen, trafen Halder, Witzleben und Hoepner Vorbereitungen, um bei einem Angriffsbefehl Hitlers ihren Gegenplan zu verwirklichen. Halder hatte sich darüber hinaus mit den gegen die Kriegspolitik der Regierung eingestellten Männern im Auswärtigen Dienst in Verbindung gesetzt. In London übermittelte Botschaftsrat Kordt dem britischen Premierminister Chamberlain und dem Außenminister Lord Halifax eine Erklärung Weizsäckers, in der die britische Regierung aufgefordert wird, die Opposition in Deutschland durch ein festes Auftreten gegenüber Hitler zu unterstützen; «die Führer der Armee» seien bereit, heißt es darin, «gegen Hitlers Politik mit Waffengewalt anzutreten», falls England ihnen beistehe.
Jedoch in London waren die Würfel bereits gefallen. Chamberlain erklärte sich in seinen Besprechungen mit Hitler zu Konzessionen in der Sudetenfrage bereit, um den Frieden in Europa zu erhalten. Auf der Münchener Konferenz bekräftigten sodann Chamberlain, Daladier, Mussolini und Hitler gemeinsam diese Absicht. Der Friede schien gerettet zu sein. Alle Pläne der Militärs und Diplomaten zur Beseitigung des NS-Regimes mußten zunächst aufgegeben werden. Man konnte nicht einen Mann verhaften und vor Gericht stellen, dem in einem Jahr die Besetzung Österreichs und sodann der sudetendeutschen Randgebiete der Tschechoslowakei ohne Blutvergießen und Krieg gelungen war. Halder stellte resigniert fest: «Was sollen wir denn noch tun? Es gelingt ihm ja alles.» Im gleichen Sinne äußerte der verabschiedete Oberbefehlshaber des Heeres v. Fritsch zu Hassell, es sei nichts mehr zu machen: Hitler sei Deutschlands Schicksal im Guten und im Bösen.
Nach den Erfahrungen des Septembers 1938 verzichteten die kritisch eingestellten Militärs im Bendlerblock und die Oppositionellen im zivilen Milieu zunächst auf die Ausarbeitung weiterer Staatsstreichpläne. Die mangelnde Reaktion der ausländischen Staatsmänner auf die ersten vorsichtigen Beistandsgesuche der Opposition, die Duldung der vollständigen Okkupation der Tschechoslowakei und der Besetzung des Memelgebiets im März 1939 durch die englische und französische Regierung, dies alles ließ die Versuche zur Beseitigung des nationalsozialistischen Regimes sinnlos erscheinen.
Die militärischen Sachverständigen im Bendlerblock und in der benachbarten Abwehr mußten sich im Sommer 1939 darauf beschränken, in vorsichtig formulierten Analysen vor weiteren Angriffsaktionen, insbesondere gegen Polen, zu warnen. Da die Experten des Generalstabes und der Abwehr an Hitler direkt kaum herankamen, hatten sie es meist mit dem OKW-Chef Keitel zu tun. Canaris wies Keitel darauf hin, daß nach den Informationen der Abwehr aus dem Ausland England mit an Sicherheit grenzender Wahrscheinlichkeit Polen militärisch unterstützen werde, falls man dort einmarschiere. Der wohlorientierte Leiter des Wehrwirtschafts- und Rüstungsamts, General Thomas, legte dem Chef OKW eine in Zusammenarbeit mit Sachkennern aus der zivilen Opposition wie Goerdeler, Popitz, Hassell und Schacht entstandene Denkschrift über die Gefahr eines Zweifrontenkrieges in Ost und West vor; einen solchen Krieg könne Deutschland, allein schon aus wirtschaftlichen Gründen, nur kurze Zeit durchhalten. Keitel scheint Hitler, wenn auch in vorsichtiger, abgemilderter Form, die Bedenken der Wirtschafts- und Rüstungsexperten mitgeteilt zu haben. Jedoch Hitler ließ sich nach den außenpolitischen Erfolgen der Jahre 1938 und 1939 nicht mehr von Generalen in seine Politik hineinreden.

In den letzten Augusttagen 1939, als der Angriff gegen Polen unmittelbar bevorstand, wurde zwar im OKW in der Umgebung Halders der alte Plan erörtert, Hitler bei Ausbruch des Krieges festzunehmen und die Angriffsoperationen bereits im Anfangsstadium durch Gegenbefehle zu stoppen. Jedoch der überraschende Abschluß des deutsch-sowjetischen Nichtangriffspakts sowie Hitlers Rücknahme des Einmarschbefehls in Polen nach dem Beistandspakt zwischen England und Polen ließ die Planungen der Opposition nicht zum Zuge kommen. Klaus-Jürgen Müller analysiert in seinem Buch «Das Heer und Hitler» die zwiespältige Situation der militärischen Chefs im Bendlerblock zu Beginn des Krieges:

> Die psychische Situation der im aktiven Führungsdienst an hoher und höchster Stelle stehenden Offiziere mit dem Generalstabschef Halder an der Spitze war besonders spannungsgeladen und wirkte gewiß schwer bela-

> stend. Ihnen allen gemeinsam war die Überzeugung, daß – wenngleich sie diesen Krieg für vermeidbar hielten, sogar für verhängnisvoll ansahen und glaubten, er sei mit verbrecherischem Leichtsinn vom Zaune gebrochen worden – es nunmehr ihre in soldatischer Überlieferung wurzelnde selbstverständliche Pflicht sei, die Truppen nach bestem Können so rasch wie möglich zum Siege zu führen. Der Sorge für die kämpfende Truppe und dem Streben nach dem Siege galt ihr primäres Bemühen ... Die Entschlossensten unter ihnen aber waren getragen von der Erkenntnis, daß ein entartetes Regime die Nation in ein verderbliches Abenteuer gestürzt habe.

Zu den wenigen, die noch versuchten, diese Erkenntnis bei Kriegsbeginn zur Grundlage ihres Handelns zu machen, gehörte einer der einst führenden Männer des Bendlerblocks, Generaloberst v. Hammersein-Equord, der nicht lange nach Hitlers Machtübernahme in den Ruhestand versetzte Chef der Heeresleitung. «Er ist so ungefähr das Negativste gegenüber dem Regime der Verbrecher und Narren, das man sich vorstellen kann, hat auch wenig Hoffnung auf die geköpfte und entmannte Armee», notierte der mit Hammerstein befreundete Botschafter a. D. v. Hassell in seinem Tagebuch über dessen Einstellung gegenüber der Naziregierung. Hammerstein versuchte aus dieser Einsicht die Konsequenzen zu ziehen, indem er im September 1939 eine Aktion vorbereitete, über die einer der Beteiligten, Fabian von Schlabrendorff, in seinem Erlebnisbericht «Offiziere gegen Hitler» erzählt: «Ein glücklicher Umstand hatte es gefügt, daß Hammerstein wieder aus der Versenkung hervortrat und den Oberbefehl über eine Armee am Rhein erhielt. An diese Tatsache wurde ein weittragender Plan geknüpft. Hitler sollte veranlaßt werden, dieser Armee einen Besuch abzustatten, um gerade während des Feldzuges gegen Polen gegenüber dem zu erwartenden Entlastungsangriff Frankreichs die militärische Stärke des Dritten Reiches auch am Rhein zu demonstrieren ... Der Plan Hammersteins kam nicht zur Ausführung. Hitler, der eine beinahe unheimlich anmutende Witterung für persönliche Gefahr hatte, sagte den Besuch bei der Armee Hammersteins wieder ab. Kurz darauf verfügte er einen Wechsel in der Armeeführung. So trat Hammerstein erneut in den Ruhestand.» Dem Generaloberst war nicht mehr beschieden, an den Aktionen der militärischen Opposition in der zweiten Kriegshälfte mitzuwirken. Nach längerem Siechtum erlag er im Frühjahr 1943 einer unheilbaren Krankheit.

Nach Kriegsausbruch war der Bendlerblock zunächst nicht mehr so häufig wie bisher Treffpunkt und Gesprächsort der militärischen Opposition, da viele Führungsstäbe und Abteilungen ganz oder teilweise aus der Hauptstadt abgezogen wurden. Halder und der von ihm geleitete Generalstab des Heeres siedelten in das Truppenübungs- und Kasernenrevier der unweit Berlin gelegenen Kleinstadt Zossen über und waren dort nunmehr unter dem Decknamen «Zeppelin» zu erreichen. Auch die Abteilungen Fremde Heere West und Ost, die die Informationen über die Armeen der westlichen und östlichen Nachbarländer Deutschlands sammelten, bezogen mit den meisten Büros in Zossen Quartier. Ebenso wie der Generalstab wurden in den nächsten Kriegsjahren auch andere militärische Dienststellen aus Berlin evakuiert, vor allem in die nahe der Hauptstadt gelegenen Wehrmachtskomplexe um Zossen und Potsdam. Nach Einsetzen der schweren Luftangriffe im November 1943, bei denen ganze Gebäudeteile des Bendlerblocks zerstört wurden, verließen eine Reihe weiterer Führungsstellen Berlin und ließen nur noch Verbindungsstäbe in der Hauptstadt zurück.

Anderseits erforderte die rapide Vergrößerung der Wehrmacht im Laufe des Krieges die Schaffung zahlreicher neuer Verwaltungs- und Führungsstellen. So entstand zwischen dem Landwehrkanal und dem Tiergarten eine Region, in der die meisten Gebäude vom «Militärfiskus» beansprucht wurden. In der Bendlerstraße selbst beherbergten fast alle Häuser Büros der Oberkommandos des Heeres und der Marine. Als militärisches Führungsorgan trat im Kriege immer mehr das von Keitel geleitete Oberkommando der Wehrmacht in den Vordergrund, die 1938 von Hitler initiierte Koordinierungsstelle der drei Wehrmachtsteile Heer, Marine und Luftwaffe. Viele Mitarbeiter des OKW und des ihm angeschlossenen Wehrmachtführungsstabes unter Generaloberst Jodl hatten das zweifelhafte Vergnügen, mit dem «Führerhauptquartier» durch die Lande zu ziehen, das meist in recht abgelegenen Landschafts- und Waldrevieren seinen Standort hatte.

Als Hitler im Spätherbst 1939 die Großoffensive gegen Frankreich anlaufen lassen wollte, rafften sich die führenden Militärs noch einmal zu einer Protestaktion auf, die jedoch nicht mehr vom Bendlerblock, sondern von Halders Generalstabsquartier in Zossen ausging. Durch seinen Vertrauten, den Oberst Großcurth, ließ Halder für alle Fälle einen Plan für einen Staatsstreich ausarbeiten. General Thomas vom Wehrwirtschaftsamt, Generalmajor Oster von der Abwehr und auch der unermüdliche Generalstabschef a. D. Beck schalteten sich ein und forderten nachdrücklich von Halder einen Staatsstreich durch das Heer. Halder lehnte ihr Ersuchen mit der Begründung ab, Brauchitsch werde zu solch einer Tat nicht zu bewegen sein.

Immerhin erreichte es Halder, daß der Oberbefehlshaber des Heeres sich entschloß, bei einer gemeinsamen Vorsprache bei Hitler in der Reichskanzlei die Bedenken der Heeresleitung vorzutragen. Er wurde sehr bald bei seinen Ausführungen durch Hitler unterbrochen, der Brauchitsch und Halder in einem Zornesausbruch drohte, er werde «den Geist von Zossen ausrotten». Aus Hitlers Andeutungen glaubte Halder entnehmen zu müssen, daß der Staatsstreichplan des Generalstabes verraten sei und daß der Armeeführung ein neuer 30. Juni 1934 drohe. Halder ordnete daher die Vernichtung aller schriftlichen Aufzeichnungen über den geplanten Putsch an.

Das schlechte Wetter und die Befürchtung, daß die deutsche Wehrmacht für eine Großoffensive im Westen doch noch nicht schlagkräftig genug sei, bewogen Hitler schließlich, den Angriff auf das nächste Frühjahr zu verschieben. In einer Ansprache vor den höheren Offizieren des OKH und des Generalstabes wetterte Hitler gegen die «Oberschicht», die schon 1914 versagt habe, gegen den verderblichen «Geist von Zossen» und erklärte drohend: «Ich werde jeden vernichten, der gegen mich ist ... Nach außen keine Kapitulation, nach innen keine Revolution ...»

«Der Vorwurf der Feigheit hat die Mutigen wieder feige gemacht», erklärte der führende Kopf der Opposition in der Abwehr, Oster, nach Hitlers Rede. Der Stabschef von Canaris war einer der wenigen, die nicht resignierten. Oster verständigte den mit ihm befreundeten niederländischen Militärattaché über die Angriffstermine gegen die Niederlande und Belgien, die Hitler des öfteren verschob. Aufgrund einer Meldung Osters am Abend des 9. Mai 1940 konnte der Attaché seiner Regierung in einem verschlüsselten Telefonat mitteilen, daß die Offensive am nächsten Tage beginnen werde. Über Sinn und Wert dieser Initiative des aktivsten Widerstandsoffiziers in der Abwehr ist nach dem Kriege viel gestritten worden. Am Verlauf des Krieges an der Westfront ändern konnte sie nichts. Osters «Verrat» blieb die Aktion eines einzelnen, der auf seine Art Hitlers Angriffskrieg zumindest zu erschweren versuchte.

Eine Staatsstreichplanung einer größeren Gruppe von Oppositionellen aus dem militärischen oder zivilen Bereich kam in der nächsten Zeit nicht mehr zustande. Sie hätte in der Periode der Siege Hitlers auch kaum Aussicht auf Erfolg gehabt. Weder die Truppe noch der überwiegende Teil des Volkes hätten für eine Aktion gegen den siegreichen «Führer» Verständnis gehabt. Erst die Rückschläge und Niederlagen an der sowjetischen Front und in Nordafrika gaben der Opposition gegen Hitler wieder eine reale Chance.

51 *Für viele Deutsche schwer vorstellbar ist im Sommer des letzten Kriegsjahres nur die wenig mehr als ein halbes Jahrzehnt zurückliegende Zeit, als in den Straßen der Städte – wie zum Beispiel hier in der Wilhelmstraße in Berlin, seit kaiserlicher Zeit Sitz der Ministerien und anderer hoher Staatsbehörden – an nationalen Feiertagen die Hakenkreuzfahnen wehten.*

Der Tod kommt aus der Luft –
Luftangriffe und ihre Folgen für die Bevölkerung

52 *Nach den Angriffen alliierter Bomber sah es in vielen deutschen Städten so aus wie in dieser Straße der Berliner Innenstadt, die am 21. Juni 1944 durch einen Großangriff von mehr als 2500 US-Flugzeugen in eine Ruinenwüste verwandelt wurde. Die Amerikaner kamen am Tage, die Briten in der Nacht, gemäß einer Absprache zwischen der USAAF und RAF.*

53 *Im Zentrum des Berliner Westens, am Auguste-Victoria-Platz, auf dem heute die restaurierte Ruine der Kaiser-Wilhelm-Gedächtnis-Kirche an den Krieg erinnert, sah es 1944 so aus.*

54 *Die Überlebenden der Luftangriffe, die ihre Wohnung verloren hatten – Ausgebombte wurden sie in der Sprache des Krieges genannt –, teilten auf den Mauern auf diese Art ihre vorläufige neue Anschrift mit.*

55 *Oft vergeblich versuchen die Luftschutzmänner und Feuerwehrleute die Brände in den Dachstühlen der Häuser zu löschen, in die oft ganze Ketten von Brand- und Phosphorbomben fallen.*

Der bekannte schwedische Militärexperte Major S. Wennerström erklärt in einem von «Stockholms-Tidningen» am 21. 8. 1944 veröffentlichten Artikel «Der Luftkrieg ist entschieden»:
Drückt die Überschrift eine voreilige Behauptung aus? Kaum, wenigstens wenn man nur das europäische Kriegstheater betrachtet. Denn hier haben sich die alliierten Flugwaffen schließlich eine solche Übermacht erkämpft, daß man mit Recht von einer Luftherrschaft sprechen kann – und von einer Luftherrschaft, die voraussichtlich Bestand haben wird.
Lassen Sie uns z. B. auf die Westfront blicken! Welches sind hier die wichtigsten Aufgaben der deutschen Luftwaffe? Zunächst muß sie mit Jagdeinsatz und Flak die Heeres-

Der Witz vom Tausendjährigen Reich
Wie schnell doch die Zeit vergeht. Sehr bald schon sind die tausend Jahre um, die der Führer prophezeite.

verbände und deren wichtigsten Verbindungen vor den Luftangriffen der Alliierten schützen. Sodann ist es ihre Aufgabe, durch Luftangriffe die Transporte der Alliierten über den Kanal und den Vormarsch der gegnerischen Truppen in Frankreich zu hindern. Keine dieser Aufgaben konnte jedoch die Luftwaffe auch nur einigermaßen lösen. Dazu sind die deutschen Luftstreitkräfte im Westen nach einem mehrjährigen Erschöpfungskrieg und nach der heftigen Bekämpfung der Luftstützpunkte, die der Invasion unmittelbar voraufging, zu sehr dezimiert; vermutlich leiden sie auch an Treibstoffmangel. Die alliierte Flugwaffe dagegen kann so gut wie unbehindert über Frankreich einfliegen und geeignete Ziele angreifen, wobei – je nach den Veränderungen der Lage – die Luftstreitkräfte entweder auf wenige Ziele konzentriert oder auch auf viele eingesetzt werden. Oder – um einen alten Ausdruck der deutschen Wehrmachtsberichte von 1940 zu wählen – «sie bereiten den Heeresstreitkräften den Weg».

An der Heimatfront zeigt sich die Luftwaffe am stärksten, da man hier den Hauptteil der Jäger konzentriert hat, um die britisch-amerikanischen Bomber zu bekämpfen. Dadurch – und weil sich die deutsche Flugzeugindustrie jetzt hauptsächlich auf die Jägerproduktion verlegt – ist die deutsche Heimatabwehr zur Zeit mindestens doppelt so stark wie vor etwa einem Jahr, was in großen Verlusten der Angreifer zum Ausdruck kommt. Trotzdem kann die britisch-amerikanische Bomberwaffe praktisch über ganz Deutschland auftreten und die Ziele angreifen, die sie zu bekämpfen wünscht. Das ist deshalb möglich, weil die Bomberverbände in so großer Anzahl und unter so starkem Jagdschutz auftreten, daß die Maschinen in der Regel nicht vertrieben werden können; ferner hängt es damit zusammen, daß die Alliierten ihre Verluste ohne Schwierigkeiten ersetzen können. Hier macht sich nämlich die enorme Flugzeugproduktion der USA geltend. Auch die Mannschaftsverluste bereiten keine größeren Sorgen; das sieht man am besten in der Tatsache, daß jetzt sowohl die Vereinigten Staaten als auch Großbritannien, um eine «Überproduktion» von Flugpersonal zu vermeiden, die Fliegerausbildung einschränken.

In den vergangenen Kriegsjahren ist auf britischer und amerikanischer Seite immer wieder betont worden, daß erst der Krieg in der Luft gewonnen werden müsse, bevor man an die Besiegung der deutschen Armeen auf dem europäischen Festland denken und dadurch den Krieg in seinem ganzen Umfang gewinnen könne. Man zog ganz einfach die Parallele zur Schlacht um England 1940: Wenn England damals dank dem Einsatz der britischen Flugwaffe nicht besiegt werden konnte, wird auch Deutschland nicht besiegt werden, bevor die deutschen Luftstreitkräfte überwunden sind. So weit ist man allerdings jetzt gekommen; die Alliierten haben den Krieg in der Luft gewonnen! Dann kommt es darauf an, wie lange die hartnäckig und mit großem Geschick kämpfenden deutschen Armeen unter einem von der feindlichen Flugwaffe beherrschten Himmel und gegen einen quantitativ überlegenen Gegner durchhalten können. In Amerika wurde kürzlich die Vermutung ausgesprochen, daß noch ein Jahr vergehen dürfte, in England hofft man, offiziellen Stellungnahmen zufolge, daß es nicht so lange dauern wird.

Daß die Geheimwaffen der Deutschen – die Lufttorpedos und andere – eine Wendung im Luftkrieg herbeiführen würden, daran kann man jetzt nicht mehr glauben. Die im Einsatz befindlichen V1-Torpedos und deren eventuelle Nachfolger, die sich die Deutschen offensichtlich als Ersatz für die strategische Bomberwaffe denken, können möglicherweise London oder andere Städte auf ähnliche Weise zerstören, wie die deutschen Großstädte zerstört worden sind – der Einsatz dieser Waffen ändert jedoch nichts an der Luftkriegslage insgesamt. Und hätten die Deutschen über andere und wirkungsvollere Waffen verfügt, würden sie sie, um die drohende Katastrophe abzuwehren, gewiß bereits eingesetzt haben.

56 Eine der bekanntesten Münchener Kirchen, die Bonifatius-Basilka, wird 1944 wiederholt von Bomben getroffen und zerstört.

58 Die Bedrohung aus der Luft ist 1943 und 1944 für die deutsche Zivilbevölkerung die Hauptgefahr und prägt vor allem in den gefährdeten Großstädten das öffentliche Leben. Nicht nur Männer sondern auch Frauen werden in steigendem Maße mit speziellen Aufgaben im Luftschutz beschäftigt. Hier eine junge Frau, die in einer Funkstelle auf der Lagekarte den Flugkurs eines einfliegenden Bomberverbandes registriert und sodann unverzüglich an die Kommandostellen der Luftabwehr weiterleitet.

57 München ist am 11., 12. und 13. Juli 1944 das Ziel von Tagesangriffen von US-Bomberverbänden. Die Bewohner zerstörter Häuser transportieren mit Hilfe von Soldaten die Möbel fort, um sich in der Umgebung der bayerischen Hauptstadt notdürftig einzurichten.

59 In Berlin, der meistbombardierten Stadt des Zweiten Weltkrieges, kleben – wie auch in mancher anderen Stadt – an den Anschlagsäulen und Hausmauern Plakate, auf denen jeder, «der nicht aus beruflichen oder sonstigen Gründen zum Verbleib verpflichtet ist», aufgefordert wird, «sich in weniger luftgefährdete Gebiete zu begeben». Die Evakuierung der Zivilbevölkerung aus den Großstädten und Rüstungszentren erreicht in der zweiten Jahreshälfte 1944 ihren Höhepunkt.

Berliner! Berlinerinnen!

Der Feind setzt den Luftterror gegen die deutsche Zivilbevölkerung rücksichtslos fort. Es ist dringend erwünscht und liegt im Interesse jedes Einzelnen, der nicht aus beruflichen oder sonstigen Gründen zum Verbleiben in Berlin verpflichtet ist (Frauen, Kinder, Pensionäre, Rentner usw.), sich in weniger luftgefährdete Gebiete zu begeben.

Hierzu bestehen folgende Möglichkeiten:

1. Wer Verwandte außerhalb Berlins hat, die ihn aufnehmen können, kann abreisen. Erforderlich ist, daß er sich bei seiner Kartenstelle eine Abreisebescheinigung ausstellen läßt. Hierzu sind sämtliche Lebensmittelkarten sowie die örtlichen Berliner Bezugsausweise mitzubringen. Auf Grund dieser Abreisebescheinigung erhält er von der zuständigen Ortswaltung der NSV. einen Freifahrschein.

2. Auch wer keine Aufnahme bei Verwandten außerhalb Berlins finden kann, darf ebenfalls abreisen, jedoch nur nach Orten in den für Berlin bestimmten Aufnahmegauen Mark Brandenburg, Ostpreußen und Wartheland. Auch in diesem Falle ist zwecks Beibringung einer Abreisebescheinigung durch die Kartenstelle die Vorlage sämtlicher Lebensmittelkarten und der örtlichen Berliner Bezugsausweise erforderlich. Das Quartier selbst wird durch die hiesige Ortswaltung der NSV. vermittelt, die einen Freifahrschein ausstellt.

3. Wer nicht gleich abreisen kann, aber Verwandte außerhalb Berlins besitzt, hat die Möglichkeit, sein Unterkommen bei seinen Verwandten schon jetzt vorsorglich festzulegen, indem er sich von seiner zuständigen Ortswaltung der NSV. eine Verwandten-Meldekarte besorgt und sie ausgefüllt zu seinen Verwandten schickt. Diese müssen auf der Karte ihre Bereitwilligkeit zur Aufnahme erklären und von der Ortswaltung des vorgesehenen Zureiseortes die Unbedenklichkeit der Aufnahme bescheinigen lassen. Die Karte ist der hiesigen Ortswaltung der NSV. zur Kenntnis vorzulegen und für den Fall der tatsächlichen Abreise aufzubewahren.

4. In jedem Falle empfiehlt es sich, einige Kleidungsstücke, kleinen Hausrat (Töpfe, Geschirr, Eßbestecke usw.), Bettzeug, mitzunehmen.

Die Transportkosten trägt der Bezirksbürgermeister (Quartierstelle).

Es ist verboten, unter Verzicht auf diese Möglichkeiten planlos zu reisen. Wer planlos reist, läuft Gefahr, am Zielort kein Quartier zu finden und muß mit Schwierigkeiten in der Lebensmittelversorgung rechnen.

Der Reichsverteidigungskommissar für den Reichsverteidigungsbezirk Berlin

Dr. Goebbels
Gauleiter und Reichsminister

60 Eine «Wassergasse», durch die sich gegen Brandgefahr mit Decken vermummte Einwohner nach einem Bombenangriff aus der gefährdeten Zone retten.

61 Luftschutzmänner und ihre Helferinnen bilden eine Eimerkette, um die Ausdehnung eines Brandes zu verhindern. Die Feuerwehr kann sich nach größeren Angriffen nur um wenige besonders betroffene Straßen kümmern, und so müssen an andern Stellen alle Bewohner bei der Eindämmung von Flächenbränden mithelfen.

62 Luftschutzhelfer mit Rauchmasken tragen eine von Phosphorspritzern getroffene, in eine nasse Decke gehüllte Frau in den Sanitätsraum.

63 Kinder von Familien, die ihre Wohnung durch einen Luftangriff verloren haben, müssen zwischen geretteten Möbeln auf der Straße schlafen.

64 *Briefträgerinnen – die Post wird 1944 überwiegend von Frauen ausgetragen – notieren sich die neuen Adressen der Ausgebombten.*

65 *Einen Teppich, einen Koffer, ein paar Taschen – und das Leben hat dieser Mann aus einem Bombenangriff gerettet. Das ist im letzten Kriegsjahr schon viel.*

66 *Luftschutzmänner, Soldaten und Zivilisten müssen nach einem Bombenangriff mithelfen, damit das Leben in der Stadt wieder notdürftig in Gang kommt.*

Die schwersten Luftangriffe gegen *deutsche Städte im Sommer 1944 richteten sich gegen* Stuttgart, *das in den Nächten* zwischen dem 25. und 29. Juli *viermal bombardiert wurde. Über den Existenzkampf der Bewohner der württembergischen Hauptstadt, gegen die im Jahr 1944 nicht weniger als 5600 alliierte Bomber Angriffe flogen, gibt der von der Verwaltung mit der Berichterstattung über die Ereignisse beauftragte Chronist Hermann Werner folgende Schilderung, die zugleich ein typisches Bild der Zustände darstellt, die auch in andern vom Luftkrieg betroffenen Städten herrschten:*

Der Angriff hatte der Stadt und ihrem Leben schwere Wunden geschlagen. Mit der Vernichtung ganzer Stadtteile waren Tausende ohne Wohnung, die wichtigsten Geschäfte fehlten, Ämter waren nicht mehr da. Durch die vielen Sprengbomben und ihre Trichter waren die Leitungen für Wasser, Gas und Strom weithin zerstört, so daß die Lieferung ganz aussetzte. Der Verkehr war fast lahmgelegt, Straßenbahnen konnten nur noch in einem Teil der Außenbezirke verkehren, in der Innenstadt fuhr keine Linie. Der Zugverkehr konnte zunächst auch nicht in den Hauptbahnhof hereingeführt werden und kam nur langsam wieder in Gang – zunächst ein Pendelverkehr der Vorortlinien. Dabei war das Bedürfnis nach Verkehr sehr stark durch die vielen von Stuttgart wegdrängenden oder für die Nacht in einen ruhigeren Ort in der Umgebung fahrenden Einwohner, ferner auch durch den Versand von Hausrat und dergleichen. So begann eine wahre Völkerwanderung nach Cannstatt oder Untertürkheim oder Feuerbach, und zeitweise war der Verkehr kaum mehr zu bewältigen. Omnibusse und Kraftwagen traten für fehlende Straßen- und Eisenbahnen ein, ohne den Bedarf befriedigen zu können. Unzählige mußten täglich zu Fuß von den Vororten zu ihrer Arbeit gehen. Die Schnellzüge fuhren noch nach sechs Wochen über die Umgehungsbahn mit Anschluß in Kornwestheim und Untertürkheim.

Die mangelnde Straßenbahn und der versagende Postverkehr einschließlich Telefon führten auch dazu, daß man von seinen Bekannten kaum etwas erfuhr. Bis man hörte, daß etwa ein Bekannter unter den Opfern sei, war dieser längst begraben. Acht Tage später bekam man vielleicht ein Telegramm, daß die Beerdigung da und da stattfinde. So führten die Begegnungen mit Bekannten auf der Straße bei den vielen Ausgängen immer zu eingehenden Berichten über das eigene Erleben und die Schicksale gemeinsamer Bekannter.

Das Fehlen des elektrischen Stromes und dann die Zerstörung verschiedener Selbstanschlußämter und des Fernanschlußamtes führten zum Ausfall des Telefons, das dann auch nach Wiederkehr des Stromes nur zu einem geringen Teil benützbar war ... In den ersten Tagen konnte überhaupt keine Post ausgetragen und abgegeben werden ... Die zunächst wieder zugestellten Briefe waren oft 14 Tage alt.

Sehr primitiv wurde das private Leben auch derer, die nicht obdachlos geworden waren. Das Ausfallen des elektrischen Lichtes brachte eine Rückkehr zur Kerze. Dies war besonders mißlich für die zunehmende Ar-

67 *Zum Transport und Entschärfen nicht explodierter Bomben, einer mit viel Risiko und technischem Sachverstand verbundenen Tätigkeit, werden Feuerwerker der Wehrmacht und Insassen der Konzentrationslager herangezogen, ein «Himmelfahrtskommando», für das sich in den KZ's kaum jemand freiwillig meldet.*

68 *Die Arbeit in der Bäckerei wird auch in dem halbzerstörten Haus fortgesetzt, um die Bewohner mit dem Notwendigsten zu versorgen.*

69 *Mäntel und Kleider muß man 1944 vielfach im Keller kaufen, im provisorischen Ausweichquartier ausgebombter Textilgeschäfte.*

70 Auch Geschirr wird im letzten Kriegsjahr immer knapper und nur in begrenztem Maße nachgeliefert. Das Schild über dem Regal verkündet, daß die «ausgestellten Waren zuerst für den Bedarf der durch feindliche Fliegerangriffe geschädigten Volksgenossen zur Verfügung» stehen.

beit im Luftschutzkeller bei den häufigen Alarmen ... Kerzen waren Mangelware und ihr Licht zu schwach. Abends ging man mit Einbruch der Dunkelheit zu Bett, zumal meist die Verdunkelungseinrichtung zerstört war. Verdunkelungspapier und -vorhänge waren wenigstens genügend vorhanden, während es sonst – bei der Größe des Schadens – an allem mangelte, was zur raschen Wiederherstellung nötig war ... Ende der Woche kam – freudig begrüßt – der elektrische Strom wieder. Länger dauerte es beim Wasser, das auch nur allmählich wieder vordrang und so um die Mitte des August in die Leitungen zurückkehrte, wo nicht zu arge Zerstörungen waren. Inzwischen mußte man den dringenden Bedarf entweder aus Wasserwagen holen, die das Wasserwerk durch die Stadt schickte, oder in Eimern an noch gespeisten Steigleitungen. Bei weiteren Entfernungen, besonders in den ansteigenden Gebieten, wurde das als eine starke Belastung empfunden, zumal man selbst in den verhältnismäßig unbeschädigten Wohnungen durch Bau- und Brandschutt überall im Schmutz erstickte und Wasser in reicher Fülle gebraucht hätte.

Noch länger fehlte das Gas. In den östlichen Stadtteilen war es Ende August wieder in den Rohren. Weiter stadteinwärts dauerte es noch länger. So wurde das Kochen eine schwierige Frage. Die Teilnahme an der Gemeinschaftsverpflegung wuchs daher stark an. Bis etwa 150000 Essen wurden anfangs pro Tag ausgegeben. An die Stelle der Wirtschaften – die erhaltenen stellten sich schnell auf einen neuen Stil rascher Bedienung möglichst vieler um, und die alten Stammtische und Hocker verschwanden – kamen auch fliegende Ständchen, die sich schnell im Gebiet der Hauptschäden auftaten, besonders am Schloßplatz und in der Königstraße. Sie boten etwa belegte Heringsbrote oder Tomatenbrote, Coca Cola und andere Erfrischungen ...

Ähnlich kam auch sonst ein gewerbliches Leben in einfachsten Formen wieder aus den Ruinen hervor. Unter den Säulen des nun vollends ganz ausgebrannten Stockgebäudes verkaufte Abele Briefpapier, unter denen des Handelshofs verkaufte Weise's Hofbuchhandlung (Erpf) sogar Bücher. Nach ein paar Wochen folgte ein Bücherladen der Vereinigten Stuttgarter Sortimenter in einem Möbelwagen auf dem Bahnhofsplatz, der viel Zuspruch fand. Schaller verkaufte wieder in der Eingangshalle des benachbarten Kinos, Zahn & Nopper, dessen Waren – hauptsächlich Nägel und Werkzeuge – besonders gesucht waren, tat in ein paar Stuben in der Tübinger Straße auf. In dieser Art der Einquartierung in erhaltengebliebenen Räumen begannen viele der zerstörten Geschäfte wieder. Man rückte zusammen, und wo bisher eines gewesen war, gab es für zwei Platz.

Auf die Stuttgarter selber hatte der schwere Angriff eine ziemliche Schockwirkung ausgeübt. Er hatte nun allen den Ernst des Luftkrieges und seine Gefahr gezeigt, in einer Zeit, da auch die allgemeine Entwicklung der Kriegslage mit steigendem Ernst verfolgt wurde. Nun erkannte auch der bisher Unverständige, daß Stuttgart zur Front geworden war. Mit Sorge sah man der Nacht entgegen, und immer mehr Leute gingen bei Alarm in die Bunker, die sie ihren Kellern vorzogen. Der Bunkerbau war in den letzten Monaten stark forciert worden, wobei die vorgesehenen Benützer selber wesentlich an den Bauarbeiten beteiligt waren und dafür das Vorrecht der Benützung bekamen (Bunkergemeinschaften mit Ausweiskarten). In die Notdienststellen kamen nun doch viele, die weinend über ihr Ergehen berichteten und die Schwerstes durchgemacht hatten. Immer schwieriger wurde es, die Menge der Obdachlosen unter – oder wegzubringen. Verwandte auf dem Land oder in ruhigeren Gebieten waren nie so geschätzt.

71 *Durch Bombenabwürfe zerstörter Güterzug. Eisenbahnanlagen und andere Verkehrsziele sind im Sommer 1944 neben Rüstungsfabriken und Hydrierwerken bevorzugte Ziele alliierter Luftangriffe.*

Der Bandwurmwitz
In Deutschland zu leben wird immer schwieriger. Wie ein Bandwurm muß man sich durch die braune Masse winden und hat dauernd Angst, abgeführt zu werden.

72 Nicht nur die Bewohner der Städte, auch die Leute auf dem Lande müssen auf Luftangriffe gefaßt sein. Bei Alarm suchen Männer und Frauen auf einem Gutshof schnell die Schutzräume auf.

73 Das wertvollste Gut des Landwirts, das Vieh, wird in den schützenden Keller getrieben.

74 Brandbomben haben in eine Scheune eingeschlagen. Die Gutsleute müssen sich mit dem Löschen beeilen.

6. Der 20. Juli 1944

Seinen Ruhm und Ruf als Zentrum des Widerstandes gegen den Nationalsozialismus verdankt der Bendlerblock jedoch nicht so sehr den zwischen 1933 und 1939 unternommenen Versuchen einzelner Militärs, das Hitlerregime zu stürzen. Für die zahlreichen Besucher der Gedenk- und Bildungsstätte in der heutigen Stauffenbergstraße am früheren Sitz des Oberkommandos des Heeres ist der Gebäudekomplex am Landwehrkanal in erster Linie die Wirkungsstätte der Männer des 20. Juli 1944.

Heute wissen wir, daß auch nach dem Sieg über Frankreich im Sommer 1940, der manchen Oppositionellen an der Möglichkeit einer Beseitigung des Hitlerregimes zweifeln und verzweifeln ließ, viele nicht von der nationalsozialistischen Propaganda betörte Deutsche auch weiterhin in zivilen Widerstandskreisen gegen den NS-Staat tätig waren. Jedoch in einer Diktatur wie der Hitlers hatte nur eine größere militärische Oppositionsgruppe, die Truppen mobilisieren konnte, Aussicht auf das Gelingen eines Staatsstreichs.

Vor allem in zwei Offiziersgruppen gingen in den Jahren 1942 und 1943 die Bemühungen weiter, Hitler und seine Regierung durch einen Putsch zu beseitigen: in dem Kreis um den Obersten Henning v. Tresckow im Stab der Heeresgruppe Mitte an der Ostfront und in Berlin in einem weit größeren Offizierskreis, der sich nach und nach im Allgemeinen Heeresamt beim Oberkommando des Heeres sammelte. Mittelpunkt dieses Kreises war zunächst der Chef des AHA, General Friedrich Olbricht. Seit 1940 leitete der aus Sachsen stammende Offizier das größte Amt beim Befehlshaber des Ersatzheeres, Generaloberst Fromm. Olbrichts Amt, das ebenso wie die Diensträume Fromms im zweiten Stock des Hauses Bendlerstraße 14 untergebracht war, hatte die im Laufe des Krieges immer schwerer zu lösende Aufgabe zu bewältigen, den Ersatz an Menschen und Material für die kämpfende Front bereitzustellen. Im Gegensatz zu dem martialischen Hünen Fromm, der mehr gefürchtet als

75 *Vom 18. oder 19. Juli 1944 stammt diese letzte Aufnahme der Obersten Graf Stauffenberg und Ritter Mertz v. Quirnheim. Sie stehen auf dem Hof des Bendlerblocks nur wenige Meter von der Stelle entfernt, an der sie kurz darauf in der Nacht zum 21. Juli erschossen wurden.*

Generalfeldmarschall Erwin Rommel, *neben Generalfeldmarschall von Kluge der führende Militär an der Invasionsfront, der sich nach bitteren Erfahrungen vom volkstümlichsten deutschen Marschall und Favoriten des «Führers» zu einem Gegner der Kriegspolitik Hitlers gewandelt hat, fordert am 15. Juli 1944 Hitler in einem Fernschreiben auf, aus der immer katastrophaler werdenden Lage Folgerungen zu ziehen. Nach Absendung des Memorandums erklärt er: «Ich habe ihm jetzt die letzte Chance gegeben. Wenn er keine Konsequenzen zieht, werden wir handeln.» – Zwei Tage später, am 17. Juli, wird der einzige höhere Frontkommandeur, der zum Handeln entschlossen war, durch eine schwere Verwundung, die er bei einem Tieffliegerangriff auf sein Auto erleidet, aus den Aktionen des Widerstandes ausgeschaltet. In Rommels Fernschreiben heißt es:*

Die Lage an der Front der Normandie wird von Tag zu Tag schwieriger, sie nähert sich einer schweren Krise.

Die eigenen Verluste sind bei der Härte der Kämpfe, dem außergewöhnlich starken Materialeinsatz des Gegners vor allem an Artillerie und Panzern und bei der Wirkung der den Kampfraum unumschränkt beherrschenden feindlichen Luftwaffe derart hoch, daß die Kampfkraft der Divisionen rasch absinkt. Ersatz aus der Heimat kommt nur sehr spärlich und erreicht bei der schwierigen Transportlage die Front erst nach Wochen. Rund 97000 Mann an Verlusten, darunter 2160 Offiziere, unter ihnen 28 Generäle und 354 Kommandeure, also durchschnittlich pro Tag 2500 bis 3000 Mann, stehen bis jetzt insgesamt 6000 Mann Ersatz gegenüber. Auch die materiellen Verluste der eingesetzten Truppen sind außerordentlich hoch und konnten bisher nur in geringem Umfang ersetzt werden, z. B. von 225 Panzern bisher nur 17.

Die neu zugeführten Divisionen sind kampfungewohnt und bei der geringen Ausstattung mit Artillerie, panzerbrechenden Waffen und Panzerbekämpfungsmitteln nicht imstande, feindliche Großangriffe nach mehrstündigem Trommelfeuer und starken Bombenangriffen auf die Dauer erfolgreich abzuwehren. Wie die Kämpfe gezeigt haben, wird bei dem feindlichen Materialeinsatz auch die tapferste Truppe Stück für Stück zerschlagen.

Die Nachschubverhältnisse sind durch die Zerstörungen des Bahnnetzes, die starke Gefährdung der Straßen und Wege bis zu 150 km hinter der Front durch die feindliche Luftwaffe derart schwierig, daß nur das allernötigste herangebracht werden kann und vor allem mit Artillerie- und Werfermunition äußerst gespart werden muß.

Neue nennenswerte Kräfte können der Front in der Normandie nicht mehr zugeführt werden. Auf der Feindseite fließen Tag für Tag neue Kräfte und Mengen an Kriegsmaterial der Front zu. Der feindliche Nachschub wird von unserer eigenen Luftwaffe nicht gestört. Der feindliche Druck wird immer stärker.

Unter diesen Umständen muß damit gerechnet werden, daß es dem Feind in absehbarer Zeit – 14 Tagen bis 3 Wochen – gelingt, die eigene dünne Front, vor allem bei der 7. Armee zu durchbrechen und in die Weite des französischen Raumes zu stoßen. Die Folgen werden unübersehbar sein.

Die Truppe kämpft allerorts heldenmütig, jedoch der ungleiche Kampf neigt dem Ende entgegen. Ich muß Sie bitten, die Folgerungen aus dieser Lage unverzüglich zu ziehen. Ich fühle mich verpflichtet, als Oberbefehlshaber der Heeresgruppe dies klar auszusprechen.

Rommel, Feldmarschall

beliebt war, hatte Olbricht die Gabe des leutseligen und manchmal auch sehr diplomatischen Umgangs mit Menschen verschiedenster Herkunft und Rangstufen. Dieses Talent und seine vielfältigen dienstlichen Beziehungen benutzte der General, um Kontakte zu vielen Männern zu knüpfen, die

eines verband: die Abneigung gegen den Nationalsozialismus und die Überzeugung, daß dieses Regime beseitigt werden müsse.
Zu Olbrichts Bekannten- und Freundeskreis gehörten viele Offiziere, deren Namen mit der Geschichte des Widerstandes um den 20. Juli 1944 verbunden sind. Da waren außer nicht mehr im Dienst befindlichen Generalen, die schon an Staatsstreichplanungen mitgewirkt hatten, wie Beck, Hoepner und Witzleben, mehrere noch aktive Generale wie Fellgiebel und Thiele aus der Nachrichtentruppe, der Wehrmachtskommandeur von Berlin, v. Hase, der Militärbefehlshaber in Frankreich, v. Stülpnagel, der Generalquartiermeister Wagner, der Waffengeneral im OKH, Lindemann, der Chef der Organisationsabteilung im OKH, Stieff, und der Stabschef der Abwehr, Generalmajor Oster. Im Amt Ausland/Abwehr, der über die politische Lage stets besondes gut informierten Organisation des Admirals Canaris, waren neben Oster besonders viele Männer der militärischen Opposition tätig, unter ihnen die Obersten v. Freytag-Loringhoven und Hansen. Am Tirpitzufer wirkten im Sinne des Widerstandes in der dort untergebrachten, zum Amt von Canaris gehörenden Amtsgruppe Ausland der führende Kopf des Kreisauer Kreises, Graf Helmuth v. Moltke, der Diplomat Otto Kiep, der christliche Gewerkschaftsführer und Politiker Bernhard Letterhaus. Die Detailplanung und Organisation des Staatsstreiches überließ der dienstlich überlastete General Olbricht einigen seiner Stabsoffiziere, von denen besonders zwei zu tragischen Ruhm gelangt sind: der Oberst Ritter Mertz v. Quirnheim und das «Spitzenpferd», wie Olbricht ironisch anerkennend den Oberstleutnant Claus Graf Schenk v. Stauffenberg nannte, der ab Oktober 1943 Stabschef im Allgemeinen Heeresamt war. In den folgenden Monaten entwickelte sich der württembergische Offizier, der von einer schweren Verwundung notdürftig genesen war, zur zentralen und dynamischsten Persönlichkeit des Widerstandskreises im Bendlerblock.
Es war den Initiatoren der Verschwörung des 20. Juli 1944 von Anfang an klar, daß das Hitlerregime nur durch eine schlagartige Besetzung und Ausschaltung seiner Machtzentren, also der wichtigsten Dienststellen der Partei, Verwaltung, Polizei, Gestapo und SS, zu erreichen war. Sie kamen dabei auf die Idee, sich für die praktische Durchfüh-

76 *General Friedrich Olbricht, seit 1940 Chef des Allgemeinen Heeresamts im Oberkommando des Heeres, zusammen mit Graf Stauffenberg, der im gleichen Amt als Stabschef wirkte, der führende Mann der militärischen Opposition in der Bendlerstraße.*

rung dieser Aktionen des in der Bendlerstraße schon seit längerem vorliegenden Alarmierungsplans «Walküre» zu bedienen. Canaris und Olbricht hatten Hitler 1942 nach den militärischen Rückschlägen an der Ostfront darauf hingewiesen, daß es unter den Millionen von Kriegsgefangenen und ausländischen Zwangsarbeitern im Reich bei Krisensituationen zu Unruhen kommen könnte; man könne diese am besten durch Einsatz von Truppen des Heimatheeres niederschlagen. Hitler hatte daraufhin der Ausarbeitung eines Plans für den Einsatz von Kampfgruppen unter

Was alles im «Völkischen Beobachter», dem führenden nationalsozialistischen Blatt, am 20. Juli 1944 zu lesen ist:

77 *Auf der Titelseite ein Fotobericht «V 1 stürzt auf London». Auf Seite 2 eine Glosse, in der ...*

V 1 stürzt auf London

Die ersten Bildveröffentlichungen der britischen Presse

VB. Berlin, 19. Juli.

Soeben treffen die ersten englischen Zeitungen mit Bildern der neuen deutschen Waffe bei uns ein. Aus den Unterschriften geht hervor, daß die Bildreporter der Agentur „Associated-Press-Foto" drei Tage lang „irgendwo im Süden Englands" auf der Lauer lagen, um brauchbare Aufnahmen der vom Festland herüberkommenden V 1-Geschosse machen zu können. Das linke Bild zeigt V 1 im horizontalen Fluge: Aus seinem Heck strömen deutlich sichtbar die flammenden Auspuffgase seines Raketenantriebs. Das rechte Bild zeigt ein Projektil im Sturz auf sein Ziel, nachdem der Raketenmotor ausgesetzt hat. Das Ziel ist augenscheinlich eine Fabrikanlage.

Daß den Briten erst jetzt brauchbare Photos von V 1 gelungen sind, erklärt sich unschwer aus der enormen Geschwindigkeit des neuen Kampfmittels, seinem für den Feind unberechenbaren Weg und den Gefahren, die für die Bildreporter mit diesen Aufnahmen verbunden sind. Die gleichen Umstände sind es auch, die die Bekämpfung der V 1 für den Feind bisher zu einer unlösbaren Aufgabe gemacht haben. Daß selbst mit dem verschwenderischsten und dichtesten Flakfeuer gegen diese verhältnismäßig kleinen Kampfmittel wenig auszurichten ist, liegt auf der Hand. Ebenso kann man sich unschwer vorstellen, daß die zahlreichen, gegen V 1 eingesetzten feindlichen Jagdkräfte nur mehr oder weniger durch Zufall in eine günstige Schußentfernung gelangen können, die einerseits Trefferwahrscheinlichkeit ergibt, andererseits aber den Jäger selbst vor der gewaltigen Sprengwirkung des Projektils bewahrt.

dem Decknamen «Walküre» durch die Dienststellen des Befehlshabers des Ersatzheeres zugestimmt.
Olbricht, Stauffenberg und ihre Vertrauten planten nunmehr, am Tage X das Stichwort «Walküre» mit der Begründung «Innere Unruhen, Ausnahmezustand, Vollzugsgewalt beim Heer» per Fernschreiben und Telefon auszugeben. In Abwandlung der ursprünglichen «Walküre»-Planung sollte der erste Grundbefehl dann lauten: «Der Führer Adolf Hitler ist tot. Eine gewissenlose Clique frontfremder Parteiführer hat es unter Ausnutzung dieser Lage versucht, der schwerringenden Front in den Rücken zu fallen und die Macht zu eigennüt-

20. Juli 1944 * Nr. 202 * Seite 2

Unsere Alten

Wie anständig wird gerade die ältere Generation mit den kleinen und großen Widrigkeiten des Alltags fertig! Die „Alten" stehen den „Jungen" nicht nach! Sie sind grobeharrlich, teilen Not und Gefahr und packen überall kräftig an, wie es der Krieg verlangt. Unsere alten Männer und Frauen sind nicht nur gute, arbeitende Deutsche, sondern tapfere Kämpfer in einem Willen und in einer Tatbereitschaft. Sie haben den Ersten Weltkrieg in vollem Bewußtsein miterlebt, den unglücklichen Ausgang am eigenen Leibe zu spüren bekommen, die schweren Jahre der Inflation, der Arbeitslosigkeit über sich ergehen lassen müssen, in denen sie mit dürftigen Mitteln unter trostlosen Verhältnissen ein Familienleben zu gestalten hatten.

Mit optimistischer Gläubigkeit gehen all die alten Frauen und Männer wieder an die Arbeit und beweisen Zähigkeit, Ausdauer, innere Gläubigkeit und nationalen Opfersinn. Bei ihnen entfaltet der Krieg Anlagen, die sie oft nicht in ihrer besten beruflichen Zeit entwickelten. Wie oft hören wir von technischen Erfindungen und Verbesserungen, die ältere Meister oder Vorarbeiter mit nüchterner Sachlichkeit machen und entscheidende Wirkungen haben. Wie viele haben sich dazu in den Bombennächten bewährt, wenn sie außer dem nackten Leben aber auch alles verloren hatten und trotzdem tüchtig zupackten. Sie zeigen gleich den Jungen die Tapferkeit der großen Herzen und finden in der Arbeit Kraft, Trost und Vergessen der kleinen und großen Sorgen. Sie reden nicht von „Haltung", sondern sie arbeiten und haben Haltung. Sie haben sich ihre echte und tiefe Lebensfreude bewahrt. Ihre schöpferische Leistung setzt uns oft in Erstaunen. Sie sind aus dem Gemeinschaftswerk unseres Volkes nicht fortzudenken.

Die Zeit hat im Kriege ihren ganzen besonderen Wert. Das wissen unsere Alten, an deren Pünktlichkeit, Disziplin und Genauigkeit sich manche jungen Menschen ein Beispiel nehmen können. Leistung und Bewährung. Diese beiden nüchternen Worte tragen unser Dasein. In unserer Zeit der Nervenanspannung und Willensanstrengung braucht der Mensch in seiner Arbeit das Glück der persönlichen Erfüllung. Niemand will Menschen-Maschinen, die durch eine Hebelbewegung auf Touren gebracht werden, sondern die Leistung der Persönlichkeit. Achten wir daher die Arbeit unserer älteren Generation, ihre Treue und ihre Gesinnung!

K. V.

78 «Gläubigkeit und nationaler Opfersinn unserer Alten» gerühmt wird.

zigen Zwecken an sich zu reißen!» In weiteren Befehlen sollten dann die Kommandeure und Führungsstellen des Ersatzheeres angewiesen werden, entsprechende Maßnahmen durchzuführen, u. a. die Zernierung des Regierungsviertels von Berlin, die Besetzung der Verkehrs- und Versorgungszentren, der Rundfunksender und Nachrichtenzentralen, die Verhaftung der führenden Personen des nationalsozialistischen Staats- und Parteigefüges. Beck, Tresckow und die politischen Experten aus der zivilen Opposition wie Goerdeler und Popitz entwarfen die Listen der Wehrkreisbeauftragten, der Mitglieder der Regierung nach der Ablösung Hitlers sowie die programmatischen Erklärungen

FAMILIEN-NACHRICHTEN

Es wurden geboren:

Ute ist am 12. Juli 1944 als zweites Kind angekommen. In Freude und Dankbarkeit: ***Jane Hoffmann***, geb. Michels, zZ. Neuruppin, Fährweg 32; ***Fritz Hoffmann***, zZ. Leutnant in einer Panzer-Abtlg.

Karin, unser drittes Kriegskind, am 12. 7. ***Ursula Bosse***, geb. Kämpfer, zZ. Haus Rutschmann, Oberschreiberhau; ***Wilhelm Bosse***, Obermagistratsrat zZ. im Felde.

Y Claus Jürgen, am 12. Juli 1944, als viertes Kind. ***Charlotte Wittke***, geb. Wolff; Zahnarzt Dr. ***Wittke***, Gleiwitz OS., Wilhelmstr. 12.

Es haben sich verlobt:

Christel Aufiarth; Werner Schiffmann, Leutnant i. e. Panzer-Aufklärungs-Abt. Rothenstein/Saale; Eisenach Elisabethstr. 3.

Es haben sich vermählt:

Herbert Szugsdies, Oberfeldwebel der Luftwaffe: ***Ingeborg Szugsdies***, geb. Döge. Berlin, 7. Juli 1944.

Dr. phil. habil. ***Ludwig Rohling***, Dozent für Kunstgeschichte an der Universität Greifswald, Bahnhofstraße 2/3, ***Marie-Luise Rohling***, verw. Schmidt, geb. Zeisner. Breslau 18, Kirschallee 75. 22. Juli 1944.

Gerald Unruh, Assessor im Auswärtigen Amt, zZ. Fahnenjunkerwachtmeister dR., mit Frau ***Renate***, geb. Soldat, 3. Juli 1944.

Dipl.-Kfm. ***Joachim Schütze*** und Frau ***Herta***, geb. Held. Dresden-A. 24, Uhlandstr. 38, Leipzig N 25, Beuthstr. 67.

Dipl.-Ing. ***Nicolai Rudbach; Waldtraut Rudbach***, geb. Petersson. Krakau, Hans-Zimmermann-Platz 3, den 30. Juni 1944.

Am 16. Juli 1944 starb im Alter von 72 Jahren unsere inniggeliebte und tief verehrte Gattin, Mutter und Großmutter

Emma v. Schirach

geb. Middleton-Lynah-Tillou

Sie erlag nach heldenhaft ertragenem Leiden den schweren Brandwunden, die sie beim Absturz eines Flugzeuges auf ihr Heim erlitten hat.

Carl Baily Norris v. Schirach, Kammerherr, Generalintendant a. D.; **Rosalind v. Schirach**; **Baldur v. Schirach**, Reichsleiter und Reichsstatthalter in Wien; **Henriette v. Schirach**, geb. Hoffmann, mit den Enkelkindern **Angelika, Klaus, Wolf Robert** und **Richard**.

Es wird gebeten, von Beileidsäußerungen abzusehen.

Wir erhielten die schmerzliche Nachricht, daß mein über alles geliebter, guter, um mich besorgter Mann, der herzensgute Vati seiner beiden Lieblinge, unser innigstgeliebter Sohn, Bruder, Schwiegersohn, Schwager und Onkel, der

Feldwebel in einem Panzer-Rgt.

Martin Kiekbusch

Inh. mehrerer Auszeichnungen

Y 27. 4. 1914 ⅄ 15. 6. 1944

in einem Feldlazarett im Südosten verstorben ist. Er folgte seinem Bruder **Walter**, der vor vier Jahren im Westen den Heldentod fand.

Sie starben getreu ihrem Fahneneid. Geliebt, beweint und unvergessen.

In tiefem, unsagbarem Schmerz: **Gertraud Kiekbusch**, geb. Liebig; **Burkhard** und **Peter** als seine beiden Lieblinge, **Richard Kiekbusch** und **Frau**; **Ernst Liebig** und alle Angehörigen.

Alt-Ruppin, Am Rhin 2, Greifenberg (Pom.), Berlin.

Tiefes Herzeleid brachte uns die traurige Nachricht, daß unser geliebter, sonniger, jüngster Sohn, mein einziger, lieber Bruder

Panzer-Grenadier

Fritz Müller

geb. 30. 12. 1925

am 14. Juli 1944 in der Normandie den Heldentod fand. Er fiel im unerschütterlichen Glauben an Deutschlands Sieg.

In stiller, tiefer Trauer: **Erich Alex; Paula Alex**, verw. Müller; **Uffz. Kurt Müller**, Bruder, sowie alle Angehörigen.

Berlin C 2, Kaiser-Wilhelm-Str. 12.

Am 3. Juni 1944 mußte im Osten mein geliebter Mann, liebster Papi, Sohn, Schwiegersohn und Neffe, der

Gefreite

Heinz Paczkowski

Inhaber des EK. 2, des Sturmabz. und des Heeres-Flakartl.-Abz.

im 23. Lebensjahr sein junges Leben lassen.

In tiefem Weh: **Ursula Paczkowski**, geb. Votke als Gattin; sein Liebling **Heinz-Jürgen** und seine Mutti, im Namen aller, die ihn lieb hatten

---

Unsagbar großes Herzeleid brachte uns die schmerzliche Nachricht, daß mein heißgeliebter, unvergeßlicher Gatte, der beste Vati seines kleinen Gerd, unser guter Bruder, Schwiegersohn, Schwager, Onkel und Neffe

Sig.-Obergefr.

Gottfried Auerbach

Bauer und ϟϟ-Mann

geb. 2. November 1919

vor dem Feinde sein junges Leben fürs Vaterland opferte. Er ruht nun vereint mit seinen Eltern.

Unser Schmerz ist groß: **Erika Auerbach**, geb. Kunze, und Söhnchen **Gerd; Paul Kunze** und **Frau** als Schwiegereltern; **Johanna Auerbach; Erich Auerbach** und **Frau; Suse Auerbach; Hedwig Enzmann; Alfred Glöckner** und **Frau Elfride**, geb. Enzmann.

Kleinvoigtsberg und Reichenbach über Freiberg (Sa.).

Neun Monate nach dem Tode unseres kleinen Söhnchens wurde mir nun auch das Liebste genommen. Mein über alles geliebter Mann gab nach zweijähriger, glücklicher Ehe sein Leben für Deutschland. Am 8. Juli 1944 verstarb er an den Folgen einer am 7. Juli 1944 erlittenen schweren Verwundung in einem Feldlazarett im Osten. Er folgte seinem Bruder Klaus nach eineinhalb Jahren.

Leutnant und Kompanie-Führer

Heinz Eschmann

Inh. des EK. 1 u. 2, des Infant.-Sturmabz. in Silber, d. Ostmedaille und des Verwundetenabz., Träger des Goldenen HJ.-Ehrenzeichens

Du warst der Inhalt meines Lebens!

In tiefer, stiller Trauer: Deine Frau **Margot Eschmann**, geb. Helmbrecht; deine Eltern: **Friedrich Eschmann** u. Frau **Gertrud**, geb. Köhler; deine Schwester **Erika** u. dein kleiner Bruder **Ulrich**; deine Schwiegermutter **Ida Helmbrecht** u. dein Schwager Obergefr. **Heinz Helmbrecht**, zZ. in amerikan. Gefangenschaft.

Berlin NW 21, Essener Str. 19.

Unendlich hart und schwer traf uns die tieftraurige Nachricht, daß unser über alles geliebter, sonniger Sohn, unser einziges gutes Kind, Neffe, Vetter und Freund

ϟϟ-Unterscharführer in einer ϟϟ-Panzer-Grenadier-Division

Günter Lippmann

Inh. verschiedener Kriegsauszeichn.

im blühenden Alter von 23 Jahren an der Invasionsfront den Heldentod fand. Er fiel am 13. Juni 1944, nachdem er an den Einsätzen in Holland, Belgien, Frankreich, Serbien, Griechenland und Sowjetrußland teilgenommen hatte. Auf einem Heldenfriedhof in der Normandie ist er mit militärischen Ehrungen beigesetzt. Lieber Günter! Wir werden dich nie vergessen und dein Andenken treu in Ehren halten.

In unsagbarem Herzeleid: **Paul Lippmann; Elfriede Lippmann**, geb. Brietzke, u. alle Angehörig.

Berlin SW 61, Katzbachstr. 21.

Schwer traf uns das Schicksal mit der traurigen Nachricht daß nach kurzer, allzu glücklicher Ehe, mein über alles geliebter Mann, unser allzeit lebensfroher, sonniger, jüngster Sohn und Bruder, Schwager, Onkel, Neffe und Schwiegersohn

ϟϟ-Unterscharführer i. d. Waffen-ϟϟ

Pg. Edmund Heuser

Hauptabteilungsleiter i. Stab d. RJF.

Inhaber des EK. 2 und des KVK. 2. Klasse mit Schwertern

im 25. Lebensjahr am 11. Juni 1944 im Westen in einer ϟϟ-Panzer-Div. sein junges, blühendes, zu den stolzesten Hoffnungen berechtigtes Leben, für seinen geliebten Führer und Großdeutschlands Zukunft gab. Ihn und sein immer strahlend sonniges Wesen werden wir nie vergessen. Mein junges Glück fand damit ein frühes Ende.

In tiefem Weh, im Namen aller, die ihn lieb hatten: **Margot Heuser**, geb. Risch.

Bln.-Reinickendorf-West, Eichborndamm 4.

Uns traf die schmerzliche Nachricht, daß unser lieber, guter Pflegesohn und Neffe, Bruder, Schwager und Vetter

Obergefreiter

Erhard Bähr

Inh. des EK. 1 u. 2, d. Verw.-Abz. in Silber u. a. Auszeichnungen

im blühenden Alter von 24½ Jahren im Osten den Heldentod fand. Er folgte seinem Vetter, dem Obergefreiten **Kurt Scaweas**, nach elf Monaten in die Ewigkeit.

In tiefem Schmerz: **E. Gruhl** und Frau als Pflegeeltern; **August**

Obergrenadier

Hermann Mayr

geb. 5. 12. 1909 in St. Petersburg

gef. 14. 6. 1944 an der Ostfront

Wir gaben unser Liebstes.

In tiefer Trauer: **Irmtraud Mayr**, geb. Scherrmann, und Sohn **Hermann Peter; Wwe. Natalie Mayr**, geb. Rutkowsky; **Nataly Mayr; Margarita Neumann**, geb. Mayr; **Friedrich Scherrmann** und Frau **Elisabeth**, geb. König; **Rolf Scherrmann; Walter Neumann; Adolf Mayer.**

ZZ. Troppau/Ostsudeten, Hummelgasse 39; Berlin-Neukölln, Emser Straße 112/113.

Von Beileidsbesuchen bitte Abstand zu nehmen.

Unsagbar hart traf uns die Nachricht, daß unser einzigster, über alles geliebter, sonniger und hoffnungsvoller Sohn, mein innigstgeliebter Verlobter, der

Leutnant und Kompanieführer in einer Panzer-Grenadier-Division

Karl Sanow

Inh. d. EK. 2 und des Verw.-Abz.

Y 28. 7. 1921 ⅄ 5. 6. 1944

für seinen Führer und Großdeutschland den Heldentod gestorben ist. Nach den Worten seines Generals war er einer jener jungen Leutnante, wie sie die Division braucht, immer voller Schwung und Lebensmut.

In stolzer Trauer: **Emil Sanow**, Reg.-Ober-Inspek.; **Elli Sanow**, geb. Schwobeda, Berlin N 113, Bergener Str. 1; **Charlotte Abendroth** nebst Eltern, Oberhausen (Rhld.), König-Heinrich-Str. 4.

Hart und schwer traf uns die traurige Nachricht, daß unser innigstgeliebter, herzensguter Sohn, mein lieber Mann, Bruder, Schwager, Neffe und Onkel, der

Feldwebel und Zugführer in einem Panzer-Grenadier-Regt.

Günter Albinsky

Inh. d. EK. 2. der Ost- u. Sudetenmedaille

am 5. Juni 1944 im Alter von 24 Jahren in den schweren Kämpfen im Osten für Führer und Vaterland den Heldentod gefunden hat.

In tiefem Schmerz: **Karl Albinsky; Emma Albinsky**, geb. Bleul; **Liesbeth Albinsky**, geb. Lehmann; **Kurt Albinsky**, Hauptfeldwebel; **Edith Albinsky**, geb. Herrmann.

Berlin W 9, Bellevuestraße 6.

Wir erhielten die schmerzliche Nachricht, daß unser innigstgeliebter, tapferer, einziger Sohn, mein lieber Ka, der

Abiturient

Karl-Heinz Tiggemann

Leutnant in einer Nachr.-Abtlg.

Inhaber des EK. 2. Klasse

nie wieder zu uns zurückkehrt. Er starb am 22. Juni 1944 in Italien an den Folgen einer Verwundung im Alter von 21 Jahren und opferte sein junges, hoffnungsvolles Leben, wir das Liebste, was wir hatten. Karl-Heinz bleibt bei uns unvergessen.

In unsagbarem Schmerz: **Karl Tiggemann** und Frau **Helene**, geb. Quarz; **Irmgard Schleicher.**

Berlin NW 40, Heidestraße 33, den 12. Juli 1944.

Wir erhielten die tieftraurige Nachricht, daß mein inniggeliebter, treusorgender Mann, der stolze Papa seiner beiden Lieblinge, unser inniggeliebter, unvergeßlicher jüngster Sohn, unser Sonnenschein, unser lieber Bruder, Schwiegersohn, Schwager, Onkel, Neffe und Vetter, der

Hauptmann und Kompaniechef

Fritz Schulze

Inh. d. KVK. 2. Kl. m. Schwertern u. a. Auszeichnungen

im blühenden Alter von fast 33 Jahren in Italien am 24. Januar 1944 sein hoffnungsvolles Leben lassen mußte.

In tiefem, unsagbarem Schmerz, seine trauernde Gattin **Ursula Schulze**, geb. Kloß, mit **Dieter** und **Klein-Bernd**; seine schwergeprüften Eltern **Otto Schulze** und **Anna Schulze**, geb. Seidel; seine liebe Schwester **Friedel Ohlgart**, geb. Schulze; sein lieber Bruder **Alfred Schulze**, Gefr., und alle, die ihn gern hatten.

Berlin-Reinickendorf-West 4, Spandauer Weg 28.

Berlin, Swinemünder Str. 43.

In treuer Pflichterfüllung für sein Vaterland verstarb am 13. Juni 1944 plötzlich und unerwartet in Breslau unser lieber, treusorgender Schwager, Onkel und Vetter

Oberst

Oskar Kohtz

Heeresabnahmeinspizient

Inh. d. EK. I u. II v. 1914/18, d. KVK. 1. u. 2. Kl. u. a. Ausz.

In tiefer Trauer zeigen wir an, daß unser innigstgeliebter Sohn, treuer Bruder, Schwager und Onkel, der

Landwirt / ϟϟ-Sturmmann

Alfred-Leopold von Hake

Oberleutnant d. R.

Inh. d. EK. 1 u. 2, des Verw.-Abz. u. a. Kriegsauszeichnungen

als Kompaniechef einer Panzer-Späh-Kompanie am 3. Juli 1944 bei einer dienstlichen Übung tödlich verunglückte.

Für die Angehörigen: **Franz von Hake**, Major a. D., u. Frau **Ilse von Hake**, geb. Schwerdtner-Pomeiske.

Fürstenwalde, Spree.

Hart und unerbittlich traf uns die Nachricht, daß unser lieber, großer Junge, mein herzensguter Bruder, Enkel, Neffe und Vetter, der

Gefreite

Gerhard Nemsow

kurz vor Vollendung seines 21. Lebensjahres bei den schweren Abwehrkämpfen an der Ostfront am 29. Juni 1944 sein junges Leben lassen mußte.

Die trauernden Hinterbliebenen: **Hans Nemsow** als Vater; seine liebe Mutter **Lucie Nemsow**, geb. Boldwan, und Schwester **Lisa** nebst allen Angehörigen.

Brandenburg/Havel, Dräfertstr. 92, Berlin.

Die Beerdigung der Frau

Verena Langen

findet am Donnerstag, dem 20. Juli, um 15 Uhr, von der Kapelle des Zehlendorfer Friedhofes, Onkel-Tom-Straße 30, aus statt.

Mein innigstgeliebter Mann und treuester Lebenskamerad, mein herzensguter, überaus treusorgender Vater

Herr Direktor

August Christian

Wehrwirtschaftsführer

Inhaber des KVK. 1. u. 2. Klasse, des EK. II u. and. Auszeichnungen des Weltkrieges 1914—18

ist nach schwerer Krankheit plötzlich von uns gegangen.

In tiefem Schmerz: Frau **Liesel Christian**, geb. Brey; Frau **Else Schoellkopf**, geb. Christian.

Heilbronn/N., Wollhausstr. 97, 11. Juli 1944.

In der Frühe des 14. Juli 1944 ging nach schwerer Krankheit mitten aus der vollen Arbeit mein geliebter Mann, unser guter Vater, der

Bankdirektor

Albert Balhorn

Rittmeister der Res. z. V.

Inhaber des EK. II. Kl. von 1914 und anderer Auszeichnungen

von uns. Sein Leben war Treue und Sorge für uns und viele.

Im Namen aller Angehörigen: **Luise Balhorn**, geb. Willies; **Gerda Hepner**, geb. Balhorn; **Horst Balhorn; Horst Hepner**, zZ. im Westen.

Braunschweig, **den 14. Juli 1944.**

Gottes Wille nahm uns am Freitag, dem 14. Juli 1944, dem Vortage seines 48. Geburtstages, unerwartet meinen lieben Mann und unvergeßlichen Vater, den

Rücksiedler aus Dornfeld/Galizien

Pg. Eduard Harlfinger

Zellenleiter der NSDAP. und Ortsbauernführer

Inhaber d. Kriegsverdienstmedaille u. d. Kriegsverdienstkreuzes 2. Kl.

Sein Leben war Einsatz für Volk, Führer und Reich.

In tiefer Trauer: **Christine Harlfinger**, geb. Bechthoff, als Gattin; **Brunhilde, Erich** und **Eduard** als Kinder; **Johanna Hirschler** und **Sophie Rupp** als Geschwister und alle Anverwandten.

Morgen über Lutbrandau, Kreis Lesiau; Siegendorf/Niederdonau; Liliendorf/Wartheland; Lutbrandau; Glogau; Posen.

Fern ihrer lieben Geburts- und Heimatstadt, Berlin schloß am Freitag, dem 7. Juli 1944, nach langem, schwerem Leiden unsere liebe Mutter, Großmutter und Uroma

Bertha Pasche

geb. Brederick

Trägerin des Ehrenzeichens der Deutschen Mutter

im Alter von 88½ Jahren für immer ihre müden Augen.

Dies zeigen tiefbetrübt an: **Lucie** und **Irmgard Pasche** mit **Klein-Ulli.**

ZZ. Grünau, Post Dobberschütz, Krs. Krotoschin (Warthegau), den 11. Juli 1944.

Die Beerdigung fand bereits am

Am Montag, dem 3. Juli 1944, schlief nach schwerer Krank mein lieber, treusorgender Mar

Otto Reichert

Leutnant der Marine

im Alter von 67 Jahren.

In tiefer Trauer:

Mathilde Reichert, geb. Ham

Berlin N 65, Togostraße 1.

Die Beerdigung hat bereits s gefunden.

Am 14. Juli 1944 ist unsere liebe Schwester, Schwägerin gute Tante

Anna Staeck

geb. Seeker

im 62. Lebensjahr von ihrem l den erlöst worden.

Im Namen der Hinterblieben

Otto Reetz.

ZZ. Vorderheide b. Liegnitz/Schl

Die Trauerfeier findet am 20. J um 14.30 Uhr, im Krematoriu Berlin-Wilmersdorf, Berliner S statt.

Heute morgen rief Gott mei liebe, gute, treusorgende Mutter

Margarethe Tempelhagen

geb. Giesler

im gesegneten Alter von 82 Jahr durch einen sanften Tod heim seinen ewigen Frieden.

Dorothea Tempelhagen.

Werder, Kr. Ruppin, 17. Juli 194

STELLEN-ANGEBOT

Selbständiger Einkäufe für Werk der eisen- und met verarbeitenden Industrie sucht. Angebote mit hand schriebenem Lebenslauf erbe unt. HG 180 an Ala, Hambur

Schreibkraft (Sekretärin) Interesse an Organisationsfra und Befähigung f. gute Schr gestaltung für Abteilungsle eines interessanten Industrie triebes gesucht. Bewerbun unter „Befähigt 32331" an Wien I., Wollzeile 16.

Für einige Stenotypist nen, Kontoristinnen, Maschin schreiberinnen sowie Buchl terinnen und weibliche Bi hilfskräfte bietet sich bei liner Firma der Elektroin strie die Möglichkeit des satzes auf technischem, ka männischem oder verwaltur technischem Gebiet bei w gehender Berücksichtigung persönlichen Wünsche für bestimmtes Arbeitsgebiet. Stenotypistinnen gegebenenf. verkürzte Arbeitszeit. Bewerb gen mit den üblichen Un lagen u. Kennwort „AVSt erbeten unter ZB 8025 an Berlin SW 68.

Direktions-Assistent v Betriebsführer eines Betrie der Metallindustrie zum b mögl. Antritt nach Mit deutschland gesucht. Bewer auch Volljuristen, mit in strieller Praxis, bewährten ka männischen und betriebsw schaftlichen Kenntnissen wol ausführliche Angebote reichen mit Kennwort Nr. unter ZL 10926 an VB., Be SW 68.

Einkaufsleiter aus der met verarbeitenden Industrie w zum baldigen Antritt von sä Betrieb gesucht. Entspreche Einkaufspraxis, beste te nische und Materialkenntni Beherrschung neuzeitlicher ganisationsformen, Dispositi vermögen u. Geschick zur M schenführung bei der Leit einer umfangreichen Abteil mit verschiedenen Ressorts wie Gewandtheit und Verha lungstalent sind Voraussetzu Bewerbungen mit Kennw „J 1083" erbeten unter ZJ 1 an VB., Berlin SW 68.

Direktions - Assistent sucht, der als „rechte Hand" Betriebsführers eines mit deutsch. Metallbetriebes über diegene kaufmännische, betri wirtschaftliche und mögl. a juristische Kenntnisse sowie schnelle Auffassung verf flott zu korrespondieren sicher zu verhandeln verm Bewerbungen geeigneter Kr werden erbeten mit Kennw U 278 unter ZM 10927 an Berlin SW 68.

Als Leiter der Materialw schaft (Einkauf mit Konting stelle u. Rechnungsprüfung wie Materialverwaltung Wareneingang) wird wirklic Könner von industriellem Met betrieb Mitteldeutschlands bald gesucht. Beherrschung gesamten Einkaufs- und M rialwesens und allgem tec und einschlägige Materialke

◁ 79 *Und ganz hinten im Blatt die täglichen Trauernachrichten, die in mehr oder minder markigen Worten den «Tod für Führer und Vaterland» anzeigen.*

der Übergangsregierung, der nicht nur Konservative, sondern auch dem Widerstandskreis bekannte Männer der Linken wie die Sozialdemokraten Wilhelm Leuschner und Julius Leber angehören sollten.
Da man sich darüber im klaren war, daß viele auf den «Führer» vereidigte Offiziere und Soldaten nicht mitmachen würden, wenn Hitler – und sei es auch als Gefangener – noch lebe, sollte gleich im ersten Grundbefehl der Tod Hitlers verkündet werden. Im Gegensatz zu andern Oppositionellen, die ein Attentat auf das Staatsoberhaupt ablehnten, mochte dieses sich auch noch so sehr gegen das Wohl des Volkes und Landes vergangen haben, hatten sich Stauffenberg und die Mehrzahl seiner Mitverschworenen zu der Überzeugung durchgerungen, daß Hitler nicht am Leben bleiben dürfe.
Die Durchführung des Attentats erwies sich nach mehreren gescheiterten Versuchen wagemutiger Offiziere als das schwierigste Problem in der Anfangsphase des Staatsstreichs. Hitler wurde in seinem Hauptquartier «Wolfsschanze» im ostpreußischen Mauerwald strenger denn je bewacht. Stauffenberg entschloß sich schließlich selbst zur Tat, da er als einer der wenigen Offiziere des Verschwörerkreises zuweilen an Besprechungen im Hauptquartier teilnehmen durfte. Zu einem Attentat mit der Pistole war er nach seiner Verwundung unfähig, weil er nur noch eine Hand mit drei Fingern hatte. Daher beschloß man, das Attentat mit einer Zeitzünderbombe durchzuführen, deren Explosion leicht zu bewerkstelligen war.
Als im Juli die Lage an der Invasionsfront in Frankreich, im Osten und in Italien immer katastrophaler und für Deutschland hoffnungsloser wurde, wollten die Verschworenen nicht noch länger warten. Am 20. Juli war Stauffenberg zu einem Vortrag über die Neuaufstellungen des Ersatzheeres zur Lagebesprechung in die «Wolfsschanze» befohlen. In Begleitung seines Adjutanten Oberleutnant v. Haeften flog er nach Ostpreußen. Wegen der schwülen Hitze wurde an diesem Tage die «Mittagslage» nicht in dem unterirdischen betonierten Beratungsraum abgehalten, sondern in einer Holzbaracke mit geöffneten Fenstern. Stauffenberg stellte die Aktenmappe mit der Bombe, deren Zünder er kurz zuvor eingedrückt hatte, in Hitlers Nähe ab und entfernte sich dann unter dem Vorwand, er müsse noch ein eiliges Telefonat erledigen. Um 12.42 Uhr ereignete sich die Explosion. Qualm und Flammen schossen hoch, Barackenteile flogen durch die Luft. Stauffenberg, der sich schon in einiger Entfernung der Baracke befand, konnte aufgrund der gewaltigen Detonation annehmen, daß von den Teilnehmern der «Mittagslage» kaum noch einer am Leben war.
Zur gleichen Zeit hatten sich in der Bendlerstraße in den Räumen des Allgemeinen Heeresamts außer den dort arbeitenden Offizieren wie Olbricht und Mertz v. Quirnheim schnell herbeizitierte Mitverschworene eingefunden, unter ihnen Generaloberst Hoepner, Stauffenbergs Bruder Berthold. Es begannen die Stunden quälenden Wartens auf den mit General Fellgiebel, dem Nachrichtenchef im Hauptquartier, verabredeten Anruf, der das Stichwort vom Tode Hitlers durchgeben sollte. Dann sollte sofort der «Walküre»-Alarm mit allen Konsequenzen ausgelöst werden. Es ist bis heute ungeklärt, aus welchen Gründen Fellgiebel nicht unmittelbar nach dem Attentat der Bendlerstraße eine Nachricht zukommen ließ. Anscheinend waren die Leitungen zwischen der Wolfsschanze und Berlin vorübergehend unterbrochen. Olbricht und Hoepner erfuhren zwar aus dem Hauptquartier, daß dort bei einer Explosion mehrere Personen getötet worden seien. Von Hitlers Tod war nicht die Rede. Aufgrund einer so vagen Meldung zögerten die Generale, den «Walküre»-Alarm auszulösen. Dies geschah erst kurz vor 16 Uhr, nachdem Stauffenberg und Haeften auf dem Flugplatz Rangsdorf gelandet waren und an die Bendlerstraße die Nachricht durchgaben: «Hitler ist tot.» Als sie gegen 16.45 Uhr per Auto aus Rangsdorf im Bendlerblock eintrafen, waren die «Walküre»-Maßnahmen angelaufen, wenn auch mit einer für den Fortgang der Aktion verhängnisvollen Verzögerung von rund drei Stunden. In der Zentrale der militärischen Opposition, im zweiten Stockwerk des Hauses in der heutigen Stauffenbergstraße 14, wo sich jetzt die Gedenkstätte zu Ehren des deutschen Widerstandes befindet, spielten sich in den späten Nachmittags- und Abendstunden des 20. Juli 1944

jene aus vielen Erlebnisberichten, Büchern und Filmen bekannten Ereignisse ab, die über das Schicksal der Erhebung der Offiziere im Bendlerblock entschieden.

Sie beginnen gegen 16 Uhr, gleich nach dem Eintreffen der Telefonmeldung aus Rangsdorf, daß Hitler tot sei. Olbricht teilt dem Befehlshaber des Ersatzheeres, Fromm, mit, jetzt nach dem Tode Hitlers, müsse er den «Walküre»-Alarm auslösen, verschweigt jedoch, daß er schon von sich aus kurz zuvor die Alarmmeldung gegeben hat. Der Generaloberst, der von dem in seinem Hause vorbereiteten Putsch vieles ahnt, aber nichts Genaues weiß, zögert, den Befehl zu geben. Telefoniert mit Keitel im Führerhauptquartier und erfährt von ihm, es habe zwar ein Attentat gegeben, aber Hitler sei nur leicht verletzt. Gleich darauf, um 16.20 Uhr, trifft Generaloberst Beck ein, dem als Generalstatthalter und Obersten Befehlshaber der Streitkräfte das Führungsamt in der Regierung nach Hitler zugedacht ist. Kurz nach Beck betritt Stauffenberg das Zimmer, erklärt, nach der heftigen Detonation sei es kaum möglich, daß Hitler mit dem Leben davongekommen sei. Keitel habe Fromm die Unwahrheit gesagt. Es folgt ein erregter Wortwechsel Olbrichts, Stauffenbergs und Mertz v. Quirnheims mit Fromm, der eine Unterstützung der Aktion verweigert, schließlich entwaffnet und in einem Raum interniert wird.

Beck gibt ruhig und bestimmt inmitten des Wirrwarrs den Anwesenden die Richtlinien für das weitere Handeln: «Für mich ist dieser Mann tot. Davon lasse ich mein weiteres Handeln bestimmen. Von dieser Linie dürfen wir nicht abweichen, sonst bringen wir unsere eigenen Reihen in Verwirrung. Ein unwiderleglicher Beweis, daß Hitler lebt, kann vom Hauptquartier frühestens nach Stunden geführt werden. Bis dahin muß die Berliner Aktion abgeschlossen sein.»

Die «Berliner Aktion» läuft, dieser Leitlinie Becks gemäß, weiter. Per Fernschreiben und Telefon jagen Stauffenberg und die Offiziere seiner Umgebung einen Befehl nach dem andern an die Führungsstellen der Wehrkreise heraus. Betonen immer wieder, daß Hitler, entgegen widersprechenden Nachrichten aus dem Hauptquartier, tot sei, daß somit «die vollziehende Gewalt in den Wehrkreisen den Wehrkreisbefehlshabern übertragen» sei. Pausenlos hört man Stauffenberg telefonieren, oft an mehreren Apparaten zugleich: «Keitel lügt

80 *Hitler, auf einer bisher kaum bekannten Aufnahme, kurz nach dem Attentat am 20. Juli in verkrampfter Haltung mit konsterniertem Gesichtsausdruck. Dieses Foto erschien damals in keinem deutschen Blatt.*

... Glauben Sie Keitel doch nicht ... Hitler ist tot ... Hier ist die Aktion in vollem Gange ...»

Ist die Aktion wirklich in vollem Gange? Gewiß, die Truppeneinheiten in der Umgebung Berlins, mit deren Hilfe die Verschwörer rechnen, sind alarmiert. Die Soldaten der Panzertruppenschulen in Krampnitz und Wünsdorf, der Infanterieschule Döberitz, der Artillerieschule Jüterbog machen

81 *Mit pathetischen Schlagzeilen wie «Es lebe der Führer» oder «Im Schutze der Vorsehung», wie hier die «Deutsche Allgemeine Zeitung», brachten die Zeitungen am 21. Juli die Meldungen über das Attentat im Führerhauptquartier mit den Kommentaren gemäß der vom Propagandaministerium gegebenen «Sprachregelung».*

sich marschbereit. Aber wann werden sie eintreffen? In der Bendlerstraße selbst gibt es neue Schwierigkeiten. Der Kommandant des Berliner Wehrkreises, General v. Kortzfleisch, der gegen 17 Uhr erscheint, weigert sich, in der Hauptstadt den Belagerungszustand zu verhängen. Er wird auf Befehl Becks ebenso wie Fromm in einem Zimmer unter Bewachung gestellt. Dasselbe geschieht mit dem kurz darauf eintreffenden SS-Oberführer Piffrader, der von Himmler den Befehl hat, Stauffenberg zu verhaften. Mehrere jüngere Offiziere, die Stauffenberg eingeweiht hat, übernehmen die Festsetzung und Bewachung der Gegner der Aktion, stehen Olbricht und Stauffenberg als Ordonnanzen zur Verfügung, unter ihnen bekannte Namen: Ludwig v. Hammerstein-Equord, der Sohn

82 *Hitler hält auf diesem gleich nach dem Attentat aufgenommenen Foto die zitternde rechte Hand mit der linken fest. Neben ihm der am Kopf verwundete Generaloberst Jodl, hinter ihm Reichsleiter Bormann, als «Sekretär des Führers» der einflußreichste Repräsentant der NSDAP im Hauptquartier.*

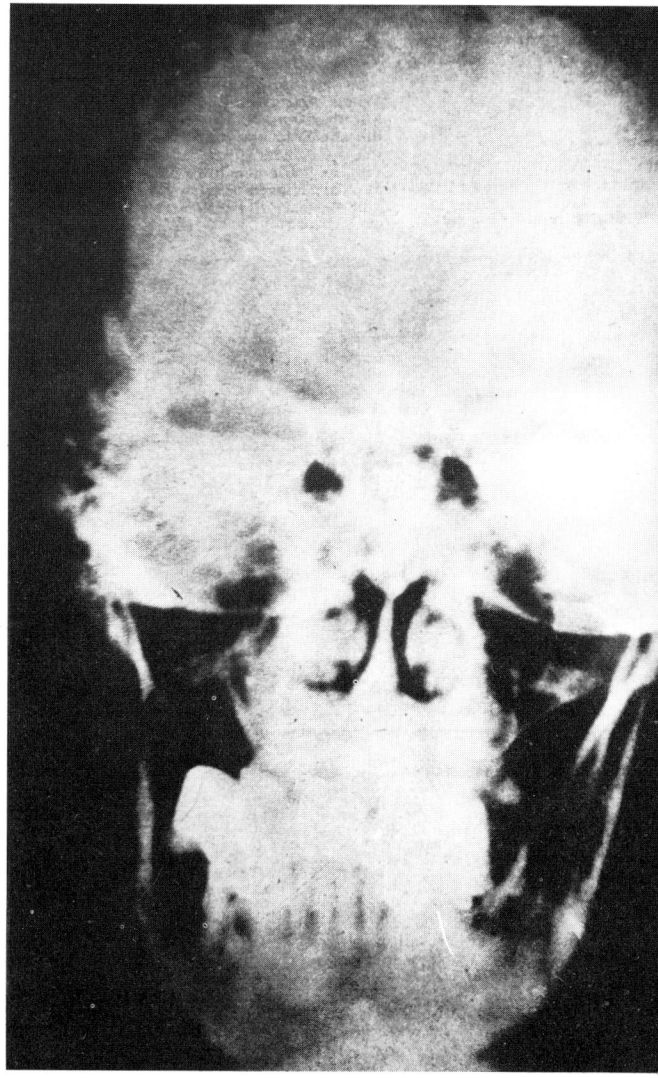

83 *Röntgenaufnahme von Hitlers Schädel kurz nach dem Sprengstoffanschlag; mit ihrer Hilfe sollten eventuelle Gehirnschäden diagnostiziert werden.*

des Chefs der Heeresleitung, der nach Hitlers Machtübernahme seinen Abschied nahm, und Ewald v. Kleist-Schmenzin, dessen Vater einer der führenden Männer der zivilen Opposition ist.
Die Verwirrung in der zweiten Etage Bendlerstraße 14 steigert sich, als um 18.45 Uhr der Deutschlandsender in einer Sondermeldung bekanntgibt, bei einem Sprengstoffanschlag im Hauptquartier habe Hitler außer leichten Verbrennungen und Prellungen keine Verletzungen erlitten. Ob dieses Kommuniqué eine Irreführung, eine Lüge oder am Ende wahr ist? Keiner weiß es. Nach der Rundfunkproklamation mehren sich aus den Wehrmachtsstandorten im Reich die Anfragen der Kommandeure. Stauffenberg und Mertz müssen dauernd die gleichen Fragen beantworten, versichern immer wieder, Hitler sei tot, die Gegenbefehle aus dem Führerhauptquartier seien nicht glaubwürdig; nur der Befehlshaber des Ersatzheeres sei berechtigt, Befehle zu geben, denn das Reich sei in höchster Gefahr.

84 *Hitler und der kurz nach dem Attentat im Hauptquartier eingetroffene Mussolini besichtigen die zerstörte Baracke, in der die Explosion stattfand.*

85 *Hitler, Mussolini und die NS-Prominenz beim Gang durch das Gelände des Hauptquartiers unmittelbar nach dem Attentat. Der Reichsführer SS Himmler an der Seite Hitlers, neben Mussolini Göring in «Reichsmarschall»-Uniform.*

86 *Hitler in seinem ostpreußischen Hauptquartier während der Rundfunkansprache an das deutsche Volk am Abend des 20. Juli.*

Um 19.30 Uhr erst trifft der als neuer Oberbefehlshaber der Wehrmacht vorgesehene Generalfeldmarschall v. Witzleben ein, dem neben Beck die führende Rolle bei der Aktion zugedacht ist. Es gibt eine längere Aussprache zwischen den beiden, nach der Witzleben sichtlich erregt und erzürnt die Bendlerstraße wieder verläßt. Er gibt dem Staatsstreich keine Chance mehr.
Nach 20 Uhr reißen die Verbindungen der Verschwörer zur Außenwelt immer mehr ab. Anrufe kommen nicht durch. Fernschreiben werden von der Nachrichtenzentrale nicht mehr an die Kommandeure im Reich weitergeleitet. Die Nachrichtenoffiziere im Bunker der Bendlerstraße, die nicht in die Widerstandsaktion eingeweiht sind, erhalten aus dem Hauptquartier Gegenbefehle. Einige Kommandeure haben trotz des Befehlswirrwarrs, trotz der einander widersprechenden Anweisungen aus der Bendlerstraße und dem Führerhauptquartier gehandelt, Maßnahmen gegen Partei-, SS-, Gestapostellen durchgeführt, am zügigsten in Wien und Paris, wo der Militärbefehlshaber in Frankreich General v. Stülpnagel die gesamte SS entwaffnen und internieren läßt.
Nur in Berlin, in der Widerstandszentrale, scheint nichts mehr zu klappen. Die Übernahme der Senderanlagen des Funkhauses in der Masurenallee mißlingt, so daß Beck seine Ansprache an das Volk nicht halten kann. Es gelingt auch nicht, Soldaten für die Besetzung des DNB aufzutreiben, des zentralen Deutschen Nachrichtenbüros, das die Zeitungen und die Öffentlichkeit über den Umsturz und die Ziele der Regierung nach Hitlers Tod informieren sollte. Im Regierungszentrum bahnt sich eine unheilvolle Entwicklung an. Das Wachbataillon, das im Rahmen der «Walküre»-Maßnahmen das Regierungsviertel an der Wilhelmstraße absperren und öffentliche Gebäude besetzen soll, geht auf die Gegenseite über. Der von den Befehlen irritierte, nicht in die Absichten der Verschwörer eingeweihte Kommandeur, Major Remer, wird im Propagandaministerium durch den Minister Goebbels mit Hitler verbunden, der ihm persönlich per Telefon den Befehl erteilt, an der Niederschlagung des Putsches mitzuwirken.
In der zweiten Etage der Bendlerstraße 14 ist man über diese Entwicklung nur unzureichend informiert und nur noch über wenige direkte Telefonleitungen mit der Außenwelt verbunden. Das letzte Telefongespräch dürfte Stauffenberg gegen 22.45 Uhr mit Paris, mit Stülpnagels Stabschef v. Linstow geführt haben. Stauffenberg erklärt ihm, der Kampf in Berlin gehe zu Ende, es sei alles verloren. Seine Mörder tobten schon in den Gängen vor seinem Zimmer. Mit den «Mördern» meint er wahrscheinlich jene Gruppe Hitler ergebener, mit Maschinenpistolen bewaffneter Offiziere, die zu einer Gegenaktion einsetzen und mit der drohenden Frage «Für oder gegen den Führer?» durch die Zimmer eilen. Sie verhaften Beck, Olbricht, Stauffenberg und ihre Gefährten, lassen Fromm aus dem Zimmer hinaus, in dem er interniert wurde. Der Generaloberst macht von seiner Vollmacht als Befehlshaber des Ersatzheeres und Gerichtsherr umgehend Gebrauch, indem er Olbricht, Stauffenberg, Mertz und Haeften in einem standgerichtlichen Schnellverfahren zum Tode durch Erschießen verurteilt. Man vermutet, daß Fromm, der über die Ziele der in seinem Amt tätigen Verschwörer weitgehend unterrichtet war, die Mitwisser mancher Gespräche beseitigen wollte, vielleicht aber auch die Absicht hatte, die Heeresoffiziere der Folter und Gerichtsbarkeit der Gestapo zu entziehen. Beck, der Fromm bittet, «aus dieser unglücklichen Situation selbst die Konsequenzen ziehen» zu dürfen, wird gestattet, Selbstmord mit seiner Pistole zu begehen. Als er nach zwei Kopfschüssen immer noch am Leben ist, muß schließlich ein Feldwebel Beck den Todesschuß geben.
Olbricht, Stauffenberg, Mertz und Haeften werden in der ersten halben Stunde nach Mitternacht von einem aus zehn Unteroffizieren und einem Leutnant bestehenden Sonderkommando auf dem Hof der Häuser Bendlerstraße 11–13 durch Erschießen hingerichtet. Es ist überliefert, daß Stauffenberg mit dem Ruf starb: «Es lebe unser heiliges Deutschland!»

*

Heute, viele Jahre nach dem Geschehen, läßt sich leicht die These vertreten, Stauffenberg sei überfordert worden, indem er zugleich das Attentat und die Organisation der anschließenden Maßnahmen gegen die Hitlerdiktatur übernehmen mußte. Jedoch blieb ihm nach dem Mißlingen der früheren Anschläge gegen Hitler kaum eine andere Wahl, als selbst das fast Unmögliche zu versuchen. Es war zweifellos ein verwegener, verzweifelter Entschluß in einer außergewöhnlichen Lage, ein Entschluß, dessen letzten Sinn vielleicht am klarsten Worte von Stauffenbergs Mitverschworenem Henning v. Tresckow wiedergeben, der kurz vor dem 20. Juli 1944 äußerte:

> Das Attentat auf Hitler muß geschehen, koste es, was es wolle. Sollte es nicht gelingen, so muß trotzdem der Staatsstreich versucht werden. Denn es kommt nicht mehr auf den praktischen Zweck an, sondern darauf, daß die deutsche Widerstandbewegung vor der Welt und vor der Geschichte unter Einsatz des Lebens den entscheidenden Wurf gewagt hat. Alles andere ist daneben gleichgültig.

In gleichem Sinne erklärte in seiner Berliner Rede zum 25. Jahrestag des 20. Juli 1944 Bundespräsident Gustav Heinemann:

> Der Fehlschlag des Attentats mindert nicht die hohe Achtung vor den Menschen, die es unternehmen. Wir haben vor einer empörten, zweifelnden und tief erregten Welt draußen auf jeden Fall ausgewiesen, daß es auch in unserem Volk damals Menschen gab, die nicht dem Nationalsozialismus verfallen waren. Wir können es nicht ausdenken, wie alles weiter verlaufen wäre, wenn ihr Anschlag Erfolg gehabt hätte.

Aufschlußreiche Einblicke in Ideenwelt und Methoden des Widerstandes im Dritten Reich geben die insbesondere zur Information Hitlers ausgearbeiteten sogenannten «Kaltenbrunner-Berichte» an Bormann, den Chef der Parteikanzlei und Vertrauten Hitlers, über die von der Gestapo vorgenommenen Ermittlungen zum Attentat des 20. Juli 1944 (unter dem Titel: «Spiegelbild einer Verschwörung» 1961 auch als Buch herausgegeben). Aus der Sicht der Vernehmungsbeamten wird da z. B. in dem Bericht des Chefs des Reichssicherheitshauptamts, Kaltenbrunner, vom 2. August 1944 über Stauffenbergs außen- und innenpolitische Pläne mitgeteilt:

Verbindungen zum Ausland
Die neuere Vernehmung des Hauptmanns Kaiser gibt eine Reihe von Hinweisen, daß Stauffenberg über Mittelsmänner zwei Verbindungen zur englischen Seite hatte. Den Zusammenhängen wird im Augenblick im einzelnen nachgegangen. Bereits am 25. Mai hat Kaiser für Stauffenberg eine Notiz ausgearbeitet, worüber mit der Feindseite verhandelt werden sollte:
1. Sofortiges Einstellen des Luftkriegs,
2. Aufgabe der Invasionspläne,
3. Vermeiden weiterer Blutopfer,
4. dauernde Verteidigungsfähigkeit im Osten, Räumung aller besetzten Gebiete im Norden, Westen und Süden (!),
5. Vermeiden jeder Besetzung,
6. freie Regierung, selbständige selbstgewählte Verfassung,
7. vollkommene Mitwirkung bei der Durchführung der Waffenstillstandsbedingungen, bei der Vorbereitung der Gestaltung des Friedens,
8. Reichsgrenze von 1914 im Osten, Erhaltung Österreichs und der Sudeten beim Reich, Autonomie Elsaß-Lothringen, Gewinnung Tirols bis Bozen, Meran,
9. tatkräftiger Wiederaufbau mit Mitwirkung am Wiederaufbau Europas,
10. Selbstabrechnung mit Verbrechern im Volk (!),
11. Wiedergewinnung von Ehre, Selbstachtung und Achtung.

Ende Juni 1944 hat Kaiser von Goerdeler erfahren, daß von höchster englischer Stelle aus Erkundigungen über die Verschwörerclique eingezogen worden sind. Stauffenberg hat
a) eine Liste von Männern übermittelt, die die zukünftigen Verhandlungspartner Englands sein sollten,

b) den Wunsch, daß Österreich beim Reich bleibt,
c) die Bitte, daß die Abrechnung mit den Kriegsverbrechern der künftigen deutschen Regierung überlassen bleiben sollte (!).

Das Tagebuch Kaisers, das vom 9. Mai bis 15. Juli 1944 reicht und eine Fülle von Hinweisen enthält, wird zur Zeit ausgewertet.

In einem weiteren Bericht des Reichssicherheitshauptamts wurden die Methoden der Verschwörer detailliert dargestellt:
Die beste Schilderung der konspirativen Methoden, die im Verschwörerkreis angewendet worden sind, gibt der frühere Oberleutnant Graf von der Schulenburg. Er sagt: «Über die Art der Unterrichtung von Personen ist zu sagen, daß das System der Unterrichtung ein differenziertes war. In gewisse Dinge wurden nur ganz wenige Personen eingeweiht, z. B. Sprengstoffrage. Ein größerer Kreis wurde in den Attentatsplan eingeweiht, aber auch dieser Kreis war noch sehr klein. Wieder ein etwas weiterer Kreis über die Tatsache unterrichtet, daß ein gewaltsames Unternehmen gestartet werden sollte, wobei die Frage offenblieb, inwieweit der Führer ausgeschaltet werden sollte. Endlich der Kreis von Personen, mit denen nur über den Ernst der Lage, katastrophale Verschärfung und Notwendigkeit des militärischen Ausnahmezustandes gesprochen wurde. Nur der wurde unterrichtet, der mit einer Sache unmittelbar zu tun hatte, und nur insoweit, als es erforderlich war.»

Einzelne der Beteiligten wurden nur für ganz bestimmte Aufgaben herangezogen und lediglich mit den für sie in Betracht kommenden Tatsachen vertraut gemacht.

Wie aus den Vernehmungen immer wieder hervorgeht, war dies zum raffinierten System entwickelt worden.

Das gleiche System, das Stauffenberg ausgebildet hat, haben auch Beck und Goerdeler angewandt.

Tresckow meinte, es sei gerade die Stärke der Organisation, daß jeder der Beteiligten nur das erfahre, was zur Erfüllung seines Auftrages gerade erforderlich sei.

Wie weit dieses konspirative System der Geheimhaltung und des aufgeteilten Vertrauens ging, ergibt sich z. B. aus einer Äußerung Goerdelers, der aussagt, daß auch Beck ihm Namen nur mit großer Zurückhaltung gesagt habe. Geheimhaltung selbst gegenüber nächsten Vertrauten sei diesem alten Generalstäbler zur zweiten Natur geworden.

Die Beteiligten selbst haben sich vielfach dahin geäußert, daß ihnen diese Methode sehr erwünscht gewesen sei, daß sie sogar darum gebeten hätten, nicht mehr zu erfahren, als sie unbedingt wissen müßten.

Bei der besonders starken Zurückhaltung sind allerdings nicht nur konspirative Gründe maßgebend gewesen, sondern auch solche der Eifersucht und der Konkurrenz zwischen den militärischen und den politischen Kreisen sowie innerhalb der verschiedenen Gruppen. Goerdeler behauptet zwar: «Wir hatten untereinander, Zivil und Militär, ausgemacht, daß wir den Kreis der Einzuweihenden nicht ohne gegenseitiges Benehmen erweitern wollten.»

Aus anderen Aussagen ergibt sich aber, daß zwischen diesen beiden Gruppen keineswegs immer ein so einträchtiges Zusammenspiel bestanden hat und daß man sich gegenseitig Dinge vorenthielt, auch wenn keine zwingenden Gründe eines vorsichtigen Handelns gegenüber dem nationalsozialistischen Staat gegeben waren.

Der Umstand, daß die einzelnen Mittäter nur eine beschränkte Kenntnis der Pläne und Vorbereitungen hatten, hat dazu geführt, daß von den Hauptmachern abgesehen niemand ein Bild vom Umfang des Verschwörerkreises und der Art der Vorbereitungen hatte. So nahm ein Mann wie der frühere Hauptmann Klausing, der in der Verschwörung nur an untergeordneter Stelle eingesetzt war, an, daß die Verschwörung wesentlich umfassender sei, als es sich dann herausstellte. Er sagt: «Im einzelnen wurden Namen nicht genannt, jedoch glaubten wir, daß Männer aus allen Wehrmachtsstellen sofort mitmachen würden. Die Aktion wurde von Oberst Stauffenberg generalstabsmäßig vorbereitet. Wir waren der Ansicht, daß auch verschiedene Behörden und die Luftwaffe mitmachen würden.»

87 *Hitlers Tagesbefehl auf den Titelseiten der Zeitungen – hier im «Völkischen Beobachter» – zusammen mit einer schneidigen Ansprache des am 21. Juli 1944 gerade zum Chef des Generalstabes ernannten Generaloberst Guderian, jenes Panzerchefs, der mit der in die Landsersprache eingegangenen Parole «Klotzen, nicht kleckern!» den konzentrierten Einsatz der Panzerwaffe für das A und O der Taktik hielt. Zwischen Hitler und Guderian kam es bald zu heftigen Auseinandersetzungen, die mit der Absetzung des Panzergenerals endeten, der die Lage viel realistischer beurteilte als der «größte Feldherr aller Zeiten» – der «Gröfaz», wie Hitler abgekürzt von den Kritikern seiner Strategie genannt wurde.*

Tagesbefehl des Führers an das Heer
Ansprache von Generalstabschef Generaloberst Guderian

Aus dem Führerhauptquartier, 23. 7.

Der Chef des Generalstabes des Heeres, Generaloberst **Guderian**, verlas heute mittag im Großdeutschen Rundfunk folgenden Tagesbefehl, den der Führer am 21. Juli an das deutsche Heer erlassen hat:

Tagesbefehl!

Soldaten des Heeres!

Ein kleiner Kreis gewissenloser Offiziere hat auf mich und den Stab der Wehrmachtführung einen Mordanschlag verübt, um die Staatsgewalt an sich reißen zu können. Die Vorsehung hat das Verbrechen mißglücken lassen.

Durch das sofortige tatkräftige Eingreifen treuer Offiziere und Soldaten des Heeres in der Heimat wurde die Verräterclique in wenigen Stunden ausgelöscht oder festgenommen. Ich hatte das nicht anders erwartet. Ich weiß, daß Ihr wie bisher in vorbildlichem Gehorsam und treuer Pflichterfüllung tapfer kämpft, bis am Ende der Sieg trotz allem unser sein wird.

Führerhauptquartier, den 21. 7. 1944.

Der Führer
Adolf Hitler.

Generaloberst Guderian hielt anschließend folgende Ansprache an das Heer:

„Indem ich den Tagesbefehl des Führers an sein Heer bekanntgebe, füge ich namens des deutschen Heeres folgendes hinzu:

Einige wenige, teilweise außer Dienst befindliche Offiziere hatten den Mut verloren und aus Feigheit und Schwäche den Weg der Schande dem allein dem anständigen Soldaten geziemenden Weg der Pflicht und Ehre vorgezogen.

Das Heer hat sich selbst gereinigt und die unlauteren Elemente abgestoßen. An allen kämpfenden Fronten und in der Heimat wird fieberhaft und aufopfernd für den Sieg gearbeitet. Volk und Heer stehen fest verbunden hinter dem Führer.

Der Feind täuschte sich, wenn er glaubte, mit einer Spaltung in der Generalität des Heeres zu seinen Gunsten rechnen zu können.

Ich bürge dem Führer und dem deutschen Volke für die Geschlossenheit der Generalität, des Offizierskorps und der Männer des Heeres in dem einzigen Ziel der Erkämpfung des Sieges und unter dem Wahlspruch, den der ehrwürdige Feldmarschall von Hindenburg uns oft einprägte:

Die Treue ist das Mark der Ehre!

Es lebe Deutschland und unser Führer Adolf Hitler!
Volk: Ans Gewehr!

7. Der Bendlerblock persönlich erlebt – Im «Verschwörernest» am Landwehrkanal

Im Kriegs- und Krisenjahr 1943, eben in dem Jahr, in dem sich nach der Katastrophe von Stalingrad und den Niederlagen in Nordafrika in Berlin die Aktivität der militärischen und zivilen Widerstandsgruppen verstärkte, begann meine Tätigkeit im Bendlerblock. Ich wohnte zwar schon seit zehn Jahren am Rande des Tiergartens, bei manchem Gang war ich an den Gebäuden in der Bendlerstraße und am Landwehrkanal vorbeigekommen. Aber als Zivilist und Journalist, der nie über militärische Fragen schrieb, hatte ich bisher keinen Grund gehabt, das «Reichskriegsministerium» oder die Heeresleitung aufzusuchen.
Ein Dokument, das ich aus den Kriegstagen hinübergerettet habe, ist mein Soldbuch, dieser mit Reichsadler und Hakenkreuz dekorierte Personalausweis des Soldaten, den nur noch wenige besitzen. Und aus diesem Soldbuch geht genau hervor, wann meine Tätigkeit im Bendlerblock begann und zu Ende ging. Am 8. Februar 1943 traf der Soldat Georg Holmsten, mit seinen beinahe 30 Jahren keiner der Jüngsten mehr und daher nur der Ersatzreserve angehörend, bei der 1. Kommandierten-Kompanie des Stabsquartiers OKW ein. So nannte sich die Einheit, der die im Bendlerblock Dienst tuenden Soldaten zugeteilt wurden: eine Kompanie, der anzugehören als besonderer Vorzug galt; um hineinzukommen, mußte man ganz spezielle, ausgefallene Fertigkeiten haben oder Beziehungen, möglichst beides... doch davon später. Ich erhielt an diesem Februartag des Jahres 1943 laut Soldbuch einen neuen Stahlhelm und eine neue Erkennungsmarke ausgehändigt, die Marke OKW 6276. Welch ein Segen, daß ich mit dieser Erkennungsmarke nicht in Gefangenschaft geriet; es hätte Verhöre ohne Ende gegeben. Und erst am 10. Februar 1945, genau 2 Jahre und 2 Tage nach meinem Eintreffen im Bendlerblock, wurde ich laut Soldbucheintragung «freigestellt für Fronteinsatz» zur Truppe zurückgeschickt. Meist dauerten solche Kommandierungen zu einer Dienststelle des Oberkommandos nur 9 bis 12 Monate.
Rückblickend wundere ich mich selbst, daß ich – ein Mann ohne besondere soldatische Verdienste und Auszeichnungen, dem die oft recht strengen Umgangsformen im militärischen Führungszentrum wenig behagten – ein zweijähriges Gastspiel im Bendlerblock geben durfte. Allerdings hatte ich das Glück, in einer Abteilung zu landen, in der es nicht so stur militärisch zuging wie in den mit rein soldatischen Aufgaben betrauten Ressorts, nämlich im CC. CC – Canaris-Club – hieß im Jargon des Bendlerblocks das Amt Ausland/Abwehr nach seinem später so berühmt gewordenen Chef Admiral Canaris. In den CC wurde man nur aufgenommen, wenn man Spezialist auf einem der Abwehr nützlichen Gebiet war und – dies waren die ungeschriebenen Gesetze für die Aufnahme in den CC – Beziehungen hatte, leitenden Angehörigen des Amtes von Person und Vergangenheit her bekannt war. Es ist nach dem Kriege oft geschrieben worden, und in den Kriegsjahren war es im OKW-Milieu offenes Geheimnis: in das Amt Canaris kam kaum jemand hinein, der als dezidierter Nazi galt. Auch in meinem Fall wußten die Herren der Abwehr-Büros am Landwehrkanal genau Bescheid. Sie wußten, daß ich vor 1933 als Schüler in der als pazifistisch und internationalistisch geltenden «Liga für Menschenrechte» gewirkt hatte, daß ich in den Jahren vor dem Kriege als Journalist Mitarbeiter der amerikanischen Agentur United Press und nach Kriegsausbruch Redakteur in der Auslandsabteilung des Deutschen Nachrichten-Büros war, jener Redaktion, bei der die Nachrichten der Agenturen United Press, Associated Press, Reuter, Exchange Telegraph, Tass, Havas und anderer Nachrichtenbüros des feindlichen und neutralen Auslands gesammelt wurden, um sondiert, übersetzt, bearbeitet und über Hellfunk an die Auslandspresse weitergeleitet zu werden.

88–91 *Das durch alle Wirrnisse des Krieges und Nachkrieges bewahrte Soldbuch des Autors dieses Buches mit Foto aus dem Jahr 1944, Hakenkreuz und Reichsadler sowie den Stempeln der Amtsgruppe Ausland und der 1. Kommandierten-Kompagnie des Oberkommandos der Wehrmacht, zu der der Verfasser während seiner zwei Dienstjahre im Bendlerblock gehörte.*

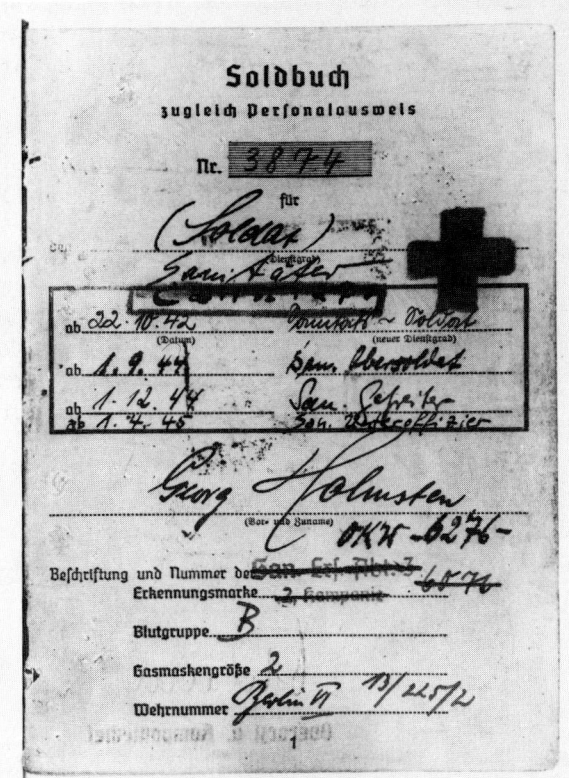 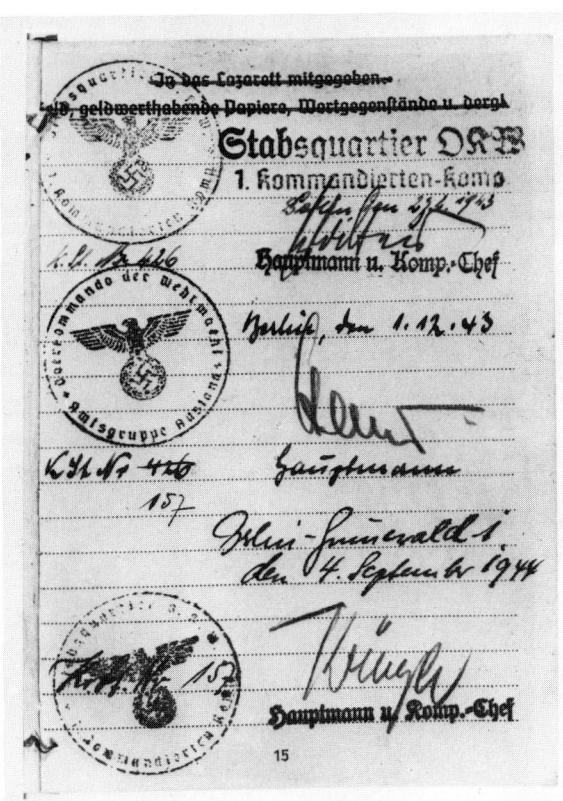

Das Amt Ausland/Abwehr hatte Verbindungsoffiziere im DNB, die mich kannten. Sie sorgten dafür, daß ich nach meiner Einberufung zur Wehrmacht im Sommer 1942 schon nach einem halben Jahr Truppendienst zum Amt Canaris geholt wurde. Einen Mann, der militärische und politische Nachrichten und Agenturmeldungen im Eiltempo übersetzte, bearbeitete und für den Dienstgebrauch der Führungsstellen der Wehrmacht präparierte, einen solchen Mann konnte man bei der Abwehr brauchen.

Meine ersten Erfahrungen bewiesen mir, daß man an meiner im NS-Sinne etwas zweifelhaften Vergangenheit kaum Anstoß nahm. Wenige Tage nach meiner Ankunft mußte ich mich, wie es dem militärischen Komment entsprach, bei meinem neuen Kommandeur melden, dem Chef der Amtsgruppe Ausland und Stellvertreter von Canaris, Vizeadmiral Bürkner. Das vor allem mit Auslandserkundung und Abwehr ausländischer Spionage und Infiltration beschäftigte Abwehramt stellte gern Marineangehörige ein, weil diese als besonders welt- und sprachenkundig galten. Dem Vizeadmiral Bürkner also – jenem Admiral übrigens, den man auf den bekannten Fotos von der Unterzeichnung der Kapitulationsurkunde im Mai 1945 hinter dem OKW-Chef Keitel stehen sieht – stellte ich mich so stramm wie möglich in simpler Landseruniform mit Namen und Dienstgrad vor. Ich erinnere mich, wie der Admiral auflachte und dabei in einem Papier las: «Sie haben ja eine tolle Personalakte, Freundchen: Liga für Menschenrechte ... Uk-Stellung beim DNB aufgehoben ... Einziehung zur Sanitätstruppe, da Zuweisung zu einer Propagandakompanie wegen nicht nachweisbarer positiver Einstellung zu Staat und Bewegung abgelehnt ...» Der Admiral erklärte mir kopfschüttelnd, meine Beförderung zum Sonderführer könne er unter diesen Umständen nicht verantworten. «Sie bleiben Soldat, tragen aber Zivil, da Sie ja als Offizier vom Dienst bei uns arbeiten sollen», sagte er nach einigem Nachdenken. Ein seltsamer Zwischenstatus, wie er in der Wehrmacht höchstens bei einer Sondereinheit wie der Abwehr möglich war. Ich entsinne mich, wie der Admiral mir bei der Verabschiedung väterlich auf die Schulter klopfte und sagte: «Bessern Sie sich und seien Sie hübsch vorsichtig, posaunen Sie nicht alles heraus, was Sie so denken! Sonst kann ich Sie nicht halten.»

Mein neuer Chef sagte mir nichts Neues. Vorsicht, Schweigenkönnen gehörte zu den Kardinaleigenschaften eines Journalisten im Dritten Reich. Lange genug hatte ich in den Nachrichtenredaktionen, in dem zwielichtigen Milieu der Presseklubs des Auswärtigen Amtes und Propagandaministeriums die lächelnde Lüge und ihre indirekte Form, das Schweigen, praktiziert. Jeder Journalist, der im Beruf bleiben wollte, mußte die Komödie mitspielen, und ich hatte es auch getan, wenn auch nur in begrenztem Maße. Wie oft hatten mir wohlmeinende Kollegen geraten, irgendeiner NS-Organisation beizutreten, die paar Propagandaartikel zu schreiben, die man im Deutschen Nachrichten-Büro von mir verlangte. Ich tat beides nicht, und jetzt hatte ich den Lohn: ich war nicht mehr Redakteur, sondern Soldat, wenn auch ein Soldat in Zivil mit vorwiegend journalistischen Aufgaben.

Im Februar 1943, dem Monat meines Eintritts in die Amtsgruppe Ausland, hatte ich besonderen Grund zur Vorsicht, zum Verschweigen eigener unmaßgeblicher Ansichten. Denn ich erlebte nunmehr im Bendlerblock die Wende des Krieges, jene wirren, erregten Tage, in denen sich die Katastrophe von Stalingrad vollendete, in denen sich die militärische Situation nach der größten Niederlage der deutschen Geschichte seit Jena und Auerstedt kritisch zuzuspitzen begann. In den großen, dunklen Bürozimmern des früheren Reichskriegsministeriums am Landwehrkanal, in dem die Amtsgruppe Ausland arbeitete, diskutierten die Offiziere, welche Konsequenzen die Kapitulation von Stalingrad haben könnte. Sie taten es zugleich besorgt und recht offenherzig. Ich stellte bald fest, daß in der Ag. Ausland II C, der Presse- und Informationsgruppe des Amtes Canaris, zu der ich nun gehörte, Diskussionen über solche Probleme viel kritischer und offener geführt wurden als in anderen Wehrmachtsteilen. Denn wir hörten, sozusagen von Amts wegen und zwangsweise, auch stets die Nachrichten, die Ansichten der Feindseite mit. Tag für Tag erhielten wir die Presse-, Agentur- und Funkmeldungen der Russen, Amerikaner und Briten über die Lage an den Fronten. Es war eine unserer Hauptaufgaben, diese sogenannten Feindmeldungen so schnell wie möglich an die Führungsstellen der Wehrmacht weiterzuleiten.

In den nächsten Monaten erfuhr ich so manches Verblüffende über die Offiziere und Referenten der Abwehr in Zivil, die im Hauptgebäude am

Landwehrkanal und einigen kleineren Häusern der Umgebung tätig waren. Generaloberst Jodl, Chef des Wehrmachtführungsstabes und neben Keitel der wichtigste militärische Berater Hitlers, hat das von Canaris geleitete Amt vor dem Nürnberger Tribunal ein «Verschwörernest» genannt. Als ich 1943 bei Ausland/Abwehr zu arbeiten begann, hatte ich keine Ahnung, daß damals schon eine ganze Reihe von Offizieren im Begriff waren, den Widerstand gegen das Hitler-Regime zu organisieren. Ja, manche Mitarbeiter des Amtes Canaris waren vom Standpunkt eines Hitleranhängers wie Jodl zweifellos «Verschwörer». Da wirkten Männer wie Oster, Hansen, Freytag-Loringhoven, Schrader, Kiep, Moltke, Strünck, Wirmer, Letterhaus und manche andere in die Geschichte des deutschen Widerstandes eingegangene Persönlichkeiten. Canaris und sein Stellvertreter Bürkner gewährten Männern Unterschlupf, bei denen sie mit Bestimmtheit damit rechnen mußten, daß sie nicht gerade Sympathien für Hitler und seine Leute haben konnten. Da gab es Zeitungsverleger, deren Blätter nach 1933 ihr Erscheinen einstellen mußten, Journalisten, die sich nicht mehr in der Presse und im Rundfunk betätigen durften, Politiker, die vor Hitlers Machtübernahme zu den Gegnern der Nationalsozialisten gezählt hatten.

Ein solcher Mann mit eindeutig antinazistischer Vergangenheit war Bernhard Letterhaus, mit dem ich anderthalb Jahre lang bei Ausland IIC zusammenarbeitete. Bereits in den ersten Tagen prägte sich mir die Erscheinung des etwa fünfzigjährigen Reserveoffiziers ein, dessen mächtiger Kopf mit der hohen, breiten Stirn in eigenartigem Widerspruch zu der kräftigen, gedrungenen Gestalt stand. Ein Mann aus dem Volke mit dem Kopf eines Intellektuellen. Später erzählte mir Letterhaus manchmal, wie er sich mühselig aus kleinen Verhältnissen, ohne höhere Schulbildung, über die Gewerkschaft in die Politik hineingearbeitet hatte. Vor 1933 war der gebürtige Wuppertaler einer der führenden Köpfe der KAB, der Katholischen Arbeiterbewegung, Abgeordneter der Zentrumspartei im Rheinischen Provinziallandtag und später im Preußischen Landtag. In Reden als Parlamentarier und Präsidiumsmitglied von Katholikentagen warnte er immer wieder vor den Nationalsozialisten. In einer dieser Reden sagte Letterhaus über Hitler die prophetischen Worte: «Wenn es diesem Demagogen einmal gelingen sollte, an der Spitze

92 *Admiral Wilhelm Canaris, der nach dem Kriege so bekannt gewordene Leiter des Amtes Ausland/ Abwehr im OKW, war 1943–1944 der dienstliche Vorgesetzte des Verfassers. Der Chef der deutschen militärischen Abwehr wurde drei Tage nach dem 20. Juli verhaftet und nach zahlreichen Verhören und Folterungen am 9. April 1945 im Konzentrationslager Flossenbürg durch Erhängen hingerichtet.*

Deutschlands zu stehen, dann ist der Anfang des Untergangs da und ein neuer Krieg. Wir müssen uns dem entgegenstemmen, wo immer es sein mag.»

Das Amt Canaris hatte soviel Zivilcourage, diesen nach 1933 von der Staatspolizei vielfach verhörten und streng überwachten Politiker als Reserveoffizier im Hauptmannsrang zu beschäftigen. Das Sortieren und Bearbeiten der Nachrichten machte dem an Organisationsarbeit und politisches Wirken in größerem Stil gewöhnten Mann nur wenig Freude. Zuweilen schob er mir einen Haufen Meldungen zu und meinte seufzend: «Was ist an diesen

Neuigkeiten nun wahr und wichtig? Wo beginnen die Unwahrheit und Propaganda? Die anderen schwindeln fast genausoviel wie wir, meinen Sie nicht auch? Sie sind von Berufs wegen Spezialist für solchen Kram, bitte, machen Sie das Zeug gebrauchsfertig für unsere genialen Strategen. Wenn ich mal Minister bin – in einem besseren Deutschland – werden Sie mein Pressereferent.»
Halb ernst, halb scherzhaft machte Letterhaus manchmal solche Bemerkungen, allerdings erst, nachdem er mich längere Zeit kannte und sozusagen politisch auf Herz und Nieren geprüft hatte. Wir diskutierten bald sehr offen miteinander, obwohl uns ein Altersunterschied von fast zwanzig Jahren trennte. Mein politischer Liberalismus und auch mein sehr freisinniger Protestantismus erregten zuweilen das Mißfallen von Bernhard Letterhaus, der ein zutiefst gläubiger, seiner Kirche verbundener Katholik war. Ich erinnere mich an ein Gespräch, in dem wir die Ohnmacht der christlichen Kirchen gegenüber dem Krieg und den weltlichen Gewalten beklagten, wobei ich die Frage stellte, aus welchem Grunde Gott, der nach dem Dogma zugleich weise, gütige und allmächtige Gott der Christenheit, einen Hitler und die Greuel des Krieges zulasse. Ich fragte geradezu, aus welchem Grunde einem so weisen Gott nicht andere Mittel einfielen, um die Menschen zu prüfen und zu läutern.

Letterhaus, der sonst so Ruhige und Bedächtige, sprang auf, und erregt sagte er etwa: «Mein Freund, das ist das Kardinalproblem unserer Zeit, das Zentralproblem eines jeden Christen, der denkt. Und denken heißt für manchen vor allem zweifeln, anscheinend auch für Sie. Sie dürfen aber nicht nur zweifeln. Sie müssen glauben! Glauben, daß Gott diesen satanischen Unmenschen Hitler und diesen Krieg uns allen zur Sühne für unsere Sünden auferlegt hat. Nur aus der bis zum Äußersten durchlittenen Sühne wird Läuterung, wird ein besseres Deutschland kommen.» – Und ein andermal sagte er in ähnlichem Sinne: «Ich glaube, wir müssen durch Krieg und Niederlage hindurch bis zur letzten Konsequenz. Erst dann können wir mit dem Aufbau eines neuen, besseren Deutschland beginnen. Aber wer von uns wird diesen Tag erleben?»
Wenn ich nicht irre, äußerte Letterhaus diese Ansicht, als er erfahren hatte, daß die Männer um Beck und Goerdeler ihn zum Minister für Wiederaufbau und Arbeit im Kabinett nach der Ablösung

93 *Bernhard Letterhaus, vor 1933 Zentrumspolitiker und Verbandssekretär der Katholischen Arbeiterbewegung, im Kriege Hauptmann im OKW und führende Persönlichkeit im Widerstand, war in derselben Dienststelle von Ausland/Abwehr tätig wie der Verfasser. Auch er erlitt im Schuppen von Berlin-Plötzensee den Tod durch Henkershand.*

Hitlers vorgesehen hatten. Gegen diese Ministerlisten, gegen schriftlich fixierte Regierungsprogramme und Denkschriften hatte der Praktiker der Politik, der selber schon einige bittere Erfahrungen mit den Organen der Staatspolizei hinter sich hatte, starke Bedenken. Als ein Bekannter mich mit Goerdeler zusammenbringen wollte, warnte mich Letterhaus, den ich fragte, ob dieser Politiker wohl der richtige Umgang für mich sei; er sei immerhin ein Deutschnationaler und habe auch unter Hitler noch hohe Ämter bekleidet. Letterhaus riet mir davon ab, mich mit Goerdeler zu treffen. Er sei trotz seiner Vergangenheit ein grundanständiger, mutiger Mann; aber er verkehre zuviel mit Generalen und Politikern, die vermutlich von der Gestapo überwacht würden. Goerdeler werde mich am Ende auf eine seiner Listen setzen, und wenn die dann von der Polizei gefunden würden, werde ich der Dumme sein. Letterhaus, der Realpolitiker und Realist, der trotz mancher Drangsalierung im Dritten Reich nicht im KZ gelandet war wie viele seiner politischen Gefährten aus den Jahren der Weimarer Republik, vertrat die Ansicht: «Diese detaillierten Personallisten sind Unsinn. Erst muß Hitler fort sein, dann kann man immer noch überlegen, wer welche Aufgaben übernehmen soll.»

Im übrigen nannte Letterhaus nur selten die Namen von Leuten, denen er sich in Opposition gegen Hitler verbunden fühlte. Zwar sprach er manchmal von seinen Begegnungen mit Jakob Kaiser, dem späteren Bundesminister, der als einer der wenigen die Hitlerjahre überlebte. Er erzählte auch von seinem Freund und Mitarbeiter in der Katholischen Arbeiterbewegung, dem Redakteur der «Ketteler-Wacht», Nikolaus Gross, von dem zum Justizminister im Widerstandskabinett vorgesehenen Rechtsanwalt Wirmer. Aber ich wußte nie genau, ob es sich um Mitverschworene oder um Freundschaften ohne politischen Hintergrund handelte. Schweigen und Verschweigen mancher Begegnung, manchen Gesprächs, um andere nicht unnötig zu gefährden, waren selbstverständliche Gebote dieses Kreises, des Widerstandes gegen Hitler überhaupt. Daß zum Beispiel der Diplomat Kiep und der später so berühmt gewordene Chef des sogenannten Kreisauer Kreises, Helmuth Graf von Moltke, Männer des Widerstandes waren, wurde mir erst lange nach ihrer Verhaftung klar. Nach ihrer Festnahme rechnete mancher Angehörige unseres Amtes mit Verhör und Verhaftung. Wer von uns hatte nicht schon einmal offenherzige unvorsichtige Gespräche geführt?

Wir fingen an, einander zu mißtrauen. Gab es am Ende in unserer Abteilung Agenten der Gestapo? Keiner wußte Genaues, und die Gespräche wurden vorsichtiger als bisher. Letterhaus erklärte mir eines Abends nach Dienstschluß voll bitterer Ironie: «Wer weiß, ob wir uns morgen wiedersehen? Wenn man mich verhaftet und auch Sie vielleicht nach mir befragt, dann rate ich Ihnen zu sagen: mit diesem langweiligen, unsympathischen Dickschädel aus Westfalen habe ich kein privates Wort geredet; nur Dienstgespräche gab es zwischen uns, nichts weiter.»

94 *Generaloberst Jodl, neben Generalfeldmarschall Keitel Hitlers engster militärischer Berater, erläutert Hitler, Außenminister v. Ribbentrop und Reichsführer SS Himmler anhand einer Karte die Frontlage.*

Nun, über Letterhaus wurde ich nicht von der Gestapo befragt, dafür jedoch über einen Kollegen der Amtsgruppe, den ich viel weniger kannte; den Grafen Helmuth von Moltke. Als eines Tages ein Beamter des Reichssicherheitshauptamtes in unsern Räumen auftauchte, um uns routinemäßig zu den Fällen Moltke und Kiep zu vernehmen, konnte ich ohne Bedenken aussagen, daß es zwischen mir und diesen beiden Herren nur «Dienstgespräche» gegeben habe. Der frühere deutsche Generalkonsul in New York, Otto Kiep, erschien sehr selten in den Räumen unserer Informationsgruppe, und mit dem Grafen Moltke hatte ich nur Unterhaltungen über Meldungen, die ihm bei seinen Rechtsgutachten von Nutzen sein konnten. Die Familie des Feldmarschalls der Bismarckzeit war gleich zweimal in unserer Amtsgruppe vertreten. Eine Gräfin Moltke war Sekretärin des Gruppenchefs Admiral Bürkner; eine freundliche, ältere Dame, die sich wegen ihrer Hilfsbereitschaft allgemeiner Beliebtheit erfreute.

Als die Nachricht von Moltkes Verhaftung durchsickerte, nahmen wir an, die Festnahme müsse mit den Gutachten zusammenhängen, in denen er sich als Völkerrechtssachverständiger recht kritisch mit der Behandlung der Kriegsgefangenen, der Fremdarbeiter und der Bewohner der von deutschen Truppen besetzten Ländern durch Polizei- und Besatzungsbehörden auseinandersetzte. Letterhaus erzählte mir, daß diese Rechtsexpertisen den Herren um den OKW-Chef Keitel schon lange auf die Nerven fielen, und daß die Rechtsabteilung der Amtsgruppe Ausland die Anweisung erhalten habe, ihre Nase nicht dauernd in Dinge zu stecken, die sie nichts angingen. Letterhaus deutete mir auch einmal an, daß Moltke sich mit einem Kreis von Leuten treffe, die sich Gedanken über eine Reform der deutschen Politik nach einer Ablösung Hitlers machten. Aber Genaueres über die Ursachen der Verhaftung von gleich drei Mitarbeitern des Amtes Canaris – Moltke, Kiep, Gehre – war damals nicht zu erfahren. Erst nach dem Kriege erfuhr ich, daß sie Opfer der Denunziation eines Gestapospitzels geworden waren, der sich in einen Kreis von oppositionell eingestellten Diplomaten und anderer höheren Beamten eingeschlichen hatte.

Kriegsalltag – Wie die Deutschen den Sommer 1944 erlebten

95 *Im letzten Kriegsjahr steht nur noch ein beschränkter Teil der Züge und Zugabteile Zivilisten zur Verfügung. Auf den Bahnhöfen hängen Extrafahrpläne über die Abfahrzeiten von Zügen für Fronturlauber und durchreisende Soldaten sowie Übersichten über Züge mit Wehrmachtteil.*

96 *Zum Wochenende und in der Freizeit müssen, wenn die Partei dies anordnet, auch Männer beim Verladen und Transport von Kohle helfen, deren Kleidung und Gesichtern man ansieht, daß sie diese Arbeit nicht gewohnt sind.*

97 Die älteren Frauen haben Strümpfe und andere Kleidungsstücke für die Soldaten zu stricken, eine für die Hausfrauen immer noch angenehmere Tätigkeit als die Arbeit in Rüstungsfabriken, zu der ab August 1944 viele von ihnen im Rahmen des «totalen Kriegseinsatzes» gezwungen werden.

98 Anstelle der zum Wehrdienst eingezogenen Männer gehen Frauen und Töchter der Bauern hinter dem Pflug. Die «Arbeitsmaiden» vom Reichsarbeitsdienst müssen den Landfrauen bei diesen und anderen Arbeiten helfen.

99 Nicht «kriegswichtige» Waren werden immer knapper und kaum noch hergestellt. Zur Behebung dieser Engpässe werden in Berlin und anderen Städten Tauschstellen eingerichtet, in denen man Teppiche, Möbel und andere Gebrauchsgegenstände von Experten schätzen lassen und zum Tausch anbieten kann.

100 Die «Strohwitwerspeisung», von der NS-Frauenschaft und anderen Organisationen eingerichtet, gibt Mahlzeiten an Männer aus, die sich infolge der Umquartierung ihrer Frauen nicht selbst verpflegen können.

◁ 101 Benzin wird 1944 immer rarer und wertvoller. Daher wurde im Rüstungsministerium ein Generatorfahrzeug entwickelt, das durch aus Holz und Kohle gewonnene feste Brennstoffe angetrieben wird. Jedoch hat das in der offiziellen Propaganda als «wichtige Errungenschaft der Verkehrstechnik» angepriesene Gefährt so viele Mängel, daß es in der Praxis nur in bescheidenem Umfang benutzt wird.

◁ 102 Verkehrspolizisten haben als höchst lästiges Gepäck eine Gasmaske am Schulterriemen zu tragen, da sie bei Luftangriffen als letzte auf der Straße bleiben müssen. Die von der NS-Propaganda ausgestreute Behauptung, man müsse eines Tages vielleicht auch mit Giftgasangriffen rechnen, hat sich zum Glück nicht bewahrheitet.

103 Zeitungsballen und andere sonst mit Autos beförderte Güter werden von Straßenbahnen «im Schlepp» mitgenommen, um Benzin zu sparen.

104 *Eine typische Anzeigenseite einer Zeitung im Sommer 1944. In der «Berliner Illustrierten Zeitung» liest man da: «Bei Fliegeralarm Schnellverband Ankerplast ... Agfa Photos eine Brücke zwischen Front und Heimat ...» In den meisten Inseraten, so etwa denen für Zahnpasta, Hautcreme, Wäsche, fehlt nicht der Hinweis, damit sparsam umzugehen. Selbst die Werbung für das Parfüm «4711» weist kriegsbedingt auf die «wechselvollen Zeiten» hin.*

105 *Den V-Waffeneinsatz gegen England kommentiert Mjölnir, der bekannteste Karikaturist der Nazis, im «Völkischen Beobachter» vom 22. August 1944 auf seine Art.*

106

107

108

106 *Die Zeitungen, die man 1944 noch an den Ständen kaufen konnte: den «Völkischen Beobachter», im Untertitel als «Kampfblatt der nationalsozialistischen Bewegung Großdeutschlands» bezeichnet; das SS-Organ «Das schwarze Korps»; das antisemitische Hetzblatt «Der Stürmer»; die in der Diktion gemäßigtere kulturpolitische Zeitschrift «Das Reich» und «Die Wohnungs-Zeitung», für Ausgebombte besonders interessant. Die meisten andern Blätter müssen in den letzten Kriegsmonaten ihr Erscheinen einstellen.*

107 *In den Zeitungen, an den Litfaßsäulen liest man häufig den Spruch «Feind hört mit» und auch diesen für die Kriegsatmosphäre bezeichnenden Hinweis, der zugleich die Bevölkerung einschüchtern und Soldaten, Beamten und Rüstungsarbeitern das Bewußtsein geben soll, sie seien höchst wichtige «Geheimnisträger».*

108 *Die kritische Stimmung der deutschen Öffentlichkeit nach dem 20. Juli 1944 versucht die NS-Propaganda durch effektvolle, bewußt unklare Meldungen über die neue Wunder- und Geheimwaffe V 1 zu heben. Jedoch schon sehr bald stellt es sich heraus, daß auch die V-Waffen keine Wende des Krieges zugunsten Deutschlands herbeiführen können.*

8. Ich lerne Stauffenberg kennen – ein riskanter Auftrag

Für mich persönlich waren die Verhaftungen Anfang 1944, über deren wirkliche Ursachen so wenig zu ermitteln war, ein Grund, noch vorsichtiger, noch diskreter zu sein als bisher. Denn ich hatte schon seit längerer Zeit andere Kontakte aufgenommen, über die ich zu niemandem sprach, auch zu Letterhaus nicht. Ich war einmal leicht betroffen, als er in meiner Gegenwart ganz nebenher den Namen Stauffenberg fallen ließ. Letterhaus erzählte, das Allgemeine Heeresamt, die für den Ersatz von Mannschaften und Material zuständige Heeresabteilung, habe jetzt endlich einen neuen vernünftigen Stabschef erhalten, den Grafen Stauffenberg; der sei gar kein sturer Berufsmilitär wie die anderen Offiziere um den wenig beliebten Generaloberst Fromm, den Befehlshaber des Ersatzheeres. Ich antwortete, soweit ich mich noch erinnere, gar nichts oder sagte höchstens etwas Belangloses. Letterhaus schnitt das Thema Stauffenberg niemals mehr an. So hatte ich den Eindruck, daß er wohl doch nichts von meinen Besuchen in der Bendlerstraße wußte.

Diese Straße, die heute den Namen des württembergischen Grafen und Kämpfers gegen das Hitlerregime trägt, liegt nicht weit von meiner jetzigen Wohnung. Wenn ich bei einem nachdenklichen Spaziergang unter den alten Kastanien am Landwehrkanal an meinem früheren Dienstzimmer im obersten Stockwerk des ehemaligen Reichskriegsministeriums vorübergehe, in dem heute sehr zivil und friedlich das Bundesaufsichtsamt für das Kreditwesen arbeitet, wenn ich dann in die Stauffenbergstraße einbiege – dann kann ich manchmal nur schwer begreifen, daß alles schon bald vier Jahrzehnte her sein soll. Inzwischen ist eine neue Generation herangewachsen, die Claus von Stauffenberg, Bernhard Letterhaus und die anderen Teilnehmer der Widerstandsaktion des 20. Juli 1944 nur noch aus Büchern und den Berichten der wenigen Überlebenden kennt.

Blicke ich bei dem Gang durch die Stauffenbergstraße dann zum zweiten Stock dieses Hauses hinauf, so muß ich an die Gespräche denken, die ich damals hinter den hohen Fenstern mit Stauffenberg und seinem Adjutanten Werner von Haeften führte. Diese Gespräche gehörten zum Teil zu jenen Unterhaltungen, die in den Büchern über den Widerstand als «konspirative», als verschwörerische Gespräche bezeichnet werden. Konspirativ – verschwörerisch, gewiß etwas hochtönende, mehrdeutige Begriffe, die in diesem Fall wohl berechtigt sein dürften. Denn die Gespräche drehten sich nicht zuletzt um die Frage, wie die Presse und Öffentlichkeit im Falle einer Beseitigung des Hitlerregimes am besten und schnellsten über die Maßnahmen der neuen Regierung informiert werden könnten. In der Studie «Technik und Moral einer Verschwörung» von Dieter Ehlers wird über die Aktion des 20. Juli treffend gesagt: «Die Verschwörung des 20. Juli wurde niemals als Geheimorganisation systematisch aufgebaut. Die Entstehung aus dem Gespräch heraus und das weitgehende Verharren im gesprächsweisen Widerstand waren kennzeichnend für diese Verschwörung. Sie kannte keine Versammlungen, keine Mitgliederlisten, keine Organisationsschemata. Die Zugehörigkeit jedes einzelnen zur Verschwörung erwies sich allein durch seine Teilnahme an konspirativen Gesprächen. Dies geschah vor allem aus Geheimhaltungsgründen. Jahrelang herrschte ein unübersichtliches Gehen und Kommen im Kreis der Verschwörung. Genau wußte niemand, wer zur Verschwörung zählte.»

Hier hat Dieter Ehlers das Problem bezeichnet, das den Gegnern der Hitlerdiktatur immer wieder Kopfzerbrechen bereitete. Heute weiß man, welche Personen und Zirkel im Untergrund gegen das Naziregime arbeiteten. Damals war den Beteiligten am Widerstand vieles unklar, unübersehbar. Man war Glied einer Personenkette, deren Anfang und Ende man nicht kannte. Nur mit wenigen Gliedern der Kette hatte man Kontakt, vor allem politischen Kontakt. Nur wenigen Freunden und Bekannten konnte man trauen. Der Gestapostaat der

Hitler und Himmler zwang seine Bürger zur Verstellung, Tarnung, Vorsicht.

Aber kehren wir von diesen mehr allgemeinen Betrachtungen zu den Fakten zurück. Sehr genau erinnere ich mich noch an jenen Wintertag des Jahres 1943, an dem ich von einem mir bis dahin unbekannten Oberstleutnant vom Allgemeinen Heeresamt, Graf Stauffenberg, angerufen wurde; mit dieser Dienststelle hatte unsere Informationsgruppe nur selten zu tun. Stauffenberg sprach am Telefon in liebenswürdigem, lässigem Ton, einem Ton, der in dem steifen, militärisch forschen Milieu des Bendlerblocks recht selten war. «Aha, Sie sind also der Nachrichtenexperte, den man mir so warm empfohlen hat», meinte er etwa. «Hätten Sie nicht mal Zeit, bei mir ein halbes Stündchen vorbeizukommen?» – «Jawohl, Herr Oberstleutnant», antwortete ich korrekt, wie es nun mal damals beim Militär Brauch war. Da hörte ich am anderen Ende der Telefonleitung ein helles Lachen, und Stauffenberg versicherte mir, ich brauchte kein langweiliges Dienstgespräch zu befürchten; ich solle ganz zwanglos nach Dienstschluß mal bei ihm im Büro, im zweiten Stock der Bendlerstraße, vorbeikommen. Ein Glas Wein, im Notfall auch zwei, stünden bereit. «Fragen Sie nach dem Stabschef des AHA, das ist nämlich meine Dienstbezeichnung; aber sonst bin ich ein Mensch wie jeder andere», fügte der Oberstleutnant hinzu.

Der unkonventionelle, humorige Ton des Anrufs überraschte mich. Aus welchem Grunde wollte nur der Stabschef des Allgemeinen Heeresamts mit mir ein zwangloses Gespräch, anscheinend über Nachrichtenfragen, führen? Lag es vielleicht an der Zuspitzung der Lage an den Fronten? Je kritischer die Situation wurde, um so begehrter wurden bei vielen Beamten und Offizieren im Bendlerblock die sogenannten «Feindmeldungen», die Nachrichten der Russen, Amerikaner und Briten, die von uns gesammelt und nach einem manchmal strenger, manchmal lässiger gehandhabten «Verteilerschlüssel» an Führungsstäbe der Wehrmacht «verteilt» wurden.

Im kritischen Kriegswinter 1943/44 meldeten sich bei Ausland II C militärische Dienststellen, die ebenso in unsere Verteilerliste aufgenommen werden wollten wie die von uns schon seit langem bedachten Büros von WFSt, WPr, FrHO, FrHW, SKL, LwFST, Chi, ChefHRÜ etc. Ich könnte noch eine Weile in der Aufzählung solcher Abkürzungen für die leitenden Instanzen der deutschen Armee wie etwa Wehrmachtführungsstab, Wehrmachtspropaganda, Fremde Heere Ost, Fremde Heere West, Seekriegsleitung, Luftwaffenführungsstab, Chiffrierabteilung, Chef der Heeresrüstung fortfahren. Diese meist an Stelle des ganzen Namens der Dienststelle gebrauchten Buchstabensignaturen habe ich heute – fast möchte ich sagen, leider – noch ebenso im Kopf wie die Dienstgrade der drei Wehrmachtsgattungen und der Waffen-SS vom Soldaten bis zum Generalfeldmarschall und Oberstgruppenführer. Ja, mit solchen seltsamen Kenntnissen mußte man sein Gedächtnis belasten, wenn man sich im Milieu des Bendlerblocks als Nachrichter halten wollte.

Die besser orientierten Offiziere im Bendlerblock wußten nur zu gut, daß die offiziellen Wehrmachtsberichte ihnen so manche bittere Wahrheit verschwiegen. War der Oberstleutnant von Stauffenberg, so fragte ich mich nach dem Anruf, vielleicht einer jener unvorsichtigen neugierigen Offiziere, die mich ein wenig über die neuesten Feindmeldungen ausfragen wollten? Ich nahm mir vor, zurückhaltend zu sein. Denn diese Nachrichten galten als «Geheimmaterial», dessen Weitergabe an Unbefugte einen leicht vors Kriegsgericht bringen konnte.

Die Offiziere aus der Umgebung des hünenhaften, martialisch wirkenden Chefs des Ersatzheeres und Allgemeinen Heeresamts, des Generalobersten Fromm, waren wegen ihrer steifen, altpreußischen Umgangsformen berüchtigt. Um so erstaunter war ich über den herzlichen, ungezwungenen Empfang, den mir an jenem Wintertag des Jahres 1943 Stauffenberg und sein Adjutant bereiteten. Nachdem ich den langgestreckten Vorraum, in dem Offiziere, Soldaten und Sekretärinnen in turbulentem Durcheinander arbeiteten und plauderten, passiert hatte, landete ich in dem Dienstzimmer des Stabschefs des AHA. Stauffenberg und Haeften boten mir Wein an und machten auf mich eher den Eindruck von Männern mit künstlerischen Ambitionen als den von Generalstabsoffizieren. Werner v. Haeften, der salopp auf der Kante von Stauffenbergs großem Schreibtisch saß, wirkte mit seinem frischen Lachen wie ein Zwanziger, obwohl er schon Mitte Dreißig war. Stauffenbergs bleiches, von den Spuren der gerade überstandenen schweren Verwundung gezeichnetes Gesicht faszinierte mich. Unter dem nach Auffassung konservativer Militärs bestimmt zu üppigen Haar sah ich feine, zugleich energische und empfindsame Züge, die vibrierten und hart wurden, wenn Stauffenberg sich erregte. Dann zitterte die schwarze Kappe über dem ausgeschossenen Auge, und die drei Finger der einzigen Hand, die ihm geblieben war, krampften sich zusammen. In der spontanen Art, die ich später noch öfter bei Stauffenberg bemerkte, wechselte er plötzlich das Thema und beendete das Geplauder. «Schluß damit! Gehen wir in medias res», das war eine Redensart, die ich noch manches mal von ihm hörte. Er habe mich nicht hergebeten, um sich mit mir über die Vorzüge des Rheinweins und des Frankenweins zu unterhalten.

«Konnte ich mir denken, Herr Oberstleutnant», erwiderte ich. – Ja, aber ich könne mir bestimmt nicht denken, was er von mir wolle, fuhr Stauffenberg fort. Ich sei ihm von guten Bekannten empfohlen worden. «Von wem, wenn ich fragen darf?»
– «Fragen dürfen Sie», antwortete Stauffenberg in der pointierten Art, die er bevorzugte, «jedoch ich darf Ihnen die Frage nicht beantworten aus Gründen, die sie verstehen werden, wenn Sie hören, was wir mit Ihnen vorhaben. Lassen wir also den Namen des Freundes, der uns auf Sie aufmerksam machte, beiseite. Sie werden verzeihen, wenn ich mich ein wenig über Sie informiert habe. Das Deutsche Nachrichten-Büro ließ Sie zur Wehrmacht einziehen, weil Sie sich weigerten, bestimmte Artikel zu schreiben. Wie konnten Sie nur?» – Stauffenberg lachte auf. – «In die Propagandakompanien wollte man solch einen Menschen auch nicht aufnehmen. Welch ein Segen für Sie! Dafür sind Sie nach kurzem Truppendienst durch Vermittlung guter Freunde in der Abteilung der Wehrmacht gelandet, die uns sehr interessante Nachrichten über die total verfahrene militärische und politische Situation liefern könnte. Pardon, Sie sind vielleicht ein wenig schockiert über diese offene Sprache?»

Das war ungefähr Stauffenbergs Redeweise an jenem Nachmittag, und ich war wirklich ein wenig schockiert, antwortete ausweichend, daß ich mir selbstverständlich auch meine eigenen Gedanken über die Situation machte. – Da lachte Stauffenberg noch einmal laut auf, diesmal fast höhnisch und fuhr fort: «Sehr löblich – Sie machen sich also eigene Gedanken, und vielleicht haben Sie sogar ein paar Freunde, denen Sie diese Gedanken mitteilen. Aber was nützt das? Welchen Sinn hat dieser Gedankenaustausch im kleinen und kleinsten Kreis? Das sind doch alles nur Stammtische, Kaffeekränzchen mit politischem Akzent, in denen munter dahergemeckert und nichts getan wird. Wo aber sind die Leute, die etwas tun und wagen? Würden Sie zum Beispiel etwas für eine gute Sache wagen?»

Ich kann mich natürlich nicht mehr genau an alles erinnern, was Stauffenberg mir in seiner direkten, impulsiven Art an jenem Wintertag sagte. Jedoch ich weiß, daß er mir ohne Umschweife erklärte, angesichts der auf weite Sicht für Deutschland ziemlich hoffnungslosen militärischen Lage müsse man vielleicht sehr bald mit einem Wechsel in der politischen und militärischen Führung rechnen. Anstelle Hitlers und seiner wenig begabten Berater werde das Militär, wenigstens für eine Übergangszeit, die Führung und Rettung unseres Volkes aus dem Elend des Krieges versuchen müssen. Ja, Stauffenberg nahm kein Blatt vor den Mund und fragte mich schließlich geradezu, ob ich bereit sei, beim Übergang der Macht an eine provisorische Militärregierung das Deutsche Nachrichtenbüro, die wichtigste Informationszentrale des Landes, zu übernehmen. Ich sei mit vielen Leuten im DNB bekannt und weit und breit im Bendlerblock der einzige, der den redaktionellen Betrieb eines Nachrichtenbüros aus der Praxis kenne.

Ich muß gestehen, daß dieses unerwartete Angebot eines mir bis dahin völlig unbekannten Offiziers mich in einige Verlegenheit brachte. Ich wies Stauffenberg darauf hin, daß er meine Sachkenntnis überschätze. Das DNB sei ein Riesenbetrieb mit Hunderten von Redakteuren, auswärtigen Korrespondenten in vielen Ländern, technischen Spezialisten. Ich sei schließlich nur ein in der Sparte Auslandsnachrichtendienst beschlagener Journalist von gerade erst dreißig Jahren. Ich besäße einfach nicht die Erfahrung, um solch ein kompliziertes Unternehmen wie das DNB zu leiten.

«Nun, im Felde muß auch ein junger Hauptmann oder Oberleutnant vorübergehend ein Regiment führen, wenn der Kommandeur ausfällt», erwiderte Stauffenberg diesmal im resoluten Ton des Offiziers. «Ihr Auftrag beim DNB soll kein Dauerposten sein. Sie werden nur dafür zu sorgen haben, daß die Verlautbarungen der neuen Regierung im Eventualfall schnell und reibungslos über das DNB an die deutsche und ausländische Presse und an die Rundfunksender weitergeleitet werden.»

So reibungslos werde das bestimmt nicht gehen, gab ich zu bedenken. Das DNB unterstehe immerhin dem Propagandaministerium. In den mittleren Positionen säßen zwar noch parteilose Redakteure und Techniker aus den Nachrichtenbetrieben der Weimarer Republik. Aber die Spitzenpositionen habe Goebbels mit zuverlässigen Parteigenossen besetzt. «Sind die wirklich so zuverlässig?» wandte Stauffenberg ein. «Es gibt Leute, die das Hakenkreuz auf dem Rockaufschlag tragen und sich dabei – ganz wie wir – ihre eigenen Gedanken machen?»

Ich konnte nur antworten, daß mir leider nicht bekannt sei, was die leitenden Männer im DNB vielleicht ganz privat dächten und nur ihren engsten Freunden anvertrauten. Offiziell gälten jedenfalls der Generaldirektor Albrecht, der Personalchef Bollmann, der besonders schneidig auftretende technische Betriebsleiter Gernhuber als hundertprozentige Nazis. Auch unter meinen Kollegen, den Redakteuren, gebe es manche, die bestimmt nicht mitmachen, ja sogar Widerstand leisten würden, wenn eine Aktion gegen Hitler und seine Berater gestartet werden sollte.

«Da geben wir Ihnen eben ein paar bewaffnete Männer mit, die solche Leute zur Raison bringen und erforderlichenfalls in ein paar Zimmer einsperren, wo sie uns nicht stören können», meinte Stauffenberg. «Im Funkhaus in der Masurenallee haben wir ähnliches vor. Hauptsache, Sie finden ein paar Journalisten und Techniker, die mitmachen und die Bekanntmachungen der neuen Regierung in Sekundenschnelle über den Hellschreiber in alle Welt hinausjagen.»

«Ich wüßte schon einige Männer, aber ...»

«Bitte kommen Sie nicht schon bei userm ersten Gespräch mit hundert Abers», unterbrach mich Stauffenberg unwillig und ließ mich nicht ausreden. «Überlegen Sie sich mein Angebot in Ruhe! Es kommt von Männern, die noch retten wollen, was in dieser Situation überhaupt noch für Deutschland zu retten ist.»

Mit dieser etwas pathetischen Mahnung, die zu der recht nüchternen und sachlichen Unterhaltung zuvor im Gegensatz stand, beendete Stauffenberg unser erstes Gespräch; ein Gespräch, das mich in Zweifel und Unruhe versetzte. Wer hatte Stauffenberg über meine politische Einstellung unterrichtet? Und wer waren die Männer, die noch in letzter Stunde Deutschland retten wollten? Es erschien mir sehr unwahrscheinlich, daß dieser schwerverletzte Offizier, der auf mich während der ersten Unterhaltung einen gesundheitlich recht labilen, nervösen Eindruck gemacht hatte, der führende Kopf und Chef einer ernstzunehmenden Aktion gegen das trotz aller militärischen Rückschläge noch recht stabile, wohlorganisierte Regime der Hitler, Göring und Himmler sein konnte. Zudem war Stauffenberg im Jahr 1943 nur Oberstleutnant, keine sehr hohe Rangstufe im OKW-Milieu; erst zwanzig Tage vor seinem Tod wurde er zum Obersten befördert. Er schien also nur Vertreter, Verbindungsmann von höhergestellten Persönlichkeiten zu sein.

Welche Marschälle, Generale, Politiker waren die führenden Köpfe des Unternehmens? Das mußte ich erfahren. Ich wollte schließlich wissen, für wen ich ein Risiko einging. So bat ich Stauffenberg bei unserer zweiten Unterredung, mir Namen zu nennen. Er sah mich befremdet an: «Ich kann und darf Ihnen keine Namen nennen, das müssen Sie verstehen. Schon in Ihrem eigenen Interesse will ich Sie nicht mit unnötigem Wissen belasten. Wenn Sie nicht für eine gute Sache den Sprung ins Ungewisse wagen wollen, bitte, ich kann Sie nicht zwingen. Wir haben uns dann nie gesehen und gesprochen. Schade ...»

Ohne jede Schärfe, mehr leise und traurig, sprach Stauffenberg zu mir. Dann stand er auf, ging ans Fenster und wandte mir den Rücken zu. Er wollte mir wohl Gelegenheit geben, in Ruhe nachzudenken. Ich entsinne mich heute noch an diesen Moment des Zögerns, der Verlegenheit; es war eine Szene wie – ich kann es leider nicht anders sagen – wie in einem nicht ganz guten Film. Nach einer Weile wandte Stauffenberg sich um und fragte kurz: «Nun?» Ich antwortete nur: «Also gut, ich werde es versuchen.»

Und dann begann die Zeit des Suchens, der tastenden mehr oder weniger offenen Gespräche mit Leuten aus dem DNB-Bereich, von denen ich annahm, daß sie bereit sein könnten, bei der vielleicht nicht ganz ungefährlichen Aktion am Tage X mitzuwirken, dem Tage des Übergangs der Machtbefugnisse des «Führers und Obersten Befehlshabers der Wehrmacht» an andere. Ich drückte mich bewußt unklar und kompliziert aus, wenn ich von diesem Eventualfall sprach. Ich hatte ja selber keine genaue Vorstellung, auf welche Weise Hitler abgelöst werden sollte. Mit Gewalt und Blutvergießen oder auf unblutige Art, durch Verhaftung und Amtsenthebung ohne Widerstand? Stauffenberg erzählte nicht, welche Aktionen am Tage X beabsichtigt waren, sprach – soweit ich mich erinnere – nie von der Möglichkeit eines Attentats zu mir; ich hätte ihm bei solch einem Unternehmen doch nicht behilflich sein können. Mit Sprengstoffen, Bomben hatte ich in meinem Informationsreferat nichts zu tun.

Ich beschränkte mich auf die mir zugeteilte Rolle, Personen aus dem DNB für den Tag X anzuwerben und ein wenig in den Technikräumen des Nachrichtenbüros herumzuschnüffeln, um im Ernstfall etwas genauer auf dem Gebiet des Hellfunks, der Übermittlungstechnik, orientiert zu sein.

Wie ich es vorausgesehen hatte, war es schwierig, Teilnehmer für ein Unternehmen zu finden, über das ich wenig Zuverlässiges, Genaues mitteilen konnte. Selbst DNB-Angehörige, deren ablehnende Haltung gegenüber dem NS-Regime mir gut bekannt war, zögerten, hatten die verschiedensten Ausreden, warnten mich wohlmeinend vor so waghalsigen Experimenten. Immerhin, einige waren dann doch bereit mitzumachen. Bald hatte ich ein kleines Team von Journalisten und Technikern beisammen. Ich will nur die Namen von zwei Redaktionskollegen nennen: Dieter von der Schulenburg und Dr. Siegfried Horn.

Schulenburg, der demselben vielfach verzweigten Adelsgeschlecht entstammte, wie der zum engeren Kreis der Widerständler um Stauffenberg gehörende Regierungspräsident Graf Fritz-Dietlof von der Schulenburg, war trotz seiner 60 Jahre sofort bereit, an einer Aktion gegen Hitler mitzuwirken. «Und wenn auch mein alter Kopf dabei draufgeht, der ist ja nicht viel wert», sagte er ironisch. Als Angehöriger einer preußischen Generalsfamilie mit vielen verwandtschaftlichen und freundschaftlichen Beziehungen zu Offizierskreisen warnte er mich jedoch vor seinen Standesgenossen. Er konnte sich nicht denken, daß allzu viele von ihnen den dem «Führer» geleisteten Treueid verletzen und an einer Erhebung gegen Hitler aktiv teilnehmen würden; als nach dem 20. Juli die Namenslisten der Verschworenen bekannt wurden, war Schulenburg überrascht, wie viele Angehörige preußischer Offiziersfamilien darunter waren.

Siegfried Horn war im Milieu der Nachrichtenagenturen und des Auswärtigen Amtes eine bekannte Erscheinung. Als sogenannter Diplomatischer Korrespondent des DNB hatte er Zugang zu manchen vertraulichen Informationen des Auswärtigen Amtes und anderer Ministerien, die er mir gern zur Weiterleitung an die Offiziere im Bendlerblock mitteilte.

Ich besprach mit Stauffenberg und Haeften hinter den hohen Fenstern ihres Büros in der zweiten Etage nämlich nicht nur, mit welchen Personen und technischen Mitteln die zentrale deutsche Agentur in den ersten Tagen nach der Ablösung des Hitlerregimes weiterarbeiten sollte. Ich sorgte auch dafür, daß sie die neuesten und vertraulichsten Meldungen aus dem Aus- und Inland erhielten, die bei der Amtsgruppe Ausland und beim DNB eingingen. Eine besonders ergiebige Nachrichtenquelle war das sogenannte DNB-Weiß-Material. DNB-Weiß – das waren die auf weißem Papier reproduzierten, besonders begehrten Informationen, die im Gegensatz zu den auf grünem, rosa und hellblauem Papier wiedergegebenen, für einen größeren Empfängerkreis bestimmten Texten nur einer sehr kleinen, auserwählten Interessentenzahl zugeleitet wurden. Es handelte sich dabei meist um Meldungen und Stimmungsberichte aus dem feindlichen und neutralen Ausland.

In einem nach dem Krieg bekannt gewordenen Bericht an Hitler und Bormann stellte der Chef der Geheimen Staatspolizei, Kaltenbrunner, entrüstet zum Thema Nachrichtenmaterialien fest: «Die Verschwörerclique, vor allem Stauffenberg selbst, war bemüht, sich möglichst umfassende Informationsquellen über die Vorgänge im Ausland und über die Einstellung beim Feind zu verschaffen. Eine erste Unterlage waren die Materialien, die dienstlich zur Unterrichtung zugänglich gemacht werden (Zusammenstellungen von neutralen und feindlichen Presse- und Rundfunkmeldungen und ähnliches). Aus den Vernehmungen ergibt sich, daß dieses Material in einem recht großen Umfang den Gesprächsstoff innerhalb der Dienststellen und Stäbe abgegeben hat, und daß ein Teil der Empfänger diesem gegnerischen Material mit der Zuspitzung der militärischen Lage mehr und mehr erlegen ist ...» Ja, vom Standpunkt des Chefs von Himmlers Gestapo war dies sicher ein Übel! Nicht zuletzt durch die Informationen und Berichte der Informationsabteilung des Amtes Ausland/Abwehr, die tagtäglich in Rundschreiben und Einzelmeldungen an die Führungsstellen der Wehrmacht hinausgingen, kamen viele Offiziere nach und nach zu der Überzeugung, daß Hitlers Krieg nicht mehr zu gewinnen war.

Zu diesen Offizieren gehörten nicht nur Stauffenberg, Letterhaus und ihre Gesinnungsfreunde, sondern auch ein anderer Mann, dessen Bekanntschaft ich im Kriegswinter 1943/44 machte: der Generalleutnant Karl Freiherr von Thüngen. Ich lernte ihn auf eigenartige Weise kennen. Bei den großen Luftangriffen auf Berlin im November 1943, bei denen fast das gesamte Hansaviertel in Flammen aufging, verlor auch ich meine Wohnung in der Lessingstraße. Wie viele Berliner war ich plötzlich wohnungslos; nur ein Koffer Bücher und ein Koffer Kleidung, die im Keller gelegen hatten, waren mir geblieben. Als ich im Vorzimmer Stauffenbergs von meinem damals ziemlich alltäglichen Mißgeschick erzählte, sagte mir irgendein Offizier – war es der Oberleutnant v. Haeften oder ein anderer? Genau weiß ich's nicht mehr – ich könne ein Haus am Karolinger Platz in Charlottenburg bewohnen. Der General v. Thüngen, der im Nebenhaus wohne, lege Wert auf einen vernünftigen Nachbarn. Mit dem Besitzer, der meist von Berlin abwesend war, wurde ich schnell einig. Meine einzige Pflicht war es, mich bei Luftangriffen um das Haus zu kümmern. Nach einem dieser nächtlichen Angriffe lernte ich dann den General persönlich kennen. «Sehr nett, daß Sie sich nebenan eingenistet haben», meinte er nach der Begrüßung. «Wir leben in einer Zeit, in der man sich seine Nachbarn aussuchen muß.» – «Sie meinen, wegen eventueller Hilfeleistung nach Luftangriffen, Herr General?» – «Auch deswegen, aber es gibt auch andere Gefahren», erwiderte Thüngen vieldeutig, und ich hütete mich, ihn um Erläuterungen zu bitten. Befürchtete der General, der eine führende Stellung im Berliner Wehrkreiskommando hatte, etwa eine Überwachung durch Agenten der Gestapo, die ihre Beauftragten gern in Häusern neben Leuten einquartierte, die sie beobachten sollten?

Ich sah, daß manchmal in den Abendstunden bei Thüngen Militärs und Zivilisten ein- und ausgingen, daß es anscheinend sehr ausgedehnte Zusammenkünfte in dem schwer übersehbaren Backsteinbau nebenan gab. Aber was ging das mich an? Wenn ich Thüngen zufällig traf, blieb es bei flüchtiger Begrüßung; bei konventionellen Wetter- und Wie-geht's-Gesprächen. Auf diese originelle Frage hatte der General meist nur die Antwort: «Beschissen, der Zeit entsprechend.» – «Wir leben doch in einer herrlichen, einer großen Zeit, Herr General», replizierte ich einmal. Darauf lachte Thüngen nur dröhnend. Ich war eigentlich ein wenig enttäuscht, daß mein Nachbar jedem ausführlicheren Gespräch mit mir aus dem Wege ging. Wußte er denn nicht, daß ich die Empfehlung, in sein Nachbarhaus einzuziehen, einem Offizier des Büros Stauffenbergs verdankte? Ich hatte inzwischen erfahren, daß die Familien Stauffenberg und Thüngen seit langem gut bekannt und befreundet waren. Nach dem 20. Juli erfuhr ich dann, daß der General sich auf die Bitte Stauffenbergs hin bereiterklärt hatte, nach dem Staatsstreich den stur nationalsozialistisch eingestellten Chef des Berliner Wehrkreises, den General von Kortzfleisch, abzulösen. Karl von Thüngen mußte diese Bereitschaft mit Tod und Hinrichtung büßen.

Ja, so wohnten und lebten die Gegner Hitlers oft nebeneinander her, ohne Näheres über Person und Aktivitäten des anderen zu wissen. Nachträglich konnte ich den General durchaus verstehen. Mußte er nicht befürchten, daß der Nachrichtenjournalist im Nachbarhaus, selbst wenn er auf Empfehlung von befreundeten Offizieren dort eingezogen war, am Ende ein Schwätzer war? Nach Ansicht mancher Offiziere gehörten Journalisten nicht gerade zu den schweigsamsten, diskretesten Leuten.

109

110

111

112

«Totaler Kriegseinsatz» wird noch totaler – Deutsche und Ausländer arbeiten für die Rüstung

◁ 109/110 *Mit Vorliebe präsentieren die Zeitschriften, wie in diesem Fall das beliebte Blatt «Die Koralle», Arbeiter und Arbeiterinnen, die wohlgenährt aussehen und sich in Deutschland wohlzufühlen scheinen, so etwa einen witzig dreinschauenden Holländer, der nach seiner Aussage freiwillig bei der Montage von Panzern mitwirkt, oder eine freundlich lächelnde Frau aus Südrußland, die behauptet, gern in einer Maschinenfabrik zu arbeiten.*

111 *Diese Rumänin wird als besonders eifrige Mitarbeiterin einer Schraubenfabrik bezeichnet.*

112 *Es ist schwer zu sagen, was diese Arbeiterin aus Rußland denken mag, die in der Stuttgarter Textilfabrik Bleyle ausgerechnet mit dem Zuschneiden von Reichsadlern mit Hakenkreuz beschäftigt wird, die später Uniformen von Parteileuten und Soldaten zieren werden. Im übrigen trägt die Russin als sichtbares Zeichen ihrer Nationalität, wie die meisten ihrer in deutschen Betrieben beschäftigten Landsleute, das Signum «OST» auf der Kleidung.*

113 *Im Laufe des Krieges arbeiteten mehr als 7 Millionen Ausländer aus den mit Deutschland verbündeten und aus den von deutschen Truppen besetzten Ländern in der deutschen Industrie und Landwirtschaft, die meisten in Rüstungsbetrieben. Aus einer später bekannt gewordenen Erklärung, die der «Generalbevollmächtigte für den Arbeitseinsatz», Fritz Sauckel, im Jahr 1944 abgab, geht hervor, daß «nicht einmal 200 000 freiwillig» nach Deutschland kamen; Sauckel wurde als Hauptverantwortlicher für die Deportation ausländischer Arbeitskräfte in Nürnberg 1946 zum Tode verurteilt. Die Ausländer mußten vielfach in primitiven Baracken wohnen, wurden streng behandelt und von der deutschen Bevölkerung soweit wie möglich isoliert. In der offiziellen Propaganda wurde mehr die positive Seite, die «Schokoladenseite» der meist recht miserablen Existenz der Ausländer im «Reich» gezeigt, so etwa dieses Foto einer eleganten Niederländerin vor einem Berliner Zeitungsstand mit einem besonders reichhaltigen Angebot von fremdsprachlichen Blättern.*

114 *Ein Propagandafoto: Gesellige «Folklore», Beisammensein mit Liedern und Tänzen in heimischer Volkstracht, war den russischen Arbeiterinnen, die meist in den Baracken der Ostarbeiterlager untergebracht waren, zumindest am Sonntag erlaubt. Bei solcher Gelegenheit brauchten sie auch nicht die auf der Kleidung aufgenähte Inschrift «OST» zu tragen, die nur bei einer in Alltagskleidung erschienenen Tänzerin zu sehen ist.*

115 *«Ein Vorhang schließt sich... Ein Tor geht auf» heißt es auf der Titelseite der «Berliner Illustrierten Zeitung», die die Schließung des international bekannten Berliner Varietétheaters «Scala» meldet. Das Tor, das aufgeht, ist der Eingang zu einem Rüstungsbetrieb, in dem die Tänzerinnen des Balletts der «Scala» künftig im Rahmen des «totalen Kriegseinsatzes» arbeiten müssen. «Die heiteren Musen treten hinter dem Ernst der Zeit zurück», bemerkt die BIZ dazu.*

An unsere Leser!

Im Rahmen der Mobilisierung aller Kräfte für den totalen Kriegseinsatz haben auch die aktuellen illustrierten Zeitschriften künftig Einschränkungen durchzuführen. Diese dienen sowohl der Freistellung von Arbeitskräften für Wehrmacht und Rüstung als auch der weiteren Entlastung von Bahn und Post.

Die in München, Köln, Wien, Hamburg und Stuttgart erscheinenden Zeitschriften

„Münchner Illustrierte Presse",
„Kölnische Illustrierte Zeitung",
„Wiener Illustrierte",
„Hamburger Illustrierte",
„Stuttgarter Illustrierte"

werden ab September für die Kriegsdauer den gesamten Inhalt der „Berliner Illustrierten Zeitung" — Bilder, Roman und sonstige Beiträge einschließlich Anzeigen — übernehmen.

Die genannten Blätter, auch die „Berliner Illustrierte Zeitung", beschränken gleichzeitig ihre Verbreitung auf bestimmte, zu den Verlagsorten günstig gelegene Postleitgebiete.

116 Die deutschen illustrierten Zeitschriften teilen im August 1944 ihren Lesern mit, daß sie im «Rahmen der Mobilisierung aller Kräfte für den totalen Kriegseinsatz künftig Einschränkungen durchzuführen» haben und ab September für die Kriegsdauer den gesamten Inhalt der «Berliner Illustrierten Zeitung» übernehmen werden. Damit gibt es praktisch nur noch ein einziges bebildertes Blatt mit verschiedenen Titeln in Deutschland.

117 «Sind sie alle im August 1944 im Einsatz für den großen Kampf der Nation?» Diese Frage wird in dem Bildbericht der «Berliner Illustrierten Zeitung» im Monat des forciert gesteigerten totalen Kriegseinsatzes gestellt. Die Insassen eines Zugabteils werden porträtiert, nach ihrer beruflichen Tätigkeit befragt und in jedem Fall festgestellt, daß ihre Arbeit mehr oder minder «kriegswichtig» ist.

Neue Maßnahmen für den totalen Kriegseinsatz

Starke zusätzliche Kräfte für Front und Rüstung

Schließung aller Theater — 60-Stunden-Arbeitszeit in Büros und Verwaltungen — Allgemeine Urlaubssperre — Einschränkungen im Unterrichtswesen

Berlin, 24. August.

Der Reichsbevollmächtigte für den totalen Kriegseinsatz, Reichsminister Dr. Goebbels, teilt mit:

1. Das gesamte deutsche Kulturleben ist auch im fünften Kriegsjahr in einem Umfang aufrechterhalten worden, den andere kriegführende Länder nicht einmal in friedlichen Zeiten erreichten. Während England und die USA. ihre bedeutendsten Opern, Orchester und andere Kulturinstitute schon bald nach Kriegsbeginn stillegten, wurde das kulturelle Leben in Deutschland bisher in normalen, teil sogar in verstärktem Umfange weitergeführt. Der totale Kriegseinsatz des deutschen Volkes macht jetzt auch auf diesem Gebiet tiefgreifende Einschränkungen notwendig.

In Zukunft werden im wesentlichen nur noch Film und Rundfunk den Soldaten an der Front und der schaffenden Heimat Entspannung geben und kulturelle Werte vermitteln. Sie erfassen unter geringstem Aufwand an Menschen und Material die weitest möglichen Kreise unseres Volkes.

Im einzelnen wird angeordnet:

Sämtliche Theater, Varietés, Kabaretts und Schauspielschulen sind bis zum 1. September 1944 zu schließen.

Die entsprechenden Fachschaften und Fachgruppen sowie der private Schauspiel-, Gesang- und Tanzunterricht werden eingestellt.

Alle Zirkusunternehmungen werden bis auf wenige, die zur Erhaltung des wertvollen Tierbestandes notwendig sind, stillgelegt.

Die frei werdenden Kräfte werden, soweit sie kriegsverwendungsfähig sind, der kämpfenden Truppe zugeführt. Alle anderen finden in Rüstung und Kriegsproduktion Verwendung.

Alle Orchester, Musikschulen und Konservatorien stellen bis auf einige führende Klangkörper, die auch der Rundfunk zur Durchführung seiner Programme dringend benötigt, ihre künstlerische Tätigkeit ein. Ihre Mitglieder werden in gleicher Weise wie die stillgelegten Bühnenensembles der Wehrmacht zugeführt bzw. in der Rüstung eingesetzt.

Auf dem Gebiet der bildenden Kunst werden Kunstausstellungen, Wettbewerbe, Akademien, Kunsthochschulen sowie die privaten Kunst- und Malschulen zu demselben Zweck stillgelegt.

Das gesamte schöngeistige, Unterhaltungs- und verwandte Schrifttum wird stillgelegt. Erhalten bleiben nur noch das stillgelegte naturwissenschaftliche und technische Schrifttum, Rüstungs- und Schulbücher sowie gewisse politische Standardwerke. Zahlreiche Verlage können somit stillgelegt und viele wertvolle Fachkräfte für die Rüstung freigesetzt werden.

Die Tagespresse wird weiter eingeschränkt. Weitgehende Zusammenlegungen müssen erfolgen. Mit Ausnahme weniger wichtiger Blätter wird der Umfang der Tageszeitungen auf vier Seiten, die Erscheinungsweise auf sechsmal wöchentlich beschränkt.

Die wöchentlich erscheinenden illustrierten Zeitschriften, mit Ausnahme des sorgung der Truppe mit Filmen gesichert bleiben.

3. Der Reichsminister für Wissenschaft, Erziehung und Volksbildung hat ein umfassendes Programm zur Einschränkung bzw. teil- und zeitweisen Stillegung zahlreicher Einrichtungen im gesamten Gebiet des Erziehungswesens aufgestellt. Eine ganze Reihe von Berufsfachschulen, die nicht unmittelbar kriegswichtigen Zwecken dienen, wie zB. die Haushaltungs- und Handelsschulen, werden bis auf weiteres geschlossen. Viele Zehntausende von Jungen und Mädchen, deren gleichaltrige Kameraden und Kameradinnen längst im Kriegseinsatz stehen, und mehrere tausend Lehrkräfte werden dadurch frei. Auch an den Hochschulen werden weitgehende Einschränkungen unter dem Gesichtspunkt der Kriegsnotwendigkeit vorgenommen, wodurch mehrere Zehntausend von Studenten und Studentinnen der nicht unmittelbar kriegswichtigen Fachgebiete zum Einsatz in der Rüstungsindustrie gelangen können. Insgesamt werden durch die vorgesehenen Maßnahmen im Bereich des Reichserziehungsministeriums mehrere hunderttausend Arbeitskräfte erfaßt.

4. Mit dem Beginn der 68. Zuteilungsperiode, am 16. Oktober 1944, wird die neue Sammelkarte für Lebensmittel eingeführt. Sie vereinigt die wichtigsten bisher gesondert ausgegebenen Karten für Brot, Fleisch, Fett usw. Es wird dadurch eine Einsparung von rund 300 Millionen Lebensmittelkarten je Zuteilungsperiode erzielt. Neben einer bedeutenden Papiermenge werden zahlreiche Arbeitskräfte für andere kriegswichtige Zwecke frei.

5. Zur vollen Ausnutzung der Arbeitskraft wird die Arbeitszeit in den öffentlichen Verwaltungen und Büros der Wirtschaft einheitlich auf mindestens 60 Stunden in der Woche festgesetzt. Davon unberührt bleiben jene Arbeitszweige, in denen zur Erledigung kriegsentscheidender Aufträge ohnehin schon wesentlich länger gearbeitet wird.

längerer Zeit auf seinen Urlaub verzichten. Der kämpfenden Front gegenüber ist es nur gerecht, wenn auch die schaffende Heimat ihren Urlaub zunächst zurückstellt. Es wird daher mit sofortiger Wirkung eine allgemeine vorläufige Urlaubssperre angeordnet.

Urlauber, deren Urlaub zur Zeit des Inkrafttretens dieser Anordnung noch länger als eine Woche andauert, haben in kürzester Frist zu ihren Arbeitsplätzen zurückzukehren. Ausgenommen von dieser Urlaubssperre sind Frauen, die das 50. Lebensjahr und Männer, die das 65. Lebensjahr bis zum 31. Dezember 1944 vollendet haben.

Bei Todesfällen oder lebensgefährlichen Erkrankungen der Ehegatten, der Großeltern, Eltern oder Kinder, bei Niederkunft der Ehefrau aus sonstigen dringenden Anlässen kann der übliche Kurzurlaub unter Anlegung eines strengen aber gerechten Maßstabes gewährt werden.

In dringenden Einzelfällen ist namentlich Schwerbeschädigten, Frauen und Jugendlichen bei Krankheit oder zur Vermeidung schwerer gesundheitlicher Schädigungen ausnahmsweise Urlaub zu gewähren.

Die Bestimmungen über Familienheimfahrten und Familienbesuchsfahrten behalten ihre Gültigkeit.

7. Wenn sich das ganze deutsche Volk jetzt mit voller Kraft für den Endsieg einsetzt, dann hat es auch ein Recht, zu verlangen, daß das Gesetz mit aller Schärfe gegen solche Elemente vorgeht, die aus Gleichgültigkeit, Bequemlichkeit, Verantwortungslosigkeit oder gar mit Vorsatz die Maßnahmen zur Totalisierung des Kriegseinsatzes sabotieren. Der Reichsminister der Justiz wird daher eine Verordnung zur Sicherung des totalen Kriegseinsatzes erlassen, nach welcher jeder mit Gefängnis und mit Geldstrafe oder mit einer dieser Strafen belegt wird, der vorsätzlich oder fahrlässig einem Gebot oder Verbot zuwiderhandelt, das in einer Rechtsvorschrift oder verkündeten Verwaltungsanordnung der Reichsregierung, einer Obersten Reichsbehörde oder einer ihrer gleichgeordneten Stelle über Maßnahmen zur Durchführung des totalen Kriegseinsatzes enthalten ist. In besonders schweren Fällen kann auf Zuchthaus- oder Todesstrafe erkannt werden.

Diese Strafbestimmungen beziehen sich auf Verstöße gegen alle bereits getroffenen und noch zu treffenden Maßnahmen im Rahmen des totalen Kriegseinsatzes.

Unsere gemeinsamen Kriegsanstrengungen sind nicht nur eine Sache der Freiwilligkeit. Es wird dafür gesorgt, daß die Lasten, die mit ihnen verbunden sind, gerecht verteilt werden.

(Vergleiche auch Seite 2).

118/119 *In den Wochen nach dem 20. Juli 1944 wird der schon vorher praktizierte «totale Kriegseinsatz» durch immer neue Maßnahmen verstärkt und auch auf die Bereiche der Kultur ausgedehnt. Alle Zeitungen müssen auf den Titelseiten den Erlaß des Reichsbevollmächtigten für den totalen Kriegseinsatz, Goebbels, veröffentlichen. Hier die Publikation im «Völkischen Beobachter» vom 25. August 1944, der in einem Kommentar die Leser mit dem Hinweis zu trösten versucht, wenn wir Theater und Konzerte «oft schmerzlichen Herzens opfern, hoffen wir, daß der Sieg sie uns schöner wieder schenken wird».*

25. August 1944 * Nr. 238 * Seite 2

Die neuen totalen Kriegsmaßnahmen

Gleich unter welchem Blickwinkel man die neu mitgeteilten Maßnahmen zur weiteren totalen Ausschöpfung unseres Kriegspotentials betrachtet, überzeugen an ihnen die Entschlossenheit, Kraft für Front und Rüstung in größtmöglichem Umfang aus den bisher betroffenen Gebieten zu gewinnen, das sozialistische Prinzip der Gerechtigkeit, keine Ausnahme zu bevorzugen, damit kein scheeler Blick auf mindere Verpflichtungen eines Nebenmanns von dem gemeinsamen Ziel ablenken kann, und die selbstverständliche Zuversicht, daß mit dem nüchternen Nachdruck des pflichtmäßigen Aufgebots aller Reserven die Aufgabe zu meistern ist.

Um diese drei Elemente der vorliegenden Mitteilungen an dem einen Beispiel des Theaters zu beweisen, so werden allein im Bereich der Reichstheaterkammer mehrere Zehntausend Arbeitskräfte frei, unter denen besonders die Handwerker und Techniker unserer Bühnen der Rüstung hoch willkommen sind. Sie alle in imponierendem Ausmaß bereitzustellen, bedingte, alle Theater zu schließen und selbst unter den führenden Häusern keine Ausnahme zu billigen, damit dieser ganze Zweig unseres öffentlichen Lebens stillgelegt, und nicht nur eingeschränkt, auch seine ganze zweit- und drittlinige Apparatur der Fachschaften und Fachgruppen, der Schauspielschulen, des Gesangs- und Tanzunterrichts usw. einer kriegswichtigeren Beschäftigung anbietet. Für das dritte Element einer zukunftsgewissen Zuversicht möge ein Wort sprechen, das in Thüringen fiel, als dort schon vor einiger Zeit alle Theater geschlossen wurden: Lieber ein Jahr lang als das ganze Leben ohne Kunststätten.

Denn was heute veranlaßt und befolgt wird, beschränkt sich auf eine vorübergehende Zeit. Wahrscheinlich fällt sie desto kürzer aus, je rückhaltloser wir unsere jetzigen Anforderungen erfüllen. Kein Mensch preist ihre Folgen als unser Ideal an, und jeder gibt zu, daß uns nur die äußerste Notwendigkeit zu so weitgehendem Verzicht auf bisher noch eifersüchtig gehütete Bestandteile unserer kulturellen und zivilisatorischen Ansprüche zwingt. Damit vollzieht der Krieg auch auf ihrem Gebiet jene eigenartige Verfilzung von Ursache und Wirkung, an die wir uns bei anderen Fällen im Laufe seiner langen Jahre schon bis zur Selbstverständlichkeit gewöhnt haben. Denn wenn er uns von seinem ersten Tag an nötigte, weniger oder anders zu essen etwa als im friedlichen Überfluß, so verspricht er gleichzeitig mit dem Sieg, den auch diese Einschränkungen erringen helfen sollen, die Sättigung je nach Hunger und Geschmack. Nicht anders wird es mit den Theatern und Konzerten sein, und indem wir sie heute oft schmerzlicheren Herzens als materielle Genüsse dem Krieg opfern, hoffen wir, daß der Sieg sie uns schöner wieder schenken wird.

Wenn am Rande notwendiger Beschränkungen so nützliche Vereinfachungen auftreten wie etwa im System unserer Lebensmittelkarten — die Einsparungen in ihrer Herstellung und Verteilung beginnen erst mit der 68. Zuteilungsperiode, weil die Karten bis dahin aus technischen Gründen schon seit längerer Zeit im voraus gedruckt sind —, so erleichtert das die Umstellung. Sie wird in anderen Fragen aus dem billigen Vergleich gerechtfertigt. Wenn in den Werkhallen unserer Rüstungswirtschaft schon seit langem 60 Stunden und mehr wöchentlich gearbeitet wird, mögen die Büros in der Gleichschaltung der Arbeitszeit vielleicht sogar eine Befreiung von einem unausgesprochenen Vorwurf empfinden. Urlaubssperre (auch nicht aus Prinzip, sondern aus Notwendigkeit verfügt, und allen anfallenden Urlaubsanspruch bis zum Ende der Sperre erhaltend); die Mobilmachung auch der Studenten und Studentinnen aus nicht unmittelbar kriegswichtigen Studiengebieten (mit Ausnahme der Examensemester, so daß ein Studium noch bis zum 1. Mai 1945 beendet werden darf), die Schließung vieler Berufsfachschulen wie jede andere Maßnahme hat ein Ziel: den Krieg total zu führen, und verspricht den Erfolg: ihn schnell zu gewinnen.

Allein die heute genannten Maßnahmen machen mehrere hunderttausend Kräfte frei. Sie lassen sich nicht bis morgen in die Rüstung pumpen und brauchen nicht schon übermorgen feldgrau eingekleidet zu sein. So radikal die Umschichtung auch geschieht, so vernunftgemäß wird sie gehandhabt, um jeden Leerlauf zu vermeiden und jedem unverdaulichen Schock auszuweichen. Daß im Endeffekt keiner übersehen wird, der die Front oder die Rüstung stärken kann, dürfte allein aus dem Umfang der heute bekannt werdenden Maßnahmen ersichtlich sein. Aber es folgen noch weitere, aus denen sich jeder Bedarf der Wehrmacht und der Waffenfertigung decken lassen wird.

V. B.

120 Immer kleiner wird die Zahl der schweren Geschütze, deren Rohrmontage dieses Foto zeigt.

123 Die in der Lagerhalle einer Munitionsfabrik gestapelten Geschosse werden so wirkungsvoll fotografiert, daß der Betrachter des Bildes den Eindruck bekommt, es werde immer noch reichlich Munition für die Front produziert. Daß Geschosse an den meisten Frontabschnitten Mangelware sind, wissen nur die Artilleristen zu berichten, wenn sie einmal auf Urlaub in die Heimat kommen.

121 Die alliierten Luftangriffe zwingen immer mehr Rüstungsbetriebe, Teile ihrer Produktion in unterirdische Werkstätten zu verlegen. In dieser Flugzeugfabrik bei Jena werden unter Tage Messerschmitt-Düsenjäger vom Typ «Me 262» hergestellt, viel zu wenige für den Bedarf der Luftwaffe.

122 Die Sicherung der Betriebe gegen Luftangriffe ist im letzten Kriegsjahr, in dem die Alliierten immer mehr die Luftherrschaft über Deutschland gewinnen, noch wichtiger als zuvor. Frauen aus der Textilbranche, die früher Knüpfdecken und Handtaschen anfertigten, stellen jetzt Tarnmatten für Wehrwirtschaftsbetriebe und die Wehrmacht her.

9. Die große Krise 1944: Generaloberst Jodl will Berlins Ruinen sehen

Besonders im ersten Halbjahr 1944, in dem in militärischen Dienststellen Verhaftungen stattfanden, ohne daß man Näheres über den Grund der Festnahmen erfuhr, wurden wir alle noch zurückhaltender, gesprächsscheuer. Nach der Invasion der Alliierten in der Normandie wurde die Atmosphäre in der Hauptstadt immer nervöser. Die Berliner lebten von einem Luftalarm zum anderen. Im Bendlerblock tauchte jede Woche ein neues Gerücht auf. Bald hieß es, eine Gruppe von Marschällen und Generalen würde Hitler wegen der ausweglosen militärischen Situation zu einem Friedensangebot an die Alliierten zwingen. Eine Armee unter Führung eines couragierten Militärs werde gegen das Führerhauptquartier marschieren und Hitler und seine Clique verhaften, notfalls erschießen. Dann wieder munkelte man von einer Ärztekommission, die von einsichtigen hohen Parteifunktionären zusammengestellt werde. Sie sollten den Führer wegen seiner offensichtlich stark angegriffenen Gesundheit untersuchen, entmündigen und seines Amtes entheben. «Adolf Hitler ist wahnsinnig», diese auch vom britischen Rundfunk aufgegriffene Meldung machte im Bendlerblock die Runde.

Über eines waren sich die militärisch und politisch genauer Unterrichteten im klaren: so konnte es nicht weitergehen. Die Gerüchte, die im Bendlerblock kursierten, und die miserable Stimmung, die in den militärischen Führungszentren in Berlin, Potsdam und Zossen herrschten, blieben auch den leitenden Offizieren im Führerhauptquartier nicht verborgen. Seitdem Hitler den aufsässigen «Geist von Zossen», die «Defaitisten» und «Miesmacher» in den Stäben der Wehrmacht, vor allem des von ihm mit besonderem Argwohn betrachteten Heeres, angeprangert hatte, versuchte man, uns von Zeit zu Zeit durch Vorträge und Reden «politisch aufzuklären», sozusagen «aufzumöbeln».

Der prominenteste Vortragsredner, der im Reichskriegsministerium am Landwehrkanal aufkreuzte, war Generaloberst Alfred Jodl, Chef des Wehrmachtführungstabes und Operationschef für alle Kriegsschauplätze mit Ausnahme der Ostfront, die Hitler höchstpersönlich seit seiner selbst verfügten Ernennung zum Oberbefehlshaber des Heeres beaufsichtigte. Jodl hatte im Milieu des Bendler-

---

Elfriede Kaiser-Nebgen, *Ehefrau des aus der christlichen Gewerkschaftsbewegung hervorgegangenen Politikers Jakob Kaiser – einer der wenigen Überlebenden des zivilen Widerstandskreises um den 20. Juli 1944, 1949–1957 Bundesminister für Gesamtdeutsche Fragen – berichtet über die Probleme, die im Sommer 1944 Kaiser, Goerdeler und ihre Mitverschworenen bewegten:*

Von Anfang Juni ab haben auch wieder Aussprachen stattgefunden. Wenn ich die Situation, wie sie sich damals darstellte, zu zeichnen versuche, so ist zu sagen: Es lag wegen des ständigen Hinausschiebens der Aktion gegen Hitler sicherlich viel Unruhe über dem Kreis. Der Unmut richtete sich gegen die Soldaten, kam aber selbstverständlich auch Goerdeler gegenüber oft temperamentvoll zum Ausdruck. Man war sich dabei – wie schon seit langem – vollkommen klar, daß die Befreiung von Hitler nur durch ein Attentat erfolgen konnte. Erschrecken äußerte Jakob Kaiser allerdings, als sich herausstellte, daß Stauffenberg selbst das Attentat auf sich nehmen gedachte. Es war sicherlich ein Ausweg der Not, da alle weiteren Möglichkeiten fehlgeschlagen waren. Aber bei der Bedeutung der Stellung, die Stauffen-

blocks, wo er selber jahrelang als Leiter der Abteilung Landesverteidigung gewirkt hatte, den Ruf, nicht nur der fähigste Stratege, sondern auch der klügste Kopf im Führerhauptquartier zu sein. Während der OKW-Chef Keitel den Spitznamen «Lakeitel» angehängt bekam, weil er als besonders willfähriger Diener seines Herrn Adolf Hitler galt, wußte man von Jodl, daß er es bisweilen wagte, an den einsamen Entschlüssen des «genialsten Feldherrn aller Zeiten» Kritik zu üben.

Es gab im Bendlerblock Offiziere, die sich daran erinnerten, daß Jodl in den Vorkriegsjahren als einer der engsten Mitarbeiter des Generalstabschefs Beck alles andere als ein Nazi war. War es da nicht logisch, daß ein über die Lage so wohlinformierter General zu den Berufsmilitärs im Hauptquartier gehörte, die sich in Opposition gegen die Vertreter der Partei und SS um Hitler befanden? Daß er in Ansprachen vor den Offizieren und Parteiführern gelegentlich vom «Genie des Führers» und vom deutschen «Endsieg» sprach, da sonst «die Weltgeschichte ihren Sinn verloren» hätte, hielt man für eine rethorische Pflichtübung, die Jodl in seiner Stellung nun einmal wohl oder übel absolvieren mußte.

An eine dieser Ansprachen im Ministeriumsgebäude am Landwehrkanal erinnere ich mich besonders deutlich, weil ich an diesem Tage Gelegenheit zu einem mehrstündigen Beisammensein mit dem Chef WFSt hatte. Im Frühsommer 1944, in den dramatischen Wochen des Vormarsches der Westalliierten in Italien und Frankreich, wurden die Angehörigen der Amtsgruppe Ausland unerwartet in den Vortragssaal am Tirpitzufer kommandiert.

---

berg allmählich einnahm, und bei den Führungsaufgaben, die er – soweit man informiert war – für den entscheidenden Tag übernommen hatte, schien das Kaiser eine Überforderung zu sein, über die er tiefe Sorge zum Ausdruck brachte. Bernhard Letterhaus und Max Habermann schwiegen bedrückt, nicht um des Attentates, sondern ebenfalls um der Belastung der Persönlichkeit von Stauffenberg willen. Nur Josef Wirmer sprach der Dringlichkeit des Handelns wegen ein klares ‹Ja› zu dem Vorhaben Stauffenbergs, diese Verantwortung auf sich zu nehmen. Die Stunde blieb allerdings für den zivilen Sektor unbekannt. Auch für Goerdeler. Als einziger im Kreis suchte er auch immer noch dem Attentat überhaupt auszuweichen. Er sprach von der Notwendigkeit, Hitler gefangenzusetzen und ihm, Goerdeler, dann die Möglichkeit zu geben, über Radio zum Volk zu sprechen. Er glaubte an die Wirkung seiner Ansprache. Alle anderen, vor allem Kaiser, Leuschner, Habermann, Wirmer, aber auch Letterhaus suchten Goerdeler immer wieder klarzumachen, daß auf diese Weise der Sturz des Systems kaum herbeigeführt werden könne. Ganz abgesehen davon, daß er selbst des öfteren erklärt hatte, daß Generalfeldmarschall Kluge, auf den sich inzwischen wieder seine neuen Hoffnungen konzentrierten, nur handeln würde, wenn Hitler nicht mehr unter den Lebenden sei. Was weiter die Ungeduld steigerte, war eine immer noch und immer wieder von Goerdeler erhoffte Verständigungsbereitschaft der Westmächte – vor allem Englands – bei Bildung einer neuen Regierung. Die verschiedenen Versuche sind durch die Widerstandsliteratur bekanntgeworden. Jakob Kaiser war dagegen mit seinen engeren Freunden entschiedener denn je der Auffassung, daß man es aufgeben müsse, auf irgendein Entgegenkommen von alliierter Seite zu rechnen. Man hatte ja ohnedies nie viel auf den Erfolg von Geheimverhandlungen mit den Alliierten gesetzt. Von Anbeginn an stand die Auffassung im Vordergrund, es müsse um der Selbstreinigung des deutsches Volkes willen gehandelt werden, und auch jetzt noch – so schien es Kaiser – würde eine solche Aktion bei aller Hoffnungslosigkeit der deutschen Situation immer noch eine andere Atmosphäre schaffen, als wenn Hitler den Krieg bis zum bitteren Ende führen würde, ganz abgesehen von den Menschen, die gerettet, und den Zerstörungen, die noch vermieden würden.

Ursula von Kardorff, *Redakteurin der bis in die letzten Kriegsmonate in Berlin erscheinenden «Deutschen Allgemeinen Zeitung», hält in ihren «Berliner Aufzeichnungen» (unter diesem Titel nach dem Kriege auch als Buch veröffentlicht) Eindrücke und Stimmungen des Sommers 1944 fest:*

16. Juni 1944

Als ich heute in die Redaktion komme, sieht mich Willy Beer verstört an, vor sich das blaue Blatt mit den Geheimnachrichten: Die Apokalypse hat begonnen, wir schießen mit Ferngeschützen auf London, die es in Kürze zerstören sollen. V I heißt die neue Waffe. Mittags wird es offiziell bekanntgegeben. V II, V III, V IV sollen, laut Goebbels, folgen. Bei V V wird die Welt dann vielleicht in die Luft gesprengt sein.

Überall in den Lokalen, in denen sonst niemand mehr offen seine Meinung gesagt hat, wird laut von der Vergeltung gesprochen, der Vergeltung der Alliierten freilich. Ein Soldat, der meinte, daß wir den Krieg nun bald gewonnen hätten, stieß auf Widerspruch. Der Berliner macht sich eben nichts vor. Nirgends hat Goebbels es so schwer wie hier. Alles redet neuerdings vom Gaskrieg. Das würde dem Grauen freilich die Krone aufsetzen.

Sitze an den warmen Abenden, wenn Freunde kommen, oft mit ihnen auf dem Dach, das ganz flach ist. Einige Bänke stehen dort, staubbedeckt. Die kriegerischen Dachfiguren sehen, wenn sie uns sozusagen den Rücken kehren, ganz friedlich aus. Die Quadriga auf dem Brandenburger Tor leuchtet in der untergehenden Sonne. Rundherum schweift der Blick über ausgebrannte Häuser ohne Dächer und Dachböden, im grünen Feld des Tiergartens, den das Band der Charlottenburger Chaussee durchschneidet, steht die dunkelgestrichene Siegesgöttin auf ihrer Säule.

21. Juni 1944, abends

Das war die Antwort auf V I: Der schwerste Tagesangriff, den wir bisher hatten. Als ich mit Uta aus dem Bunker wieder an die Oberwelt stieg, war es so finster, daß man gerade ein paar Meter weit sehen konnte. Blauschwarze Rauchwände türmten sich ringsum, dazwischen hellrote Flammen – das Fegefeuer auf mittelalterlichen Bildern ist nicht anders dargestellt. Olivgrüner Staub und weißlicher Kalkschutt liegen fußhoch auf den Straßen. Dabei war das Ganze zugleich von einer wilden Schönheit. Wir gingen auf das Dach. Reichskanzlei und Promi unberührt – als hielte der Teufel selbst seine schützende Hand darüber.

Es dauerte anderthalb Stunden, bis wir zur Redaktion durchkamen. Ein Weg, für den ich normalerweise kaum zehn Minuten brauche. Utas kleiner weißer Hund begleitete uns, munter wedelnd. Bombentrichter, die sich mit schäumendem Wasser gefüllt hatten, durchschwamm er einfach und brachte damit sogar die Katastrophen-Kommandos zum Lachen.

Kaum waren wir in der Zeitung angelangt, wieder Alarm. Witzelnd, wenn auch beklommen, stiegen wir in den ‹Typen-Keller›, der als der sicherste gilt, aber dennoch etwas ungemein Beängstigendes hat mit seinen vielen Regalen. Zeitungspapier brennt so gut. Zum Glück kam bald darauf Entwarnung. Nach solchen Anspannungen bricht unter den Menschen, die nichts verloren haben, eine durch nichts zu dämmende Heiterkeit aus, und die vielen Strohwitwer verbringen ihre Abende dann zügelloser als ihre Frauen, die sich auf dem Lande langweilen, es je vermuten können. Alle Bindungen haben aufgehört, nichts wird mehr ernst genommen angesichts der Möglichkeit, heute oder morgen zu sterben. Was überhaupt hält dieser Auflösung noch stand?

Da standen wir nun in Reih und Glied, in Uniform oder Zivil, die Obersten und Oberstleutnants im vordersten Glied, sodann die Schar der andern Offiziere und Sonderführer, meine Wenigkeit als Offiziersdiensttuer im Soldatenrang in schlichtem Zivilanzug ganz hinten. Der Chef der Amtsgruppe, Vizeadmiral Bürkner, meldete dem Generalobersten die Angetretenen.

Wir hatten Grund, auf diese Ansprache Jodls besonders neugierig zu sein. Damals erzählte man sich in der Amtsgruppe Ausland, es sei nicht zuletzt Jodl gewesen, der uns vor der Eingliederung in Himmlers und Kaltenbrunners Reichssicherheitshauptamt bewahrt habe. Seit der überraschenden Absetzung des langjährigen Chefs des Amtes Ausland/Abwehr, Admiral Canaris, im Februar 1944 befürchteten viele von uns, die Wehrmachtsuniform mit dem schwarzen Rock der SS vertauschen zu müssen. Nach diffizilen Verhandlungen zwischen der SS-Führung und dem OKW, über deren Verlauf nur wenige von uns genauer orientiert waren, wurden in der Tat die meisten Abteilungen der Abwehr vom Reichssicherheitshauptamt übernommen; damit war die deutsche Wehrmacht die einzige, die über keinen eigenen geheimen Nachrichtendienst mehr verfügte. Nur unsere personell relativ kleine Amtsgruppe wurde nicht dem RSHA angeschlossen und blieb dem von Jodl geleiteten Wehrmachtführungsstab unterstellt. Nach wie vor konnten wir es uns als einzige Wehrmachtsabteilung erlauben, die militärischen Führungsstellen mit «Feindmeldungen», die nicht im Wehrmachtsbericht standen, sowie mit Informationen aus der Presse des feindlichen und neutralen Auslands zu versorgen.

Wir dachten, Jodl würde in seiner Ansprache, wenn auch in vorsichtig kaschierter Form, auf das monatelange Tauziehen zwischen der Wehrmacht und SS um das Abwehramt eingehen. Jedoch der Generaloberst erwähnte diese Affäre, die uns so beschäftigte, mit keinem Wort. Statt dessen bekamen wir einen alles in allem zutreffenden Bericht über die kritische Lage an den Fronten im Westen und Süden zu hören; ja, Jodl gab zu, daß in den nächsten Wochen mit weiteren Fortschritten der Alliierten zu rechnen sei; eine realistische Einschätzung der Situation, die sich damals kaum ein General vor einem größeren Publikum erlauben durfte.

Noch mehr verblüffte uns der historische Exkurs, den sich der Chef WFSt sodann gestattete. Ausführlich schilderte er den Guerillakrieg, in den die Spanier Napoleon verwickelt hatten, nachdem ihr Land 1808 zum großen Teil von der Armee des Imperators besetzt worden war. Dann ging Jodl zur Gegenwart über und erklärte unverblümt, in Jugoslawien hätten Titos Partisanen die Pläne der deutschen Armeeführung durch ihren jahrelangen Widerstand gehemmt und durchkreuzt. Die Spanier zur Zeit Napoleons und Titos Partisanen, so stellte Jodl fest, hätten markante Beispiele gegeben, wie ein Volk sich verhalten müsse, wenn der Feind das Land okkupiere. – Das waren verwunderliche Äußerungen aus dem Munde des strategischen Chefberaters Hitlers, Erklärungen, deren Eindruck auch durch die Schlußphrasen nicht verwischt wurde, in denen Jodl wieder einmal vom «Genie des Führers» und vom «Endsieg» sprach, der den Deutschen allen Rückschlägen zum Trotz eines Tages beschieden sein werde.

Es war nicht die erste Rede Jodls, die die Offiziere im Bendlerblock durch ihre Mischung von realistischen Einsichten und den rational kaum begründbaren Glauben an «Führer» und «Endsieg» verwirrte. Ich erinnere mich an diese letzte Ansprache Jodls vor dem Offizierskorps der Amtsgruppe Ausland besonders deutlich, da sie bei unseren Offizieren Bestürzung und eine mehr oder weniger offen geführte Debatte auslöste. Hatte man im Hauptquartier, so fragten mehrere zugleich, den Kampf schon verloren gegeben? Rechnete man mit einer baldigen Besetzung unseres Landes durch die Alliierten, mit einer Situation, in der als letzter verzweifelter Ausweg der Untergrund- und Partisanenkampf nach dem Vorbild der Spanier und Jugoslawen blieb?

Ich hatte keine Zeit, mir die Diskussionen zu Ende anzuhören, denn plötzlich erhielt ich einen Anruf des Adjutanten von Vizeadmiral Bürkner: «Holmsten, in einer halben Stunde bei Generaloberst Jodl im Chefzimmer melden!» Daß ein einfacher Soldat zu einem Generaloberst und Chef des Wehrmachtführungsstabes gerufen wurde, war immerhin etwas Ungewöhnliches im Milieu des Bendlerblocks. Auf die neugierigen Fragen meiner Amtskameraden konnte ich nur antworten, daß ich Jodl, wenn auch nur flüchtig, persönlich bekannt war. Ein Verwandter von mir, der General war und den jetzigen Chef WFSt von gemeinsamen Dienstjahren her kannte, hatte mich etliche Monate zuvor Jodl vorgestellt, als dieser sich in Berlin aufhielt. Es war ein zwangloses Gespräch bei einem Essen in einem Berliner Restaurant gewesen, bei dem ich dem Generaloberst von der Arbeitsweise ausländischer Nachrichtenagenturen erzählen mußte. Seitdem wußte Jodl, daß ich bei der ihm unterstellten Ag. Ausland als Spezialist für Auslandsmeldungen Dienst tat.

Ein paarmal wurde ich beim Nachtdienst von der Adjutantur WFSt angerufen und aufgefordert, die neusten Auslandsberichte über die Lage an den Fronten durchzugeben, und manchmal schaltete sich der Chef persönlich ins Gespräch. An einem Anruf Jodls während eines Nachtdienstes entsinne ich mich deutlich, da ich mir dabei einen «Anschiß» einhandelte. Es war während der für die Italienfront so kritischen Januartage 1944, als die Alliierten bei Anzio und Nettuno gelandet waren. Jodl wollte in aller Eile die letzten Feindmeldungen über die Aktion haben. Da ich wußte, wie empfindlich manche Offiziere aus Hitlers Umgebung auf negative Nachrichten reagierten, leitete ich die Reuter- und United Press-Meldungen über die geglückte Operation etwa mit den Worten ein: «Reuter behauptet in Meldungen, die kaum glaubwürdig sein dürften, daß ...» Jodl unterbrach mich sehr scharf mit dem Befehl, meine persönlichen Ansichten und Kommentare solle ich mir sparen; er wünsche nur die sachliche Meldung im Wortlaut, nicht mehr. Aus solchen Anweisungen entnahm ich, daß der Chef WFSt zu den Offizieren gehörte, die die Wahrheit zu wissen wünschten. Aber welche Konsequenzen zog er daraus? Sagte er die Wahrheit auch dem «Führer» bei den Lagebesprechungen?

Als ich mich im Chefzimmer bei dem Generalobersten meldete, erfuhr ich, daß er anscheinend auch die Wahrheit über die Folgen des Luftkrieges für Berlin kennenlernen wollte. Ich erhielt den überraschenden Befehl, Jodl bei einer Autorundfahrt durch Berlin zu begleiten. «Sie haben die Luftangriffe auf die Hauptstadt miterlebt», erklärte er mir. «Dirigieren Sie den Fahrer durch die am meisten betroffenen Viertel. Ich wünsche einen Überblick über die Zerstörungen.»

Es war eine seltsame Rundfahrt, die ich da als Landser in Zivil an der Seite eines Generalobersten unternahm, der als Hauptberater Hitlers in Fragen der Strategie galt. Ob ich ihn nicht einmal vorsichtig fragen sollte, wie er sich den Fortgang des Krieges denke? Jedoch ich unterließ lieber solche Bemerkungen. Im Bendlerblockmilieu hatte ich allmählich Übung im Umgang mit hohen Offizieren bekommen und gelernt, daß ihnen Fragen, die über den dienstlichen Auftrag hinausgehen, unerwünscht waren. Ich faßte mich daher bei den Erläuterungen während der Fahrt durch die Straßen so sachlich wie möglich und hütete mich, eigene Ansichten über die Zerstörungen zu äußern, die wir zu sehen bekamen. Langsam fuhren wir durch die von den Bombenangriffen des Jahres 1943 am schwersten mitgenommenen Straßen des Südens und Westens von Berlin, durch Charlottenburg und die Ruinenwüste des Hansaviertels. Ich nannte die Angriffstermine und die Zahl der Todesopfer, soweit sie mir noch aus vertraulichen Berichten in Erinnerung waren. Der Generaloberst stellte nur selten Fragen, hörte sich meine Kurzberichte an, ohne einen Kommentar abzugeben.

Am Hansaplatz ließ er den Fahrer halten. Wir stiegen aus und gingen ein Stück durch die Straßen, deren Häuser bei den Nachtangriffen im November 1943 in ausgebrannte Ruinen verwandelt wurden. Ich zeigte Jodl das Haus in der Lessingstraße, in dem ich gewohnt hatte, und erzählte von dem Feuersturm der Novembernacht, den ich miterlebt hatte. «Ich bin jetzt ein glücklicher freier Mann, nicht mehr mit Möbeln und ähnlichem Kram belastet», fügte ich etwa hinzu. «Ein Koffer Kleider und ein Koffer mit meinen hundert Lieblingsbüchern, die im Keller standen, sind mein ganzes Vermögen.» Dann berichtete ich von den Leichen der Verbrannten, die man auf Lastautos geworfen und weggefahren habe.

Jodl unterbrach meine Schilderung mit der Bemerkung, das alles sei erschreckend, aber im Hauptquartier bekannt, man müsse Maßnahmen treffen, um die Hauptstadt zu schützen. Als ich ihn fragte, was man denn angesichts der Luftüberlegenheit der Alliierten tun wolle, murmelte er etwas von Flieger- und Flakschutz verstärken und ging schnell zum Auto zurück. Einige Passanten, die uns nicht gerade freundlich ansahen, schienen ihn zu stören. Ein Generaloberst in Uniform, der sich zwischen den Ruinen des Hansaviertels tummelte – das war für die Berliner offensichtlich eine Sehenswürdigkeit.

Als wir nach der Rundfahrt vor dem Kriegsministerium hielten, bemerkte ich, der Bendlerblock stehe wenigstens noch, weil man uns Soldaten dauernd

Ruth Andreas-Friedrich *berichtet in ihren Tagebuchaufzeichnungen der Jahre 1938–1945 (nach dem Kriege unter dem Titel «Der Schattenmann» veröffentlicht) aus der Sicht einer Frau, die den Krieg in Berlin miterlebt, über die Junitage nach der Invasion des Sommers 1944:*

«Kein Zweifel, die Invasion ist gelungen. Alle kleben am Radio. Jeder ein bewußter ‹Rundfunkverbrecher›. Denn niemandem kann es zugemutet werden, sich in diesen Stunden der Entscheidung nicht am ausländischen Sender zu informieren. Man frevelt und flüstert. Und wer seiner Mitteilungssucht allzu unvorsichtig Vorschub leistet, landet, ehe er sich's versieht, im Konzentrationslager Dachau. Oder in Oranienburg. Oder in Buchenwald.

Aber die Invasion ist gelungen. Und mit jedem Erfolg werden die Gesichter der Parteigenossen länger, verschwindet ein Hakenkreuz nach dem anderen aus den Knopflöchern der Führergefolgschaft. Merkwürdig, dieses rhythmische Auf und Ab im Gewoge der Knopflochverzierungen. Mit mathematischer Sicherheit kann man an diesem Symptom den Gradmesser der Parteizuversicht ablesen. Seit den Nazibonzen die ersten Zweifel über den Fortbestand des Tausendjährigen Reiches aufstiegen, machten sie durch Parteibefehl jedem Parteigenossen das Tragen des Abzeichens zur Ehrenpflicht. Von dieser Zeit an flaggen alle Nationalsozialisten im Knopfloch. Sieg und Zuversicht mit Ja, Furcht und Niederlage mit Nein. Nie sah man so wenig Parteiabzeichen wie zwischen dem 6. und 7. Juni dieses Jahres.

Freitag, 9. Juni 1944. Die Invasion schreitet fort. Die Parteiabzeichen in den Knopflöchern sind zu zählen. Wer jetzt noch eine ‹Wollhandkrabbe› auf seinem Rockaufschlag trägt, kann immerhin den Ruhm für sich in Anspruch nehmen, eine unabhängige Persönlichkeit zu sein. In den Schriftleitungen wird man nervös. Das Triumphgeschrei des ‹Wir haben es längst gewußt› beginnt an Zugkraft einzubüßen. Höchste Zeit, daß ein neues Schlagwort in Tätigkeit tritt!

Samstag, 10. Juni 1944. Es ist in Tätigkeit getreten. Und es heißt: ‹Hereinlocken›. Als nach neun Stunden Adolf Hitlers Prophezeiung des Rückwurfs ins Meer sich nicht erfüllt, sprang Sepp Dietrich, Chef der Leibstandarte, in die Propagandabresche. ‹Ja, wußtet ihr denn nicht›, trompetet er, ‹daß es von Anfang an unsere Absicht war, sie hereinzulocken? Je mehr, desto besser. Ganze Divisionen. Ganze Armeen. Anzusaugen den Hauptbestand der amerikanischen und englischen Streitkräfte auf den Vernichtungsboden des kontinentalen Widerstands? Erst wenn wir sie haben, können wir sie kleinkriegen. Das ist das Geheimnis unserer genialen Kriegsführung.›

Seit dieser Stunde ‹saugen wir an›, ‹locken herein›, und das strategische Renommee unserer Schlachtenlenker ist wieder mal gerettet. Über Nacht kehren die ‹Wollhandkrabben› in die Knopflöcher zurück. Die Andersdenkenden schweigen, warten ab, hoffen auf den schnellen Vormarsch der Alliierten, lauschen dem englischen Sender und wissen immer vor Herausgabe der deutschen Meldungen, was auf dem Erdball passiert...»

zur Brandwache und zum Löschen einsetze. Jodl betrachtete eine Weile schweigend den mächtigen Giebelbau mit der Minister- und Generalstabsetage und erklärte gar nicht stramm militärisch, sondern eher nachdenklich gerührt: «Erhalten Sie mir meine alte Arbeitsstätte. Ich hoffe, recht bald wieder hier einziehen zu können...»

Jodl und der Wehrmachtführungsstab sind nie wieder in den Bendlerblock eingezogen. Noch am gleichen Tag flog der Generaloberst in das Bunker- und Barackenrevier des Führerhauptquartiers zurück, über das er später als Angeklagter im Nürnberg Prozeß sagte, es sei «eine Mischung von Kloster und Konzentrationslager» gewesen, und «abgesehen von Berichten über die militärische Lage» seien «nur sehr wenige Nachrichten von der Außenwelt bis in dieses Allerheiligste» gedrungen. Es war schon viel, daß der Chef WFSt einen Berlinaufenthalt dazu benutzte, um sich ein anschauliches Bild von den Zuständen in der Hauptstadt zu machen. Aber welche Folgerungen zog er für sich persönlich daraus? Jodls bisweilen recht kritische und illusionslose Analysen der militärischen Lage, wie er sie auch in Ansprachen im Bendlerblock gab, verleiteten in den Kriegsjahren manchen zu der Annahme – auch ich gehörte eine Zeitlang dazu –, der Chef WFSt gehöre zur Opposition gegen Hitlers sture Kriegspolitik und werde seine Erkenntnis in irgendeiner Form in die Tat umsetzen.

Erst nach dem Kriege ist bekannt geworden, daß Jodl sich trotz gelegentlicher Einwände gegen Hitlers operative Befehle an seinen Eid gebunden fühlte und nie ernsthaft an einen Widerstand gegen das Hitlerregime dachte. Seine zwiespältige Situation gab er wenige Tage nach Kriegsende, am 13. Mai 1945, vermutlich recht treffend mit den Worten wieder: «Ich bin gehorsamer Soldat gewesen und habe darin meine Ehre erblickt, den Gehorsam, den ich gelobt habe, zu halten. Ich habe in diesen fünf Jahren gearbeitet und geschwiegen, obwohl ich manchmal völlig anderer Meinung war und mir der Unsinn, der befohlen wurde, oft unmöglich erschien. Seit Frühjahr 42 wußte ich, daß wir den Krieg nicht gewinnen konnten.»

Überhaupt muß man sich hüten, die Kenntnis, die wir heute über die wirkliche Einstellung der führenden deutschen Generale besitzen, bei den Offizieren vorauszusetzen, die 1944 im Bendlerblock arbeiteten. Selbst diese Militärs, die über die Gesamtlage besser orientiert waren als die Kommandeure entfernter Frontabschnitte, lebten in einer Welt von Gerüchten und Berichten, die sie von Bekannten aus den Stäben erhielten. Da hatte fast jeder seinen Marschall und General, dem er zutraute, daß er Hitler und seinen Kumpanen einmal die Wahrheit sagen, ja vielleicht sogar Zentralfigur einer Opposition gegen die sture Durchhaltetaktik des Hauptquartiers werden könnte. Dies wußte schließlich jeder, daß die meist aus dem kaiserlichen Heer und der Reichswehr hervorgegangenen Generäle durchaus nicht alle willige Befehlsausführer wie etwa der OKW-Chef Keitel waren. Daß bei den höchsten Offizieren der Wehrmacht, von wenigen Ausnahmen abgesehen, der anerzogene Gehorsam gegenüber dem Inhaber der staatlichen Gewalt und speziell die Bindung durch den Eid auf Hitler jede ernsthafte Opposition verhinderten, ist erst nach 1945 in vollem Ausmaß bekannt geworden.

«Geheimtips» all jener, die im Bendlerblock auf einen resoluten Mann hofften, der führender Kopf des militärischen Widerstandes werden könnte, waren besonders die Aristokraten-Marschälle von Rundstedt, von Manstein und von Kluge. Daß Rundstedt und Manstein wiederholt Auseinandersetzungen mit Hitler und Keitel gehabt hatten, war vielen Eingeweihten in der Bendlerstraße aufgrund ihrer Beziehungen zu den Stäben der Marschälle wohlbekannt. Im Frühjahr 1944 war im Offizierskasino in der Bendlerstraße der schon lange schwelende Konflikt zwischen Hitler und Manstein das Tagesgespräch, ein Disput, der damit endete, daß Manstein das Kommando der Heeresgruppe Süd der Ostfront an den hitlerhörigen Model abgeben mußte. «Das wird sich doch Manstein nicht gefallen lassen», sagte mancher, und man fand es allgemein unerhört und unklug, daß Hitler seinen ideenreichsten Strategen, dessen unter dem Namen «Operation Sichelschnitt» bekannten Plan er immerhin den Sieg gegen Frankreich verdankte, in die Wüste schickte. Manche hofften, daß der Marschall sich nunmehr zur aktiven Opposition gegen das NS-Regime aufraffen würde.

Die realistisch Denkenden fragten sich allerdings, was ein Marschall, der keine Kommandobefugnis mehr besaß, praktisch unternehmen konnte. Eine militärische Aktion von Durchschlagskraft gegen Hitler, Himmler und ihr Gefolge konnte schließlich nur von einem Kommandeur angeordnet werden, der größeren Einheiten direkt Befehle erteilen konnte. Gab es überhaupt in der Wehrmacht einen General, der bereit war, ein so risikoreiches Unternehmen zu wagen? Oder – und das war die andere 1944 in oppositionellen Kreisen im Bendlerblock diskutierte Möglichkeit – gab es vielleicht im Führerhauptquartier einen couragierten Militär oder eine zu allem entschlossene Offiziersgruppe, die Hitler durch Gefangennahme oder Attentat ausschalten und damit eine Wende der deutschen Politik herbeiführen könnte? Da das Hauptquartier so streng bewacht wurde, war es schwer vorstellbar, daß jemand zu einem Attentat Gelegenheit haben könnte, der nicht zum Personal der «Wolfsschanze» gehörte.

In den Frühjahrs- und Sommermonaten 1944, in denen die Berliner den Luftkrieg in seiner grausamsten Form erlebten und die Lage an den Kampffronten immer hoffnungsloser wurde, waren dies Fragen und Probleme, die sich in der Bendlerstraße mancher stellte und in vertrautem Kreise erörterte. Aber auch im traditionellen Führungszentrum des Heeres und der Marine, in dem man militärische Personen und Zusammenhänge besser kannte als der Durchschnittsbürger, war man vorwiegend auf Mutmaßungen, Gerüchte, Berichte von zweifelhaftem Wert angewiesen.

Als ich nach der Autorundfahrt mit Jodl Stauffenberg und Letterhaus fragte, was sie vom Chef WFSt hielten und ob man ihn vielleicht zu den geheimen Gegnern Hitlers zählen dürfe, konnten beide nichts Genaueres sagen. Letterhaus meinte, von diesem schwer durchschaubaren Militär sei wohl kaum aktiver Widerstand gegen Hitler zu erwarten. Ähnlich äußerte sich Stauffenberg, der mir erklärte, mit den Herren aus dem Hauptquartier habe man schon manche Enttäuschung erlebt, wobei er offenließ, ob er – Stauffenberg – zu den Enttäuschten gehöre. Er bat mich, Jodl bei eventuellen weiteren Begegnungen nichts von meinen Besuchen in seiner Dienststelle zu erzählen. Dieses Gespräch mit Stauffenberg über Jodl ist mir besonders deutlich in Erinnerung, weil es nicht in der Bendlerstraße stattfand, sondern an einem ungewöhnlichen Ort, nämlich am Ufer der Havel. Als ich an einem Juninachmittag in der Bendlerstraße vorbeikam, brach Stauffenberg gerade zu einer Fahrt nach Potsdam auf. Er nahm mich gleich in seinem Dienstauto mit, da ich gleichfalls in Potsdam zu tun hatte. Ein Teil der Amtsgruppe Ausland war nach den Luftangriffen Ende 1943 in eine Kaserne nach Krampnitz bei Potsdam umquartiert worden. Ich mußte des öfteren zu Besprechungen nach Potsdam, so auch an diesem Junitag.

Als wir uns der Havel näherten, erzählte ich Stauffenberg, daß ich früher im Sommer manchmal hier baden ging. Ein erfrischendes Bad, das wäre eine Idee, meinte Stauffenberg. Wir suchten uns dazu eine menschenleere Schilfbucht nahe der Pfaueninsel aus. Wie mancher Versehrte scheute sich Stauffenberg, seine Behinderung der Öffentlichkeit zu zeigen. Nur widerwillig ließ er sich beim Aus- und Anziehen helfen. Bekanntlich hatte Stauffenberg bei einem Tieffliegerangriff in Afrika außer einem Auge die rechte Hand und zwei Finger der linken eingebüßt. Nach dem Bad zitterte er am ganzen Körper und ließ es sich gefallen, daß der Fahrer und ich ihn stützten. Bei dieser Gelegenheit fragte ich mich, wie schon früher, aus welchem Grunde dieser Schwerverletzte wohl eine Position mit soviel Arbeit und Verantwortung wie die des Stabschefs in der zentralen Befehlsstelle des Ersatzheeres übernommen hatte. Es schien wirklich so zu sein, daß Stauffenberg – wie ich es in seiner Umgebung gehört hatte – sich für unentbehrlich hielt, da nur er die Aufgabe besonderer Art erfüllen konnte, die er sich gestellt hatte.

Die Fahrten nach Potsdam gehörten im übrigen zu meinen liebsten dienstlichen Pflichten. Die Besprechungen waren meist schnell erledigt, und dann hatte ich die Möglichkeit, ein paar Stunden in der noch von Luftangriffen verschonten alten Preußenresidenz zu verbringen. Während schon seit Monaten die Brand- und Sprengbomben der Briten und Amerikaner auf die deutsche Hauptstadt fielen, hatte es noch keinen Abwurf auf Potsdam gegeben; ein seltsames Faktum angesichts des Umstandes, daß diese Stadt bei den Alliierten als traditionelles Zentrum des preußischen und deutschen Militarismus überhaupt galt. Im britischen Rundfunk hatte ich eine Sendung gehört, in denen der von soldatischen Tugenden und Untugenden bestimmte sogenannte «Geist von Potsdam» dem «Geist von Weimar» gegenübergestellt wurde, der die friedlichen und besseren deutschen Eigenschaften verkörpere. In den letzten Jahren hatten sich besonders viele neue Dienststellen und Kasernen der Wehrmacht in und um Potsdam etabliert, und so konnten die Alliierten mit einigem Fug und Recht die Stadt auch als «militärisches Ziel» ihrer Flugzeuggeschwader ansehen. Warum bombardierten sie trotzdem Potsdam nicht? Die Einwohner konnten dafür nur schwer eine Erklärung finden. Ältere Potsdamer, die noch die Hohenzollernzeit der früheren Residenz miterlebt hatten, mutmaßten, die vielfältigen verwandtschaftlichen Beziehungen des Hauses Hohenzollern zur englischen Königsfamilie seien der Grund dafür, daß die früheren Besitztümer und Schlösser der preußischen Dynastie geschont würden. Während im benachbarten Berlin die Zahl der Ruinen von Woche zu Woche größer wurde und ganze Straßenzüge nur noch aus ausgebrannten Mauern bestanden, blieb das nur wenige Kilometer von den Zielen der Bombardierungen entfernte Potsdam unversehrt und unzerstört. Das Stadtschloß und der Lustgarten, Schinkels mächtiger Kuppelbau der Nikolaikirche und die Garnisonkirche mit dem berühmten Glockenspiel und den Königsgräbern, der stimmungsvolle Kanal mit seinen Stadtpalais, die Alt-Potsdamer Häuser zwischen Havel und Brandenburger Tor zeugten nach wie vor von der schlichten Würde und dem Glanz der Residenz.

Der Park von Sanssouci entfaltete in den schwülen Wochen des Sommers 1944 mit besonderer Eindringlichkeit die grüne Pracht seiner Wiesen, Hecken und Baumreviere. Ging man seine stillen, meist menschenleeren Wege entlang, vorbei an hohen Laubbäumen, altersgrauen Götterstatuen und den Schlössern des Parkbezirks und kam man sodann in die Straßen mit den wohlerhaltenen Hausfassaden aus dem 18. und 19. Jahrhundert, so glaubte man in einer zeitfernen friedlichen Idylle zu sein. Welch ein Kontrast zu der Ruinenwüste des nahen Berlin, die ich eine Stunde zuvor passiert hatte. Wenn ich am Abend mit der S-Bahn von Potsdam nach Berlin zurückfuhr, hatte ich das Empfinden, vom Frieden in den Krieg hineinzufahren.

Bei einem abendlichen Spaziergang durch die Straßen am Rande des Parks von Sanssouci, wenige Tage vor dem 20. Juli, traf ich zum letztenmal Bernhard Letterhaus, der damals meist in der Kramp-

---

«Meldungen aus dem Reich» *oder auch* «SD-Berichte zu Inlandsfragen» *hießen nicht für die Öffentlichkeit bestimmte Informationen, die ein ausgewählter Kreis von höheren Parteifunktionären und Regierungsbeamten erhielt. Die vom Sicherheitsdienst (SD) im Reichssicherheitshauptamt zusammengestellten Berichte, die auf Geheimmeldungen der in Deutschland und den besetzten Gebieten wirkenden Mitarbeiter des SD beruhten, sollten – wie der Chef des Inlandsnachrichtendienstes des RSHA, SS-Gruppenführer Ohlendorf, später erklärte –* «die Staatsführung in die Lage versetzen, die im Volke vorhandenen oder entstehenden Auffassungen kennenzulernen und zu berücksichtigen». *Der SD-Bericht Anfang Juli 1944 meldet:*

Das Interesse an den Ereignissen im Osten, das nach Beginn der Invasion in den Hintergrund getreten war, nahm wieder zu, wie ein Gerücht des Inhalts beweist, es sei binnen kurzem mit einer russischen Invasion im Ostseeraum zu rechnen. In Kronstadt sei bereits eine starke russische Flotte versammelt, bei der sich auch das wieder gehobene Schlachtschiff «Marat» befindet. Der Angriff solle sich gegen Mecklenburg und Pommern richten, wo V I hergestellt werden. Diese Invasion sei für die ersten Juliwochen zu erwarten.

Es fehlt auch nicht an Behauptungen, nicht nur Warschau, sondern auch Litzmannstadt, Königsberg, Tilsit und selbst Ostoberschlesien würden bereits geräumt (Altmark, Frankfurt/Main, Warthegau). Wir würden wohl bis zur Weichsel zurückgehen müssen, da die Entscheidungsschlacht im Westen noch nicht geschlagen werden könne. Erst wenn wir unsere Truppen im Westen wieder frei hätten, könnten wir den Russen zurückwerfen. Mit Hartnäckigkeit hält sich die Meinung in der Bevölkerung, im Falle einer deutschen Niederlage würden die Westmächte Deutschland nicht den Russen ausliefern, sondern mit uns gemeinschaftlich gegen diese zu Felde ziehen.

Sehr bemerkenswert ist die starke Zunahme des Interesses an allen möglichen Arten von Prophezeiungen über das weitere Kriegsgeschehen. Hellseher, Astrologen, Zigeunerinnen, sowie Zahlen- und Buchstabenkabbalistik finden neuerdings wieder besonders große Verbreitung. Geschichten dieser Art werden meistens mit der Bemerkung weitergegeben, es sei ja wahrscheinlich alles Unsinn, vielleicht sei aber doch etwas Wahres daran, denn die Prophezeiung stamme von einem durchaus ernst zu nehmenden Menschen, dessen Voraussagen sich schon mehrfach erfüllt hätten.

Im SD-Bericht vom 13. Juli 1944 wird gemeldet: «Die schweren Kämpfe an allen Fronten sind für die gesamte Bevölkerung Gegenstand einer täglich zunehmenden Sorge. Das

nitzer Kaserne im Ausweichsitz der Amtsgruppe Ausland Dienst tat. Er erklärte mir, die Stille und Abgeschiedenheit der im Schutz der Verdunkelung besonders stimmungsvollen Potsdamer Gassen komme ihm ganz unwahrscheinlich, unzeitgemäß vor. Diese scheinbar so friedlichen Stunden sollten wir dankbar als unverdientes Geschenk hinnehmen, meinte Letterhaus. Jede Stunde könne die letzte sein. Und was komme dann?

Kurz vor dem 20. Juli sah ich auch Stauffenberg zum letztenmal, und diese Begegnung ist mir unvergeßlich. Sie fand nicht in seinem Dienstzimmer in der zweiten Etage des Bendlerblocks statt, sondern in einem Luftschutzraum im Keller des Hofes. Wie schon so oft kreisten Bomber über Berlin, und ich hatte gerade in dem kleinen Schutzraum meiner Gruppe Nachtdienst. Plötzlich tauchte an der angelehnten Tür Stauffenberg auf. Sein Blick fiel auf Meldungsblätter des Deutschen Nachrichten-Büros, die ich gerade für unsere Berichte durchsah. Er las ein Kommuniqué der sowjetischen Tass-Agentur, in der Dutzende von Orten aufgezählt waren, die die Russen bei ihrer Gegenoffensive zurückerobert hatten. Dann studierte er den Bericht des britischen Reuter-Büros, in dem neue Fortschritte der Westmächte an der Invasionsfront gemeldet wurden. Stauffenberg konnte nicht weiterlesen. In der Nähe explodierte eine Bombe. Der

unerwartet rasche Vordringen der Sowjets ist erschreckend und beschäftigt die Gemüter mehr als alles andere. Im Augenblick erscheint allen die Ostfront auf Grund ganz akuter Gefahren viel wichtiger als der Westen. Die Unmöglichkeit für jeden einzelnen, die Zusammenhänge zu erkennen und die Frage nach dem Zeitpunkt der immer sehnlicher erwarteten Entscheidung im Westen und einer Wendung im Osten zu beantworten, wirkt so deprimierend, daß nur ein kleiner Teil der Bevölkerung eine unbeirrt zuversichtliche Stimmung bewahrt (z. B. Berlin, Innsbruck, Würzburg, Frankfurt/Main, Litzmannstadt, Koblenz, Saarbrücken u. a.). Besonders die Frauen leiden stark unter dem Druck der gegenwärtigen Schwierigkeiten. Es geht fast über meine Kraft, jetzt den Wehrmachtbericht zu hören. Ich muß einfach warten, bis wieder bessere Nachrichten kommen. Mit solchen und ähnlichen Erklärungen versuchen viele Volksgenossen, um irgendwelche Erörterungen über die Lage herumzukommen. Andere bemühen sich, alle ungünstigen Zukunftsaussichten von sich fernzuhalten und sich mit Tagesereignissen nicht mehr zu beschäftigen, als es unbedingt notwendig ist, um sich nicht in eine Kopflosigkeit hineinreißen zu lassen. Die Männer gehen zumeist stur ihrer Arbeit nach.

Hier und da hört man die Auffassung, über Warschau kämen die Bolschewisten nicht hinaus. Viele Volksgenossen befürchten jedoch, daß wir sie nicht mehr aufhalten könnten. Dieser Vormarsch erinnere zu sehr an das Tempo unserer Blitzsiege (z. B. Innsbruck). Besondere Sorge hege man auch um die rumänischen Ölfelder (z. B. Bremen u. a.). Anhand von Karten rechnen sich die Volksgenossen aus, wann die Bolschewisten im Reich sein werden (z. B. Posen, Koblenz u. a.). Der zähe Widerstand unserer Truppen an der Invasionsfront wird allgemein bewundert. In der bisherigen Entwicklung der Kämpfe finden die Volksgenossen keine Stütze mehr für die bisherige Annahme, daß dem Feind Gelegenheit gegeben werden solle, möglichst viele Truppen zu landen, um ihn dann entscheidend zu treffen. Man komme immer mehr zur Ansicht, daß wir trotz aller heldenmütigen Anstrengungen unserer Soldaten der massierten Kraft des Gegners gegenüber doch etwas zu schwach seien (z. B. Nürnberg, Halle u. a.). Der Feind komme langsam, aber sicher voran, wenn nicht unsere Waffen eines Tages doch noch zur Auswirkung kommen.

Die in letzter Zeit häufigeren Tages- und Nachtalarme mit starken Angriffen auf Industriegebiete und größere Städte (München, Leipzig) haben vor allem wegen der geringen Abwehrerfolge stark beeindruckt. Außerdem habe sich in der Bevölkerung herumgesprochen, daß dabei viele unserer Jäger verlorengingen.»

Keller zitterte, die Notlampe erlosch. Weitere Einschläge folgten. Immer mehr näherten sich die Detonationen unserem Keller, der nur notdürftig als Schutzraum hergerichtet war. Eine größere Bombe oder Luftmine, die im Hof des Bendlerblocks niedergegangen wäre, hätte den Keller in ein Massengrab verwandelt. Wir schwiegen, lauschten gespannt auf die Einschläge, die sich entfernten, leiser wurden. Die Notlampe leuchtete matt auf, gab nach und nach wieder Licht.
Stauffenberg starrte auf die weißen Blätter mit den Tass- und Reuter-Berichten, die vor ihm auf dem Tisch lagen. Dann fegte er die Blätter vom Tisch, sprang auf und sagte leise, eindringlich: «Wie lange soll es noch an der Front und hier in der Heimat so weitergehen? Wie lange? Worauf warten wir hier? Worauf? Ich werde es Ihnen sagen: auf den Tod. Der Soldat wartet immer auf den Tod ...»
Nicht lange danach, am 20. Juli kurz nach Mitternacht, wurde Claus von Stauffenberg im Hof des Bendlerblocks erschossen, nur wenige Meter von dem Luftschutzkeller entfernt, in dem er so ahnungsvoll vom Tod gesprochen hatte.

124 *Wirklich «kriegswichtig» ist ab August 1944 im deutschen Heimatgebiet fast nur noch die Rüstung. In den Zeitungen werden vorrangig Fotos aus den Betrieben der Waffenproduktion gebracht, wobei in Kommentaren betont wird, daß die Arbeit dort trotz der Luftangriffe zügig weitergeht. Es sind effektvolle Bilder, auf denen jedoch nie die durch Bombardierung verursachten Zerstörungen zu sehen sind, die die Produktion in vielen Rüstungsfabriken hemmt oder zeitweise völlig lahmlegt. Hier sieht man zum Beispiel die Werkhallen einer Fabrik, in der der Kampfwagen «Panther» in Massenfertigung hergestellt wird.*

Dr. Hans Karl Fritzsche, *1944 Hauptmann im Potsdamer Infanterie-Regiment 9, nach dem Kriege Ministerialrat und persönlicher Referent des gleichfalls zum Widerstand gehörenden Bundestagspräsidenten Eugen Gerstenmaier, ist einer der wenigen, die die Aktion des 20. Juli 1944 im Berliner Bendlerblock an der Seite Olbrichts und Stauffenbergs erlebten und überlebten. Zusammen mit drei andern Offizieren im I. R. 9, Ludwig Freiherr v. Hammerstein-Equord, Ewald Heinrich v. Kleist-Schmenzin und Georg Sigismund v. Oppen, war er dazu ausersehen, bei der Durchführung des Staatsstreichs mit-*

zuwirken. Fritzsche berichtet hierüber in bisher unveröffentlichten Aufzeichnungen:
Am Morgen des 20. Juli 1944 kam ein Anruf aus der Bendlerstraße, Kleist, Hammerstein, Oppen und ich sollten uns im Hotel «Esplanade», nahe dem Berliner Tiergarten, bereithalten. Für mich persönlich war das gegen den Plan, sollte ich doch den Stab der Potsdamer Walküre-Division übernehmen, wovon die Kameraden ja nichts wußten und weisungsgemäß auch nichts wissen sollten. Mein Infanterieinstinkt witterte Unheil, weil ich den Befehl «Walküre» nicht übermittelt bekam. Kleist und Hammerstein redeten auf mich ein, und ich dachte mir, daß es doch richtig sei mitzufahren, um die entscheidenden Informationen zu erhalten. Mit einem Wagen hätte ich ja relativ schnell wieder in Potsdam zurück sein können. Was sich nun abspielte, ist in dem umfangreichen Werk «Widerstand–Staatsstreich–Attentat» von Peter Hoffmann im allgemeinen zutreffend wiedergegeben. Ich beschränke mich deshalb auf die Schilderung der Ereignisse aus ganz persönlicher Erinnerung. Wir trafen also im Hotel «Esplanade» ein und nahmen ein bescheidenes Essen. Wir sprachen kaum ein Wort. Als ein überaus dicker braununiformierter Parteibonze mit jenem bekannten, besonders breiten Ledergurt durch die Hotelhalle ging, fragte Kleist mit halblauter Stimme, ob man ihn nicht in seinen dicken Bauch schießen sollte. Nach fast unerträglicher Wartezeit kam ein Anruf von Klausing, der uns aufforderte, in die Bendlerstraße, den Sitz des Befehlshabers des Ersatzheeres, zu kommen. Ich war der festen Überzeugung, daß Hitler nun tot sei. Als wir zu Fuß am Rande des Tiergartens an einigen Passanten vorbeigingen, meinte Kleist: «Die wissen nun noch gar nichts.» Es war ein wolkenloser, heißer Berliner Sommertag.
Mit dem Bruder Stauffenbergs, Graf Berthold in Marineuniform, mit Fritz Graf v. d. Schulenberg, Oberst Jäger und Eugen Gerstenmaier befanden wir uns in einem kleinen Dienstzimmer. Stauffenberg war noch nicht da. Wir sollten auf ihn warten. Als er hereinkam, sagte er: «Er ist tot! Ich habe selbst gesehen, wie man ihn hinausgetragen hat.»

Stauffenberg bat mich, dem gleich erwarteten Generaloberst Beck den Uniformrock anzuziehen. Der Rock mit den richtigen Abzeichen hing bereits in einem Schrank. Als dann ein älterer Herr eintraf, half ich ihm in den Rock. Es war aber nicht Beck, sondern Hoepner, bis 1942 Generaloberst und Korpskommandeur an der Ostfront, der von Hitler aus der Wehrmacht ausgestoßen worden war, weil er sich geweigert hatte, Leben und Freiheit seiner Soldaten durch Befolgung eines sinnlosen «Haltebefehls» aufs Spiel zu setzen. Nun zog ich ihm den Rock des Generalobersten über. Beide, Beck und Hoepner, hatte ich ja nie vorher gesehen. Beck blieb dann bis zum bitteren Ende in Zivil. Fromm wurde von seinem Schreibtisch weg verhaftet, nachdem er sich geweigert hatte, bei der Aktion mitzuwirken. Hoepner ist sicherlich schwergefallen, sich an den Schreibtisch des Befehlshabers des Ersatzheeres zu setzen. Stauffenberg teilte mich zunächst als Hoepners Ordonnanzoffizier ein. Dieser bat mich, die Offiziere des Stabes zusammenzurufen. Ich hielt auf alle Fälle die Pistole in der Hand, als die unsicheren Kantonisten im Halbkreis um ihn herumstanden. Er teilte ihnen mit ruhiger Stimme sehr eindrucksvoll mit, daß der Führer tot sei, die Wehrmacht die vollziehende Gewalt übernommen habe und daß er von jedem erwarte, daß er seine Pflicht wie bisher weiter tue. Jemand vom Stabe forderte mich auf, den vorbereiteten Befehl über die Zurücknahme der Kurland-Armee aus dem Panzerschrank zu holen und ihn dem inzwischen eingetroffenen Generaloberst Beck zur Unterschrift vorzulegen. Nichts habe ich lieber und hochgemuter getan. Die Kurland-Armee lag fast eingeschlossen weit vor dem Nordflügel der zerbröckelnden Rußland-Front. Ihr Festhalten war militärisch völlig unsinnig und für die abgekämpfte Truppe unmenschlich. Die Befehle gingen ab. Der nächste Schritt galt der Westfront. Die Walküre-Befehle erledigte, wenn auch verspätet, der General Olbricht.
Beck forderte mich auf, ein Gespräch mit dem Oberbefehlshaber im Westen, dem Generalfeldmarschall v. Kluge, mitzuhören.

Beck eröffnete dem «klugen Hans», wie er häufig genannt wurde, daß Hitler tot und die vollziehende Gewalt an die Wehrmacht gegangen sei, und daß er, Beck, den Oberbefehl führe. Jetzt seien die notwendigen Folgerungen aus der politischen und militärischen Lage zu ziehen, und daß sie beide – er erinnerte an einen früheren Gedankenaustausch – in dieser Beurteilung doch wohl übereinstimmten. Kluge entgegnete, er habe nach seinen Informationen Grund, am Tode Hitlers zu zweifeln. Jetzt wurde Beck eindringlich, erinnerte an die Kameradschaft, die beide vom Ersten Weltkrieg her binde, und beschwor Kluge, sich der Schicksalsstunde für Deutschland bewußt zu sein. «Kluge! Das Schicksal von Reich und Volk liegt in Ihrer Hand! Wie wollen Sie sich vor der Geschichte rechtfertigen, wenn Sie sich jetzt der Verantwortung entziehen?» rief er in den Apparat. Nach einigem Zögern sagte der Feldmarschall, daß man nicht mit ihm rechnen dürfe; seine Aufgabe bleibe die militärische Führung auf dem Kriegsschauplatz im Westen. Aus. Becks Gesicht war wie versteinert, als er den Hörer aus der Hand gab.

Stauffenberg trat herein und forderte mich auf, bei einem Rundgang durch die Flure festzustellen, wie man sich in den Dienstzimmern verhielt. Ein SS-Führer, Piffrader, wurde von uns in ein Eckzimmer eingesperrt. Er war zur Aufklärung der Lage hergeschickt worden. Jetzt schäumte er vor Wut. Vor dem Zimmer stellten wir einen Wachposten vom Wachregiment, dem ich laut, so daß Piffrader es hören mußte, die Anweisung gab, sofort zu schießen, wenn der Kerl einen Fluchtversuch machte.

Als uns klar wurde, daß Hitler noch lebte, ging ich am Rande des Bendlerblocks in der frischen Luft auf und ab. Kleist trat hinzu und redete auf mich ein, daß bereits Truppen auf Berlin vorrückten. Wir gingen dann beide wieder hinauf in den Flur vor dem Dienstzimmer des Befehlshabers des Ersatzheeres. Im Flur traf ich auf Schulenburg. Er bestätigte, daß alles aus sei, weil Hitler tatsächlich noch lebte. Aber er fügte hinzu: «Wir müssen trotzdem weitermachen. Wir müssen diesen Kelch bis zur Neige leeren. Wir müssen uns opfern. Später wird man uns verstehen.» Dann ging er zu Stauffenberg. Ich trat in den Flur hinaus und traf Oppen. In diesem Augenblick wurden wir von einer mit Maschinenpistolen bewaffneten Gruppe unter Führung des Oberstleutnants Herber umringt und entwaffnet. Die Gruppe zog in Richtung der Räume, wo sich Beck, Hoepner und Stauffenberg befanden, weiter. Ich trat in das nächstliegende Dienstzimmer des Generals Olbricht. Ich stand neben ihm, als der Oberstleutnant im Generalstab von der Heyde, eine Maschinenpistole vor seinen dicklichen Bauch haltend, auf Olbricht und mich zukam, die Mündung auf uns gerichtet, pathetisch schrie: «Das ist hier gegen den Führer! Sind Sie für oder gegen den Führer?» und «Ich möchte zu Generaloberst Fromm!» Olbricht: «Nehmen Sie erst mal dieses Ding hier weg!» Und schob mit lässiger Hand den Lauf der MP zur Seite. Dann: «Ich gehe mit Ihnen zu Fromm!» Dann fielen Schüsse im Flur. Stauffenberg rief etwas. Olbricht: «Da habt Ihr womöglich den guten Stauffenberg getroffen! Stauffenberg muß leben!» Olbricht und von der Heyde gingen ab in Richtung Fromm.

In diesem Augenblick trat ein weißhaariger Oberst auf mich zu und fragte, was hier los sei; er sei von einer Dienststelle der Wehrmachtpropaganda hierhergerufen worden. Ich sagte zu ihm: «Ich weiß auch nichts, Herr Oberst. Ich empfehle Herrn Oberst, sofort zur Dienststelle zurückzugehen. Ich werde Herrn Oberst begleiten.» – Er stimmte erleichtert zu. Ich begleitete ihn die Treppen hinunter bis zur Wache. Dort standen schon bewaffnete Verstärkungen, auch an SS erinnere ich mich. Den Oberst ließ man passieren, weil man ihn ja eben schon beim Hineingehen gesehen hatte. Mich fuhr man an: «Und wer sind Sie?» Ich antwortete schnell: «Ich bin der Adjutant von Herrn Oberst.» Und draußen war ich.

10. Der 20. Juli 1944 im Bendlerblock – wie ich ihn erlebte

Einige Tage nach dieser Bombennacht wurde ich von Stauffenbergs Ordonnanzoffizier angerufen. Haeften fragte, wann ich in der nächsten Zeit im Hause sein würde, und notierte meine Dienstzeiten bis Ende Juli. Als ich um Auskunft bat, warum er das so genau wissen sollte, antwortete Haeften zögernd: «Hm, nur so, für alle Fälle. Vielleicht machen wir mal eine Übung, und dann muß ich wissen, wann Sie zu erreichen sind.»

Am 20. Juli habe ich Nachtdienst, vom späten Nachmittag bis zum nächsten Morgen. Der Tiergarten ist an diesem glutheißen, schwülen Sommertag ebenso leer wie die Straßen am Rande des Parks. Als ich in die Bendlerstraße einbiege, marschiert ein feldmarschmäßig ausgerüsteter Zug Grenadiere auf mich zu, vermutlich Leute des Wachregiments. Und am Ende der Straße, vor dem Gebäude des Oberkommandos, sehe ich Soldaten, Zivilisten, Autos, Motorräder.

Als ich am Tor des Bendlerblocks ankomme, stehen da Gruppen von Soldaten und Offizieren in erregtem Gespräch umher. Ein paar fluchen, weil sie Dienst haben und das Gebäude nicht betreten dürfen. Ein Leutnant erklärt mir, die Wache lasse keinen durch, vermutlich handle es sich um eine Alarmübung. Alarmübung? – Übung? Das Telefonat mit Haeften fällt mir ein. Sprach er nicht auch von einer Übung? Ich zeige einem Wachhabenden meinen Ausweis und setze ihm auseinander, ich müsse unter allen Umständen zum Dienst; auf dem Nachtapparat der Auslandsabteilung müsse unbedingt jemand erreichbar sein. Der Offizier am Tor hängt sich an den Hörer, telefoniert. Der Offizier vom Dienst von Ausland II C wolle durch. Er nennt meinen Namen. Zu meinem Erstaunen darf ich passieren. Ich frage den Leutnant von der Torwache, was denn los sei. In den anderthalb Jahren, die ich im Bendlerblock tätig sei, hätte ich noch nie eine solche Absperrung erlebt. Der Leutnant antwortet brüsk, gereizt: «Ich bin zu keiner Auskunft befugt.» – Auf dem Hof frage ich einen Kriegsverwaltungsrat, den ich flüchtig kenne. Er meint: «Was soll hier schon los sein? Vielleicht Blockbesichtigung durch irgendein hohes Tier. Am Ende kommt der Führer mal persönlich nach Berlin, wäre ja Zeit. Verdammt, ich darf nicht aus dem Bau heraus, obwohl mein Dienst zu Ende ist.»

Nun, mein Dienst beginnt erst. Kühl und ruhig ist es in dem Zimmer im obersten Stock. Ich öffne das Fenster. Der Duft der alten Kastanien dringt in den halbdunklen Büroraum aus Kaiser Wilhelms Zeiten. Auf der Straße am Landwehrkanal marschieren gelangweilt ein paar Wachtposten auf und ab.

Plötzlich schrillt das Telefon, und es meldet sich das Führerhauptquartier im fernen Ostpreußen, am Apparat der Verbindungsoffizier unserer Auslandsabteilung beim Wehrmachtführungsstab, ein Oberst, der mich anschnarrt: «Donnerwetter, was wird bei Euch in Berlin gespielt? Haben Sie mir nichts zu melden?» – «Keine besondere Meldung, Herr Oberst», antworte ich militärisch korrekt. «Hatte nur Schwierigkeiten beim Betreten des Gebäudes. Alles ist abgesperrt, aber ich durfte passieren.» Der Oberst antwortet: «Da haben Sie wirklich Glück gehabt. Stellen Sie mal das Radio an. In spätestens einer halben Stunde bekommen Sie die Neuigkeit des Tages zu hören!»

Ich setze unseren Apparat in Betrieb, und plötzlich höre ich die Stimme des Ansagers: «Auf den Führer wurde heute ein Sprengstoffanschlag verübt ... Aus seiner Umgebung wurden hierbei schwer verletzt: Generalleutnant Schmundt, Oberst Brandt, Mitarbeiter Berger ... Der Führer selbst hat außer leichten Verbrennungen und Prellungen keine Verletzungen erlitten ...»

Ich springe vor Erregung auf, gehe schnell im Zimmer auf und ab. Fragen über Fragen jagen durch meinen Kopf: Stimmt die Rundfunkmeldung? Hat Hitler wirklich nur leichte Verbrennungen und Prellungen erlitten? Oder? ... Oder ist das alles nur Propaganda und vorsichtige Vorbereitung der

31

Fernschreibstelle

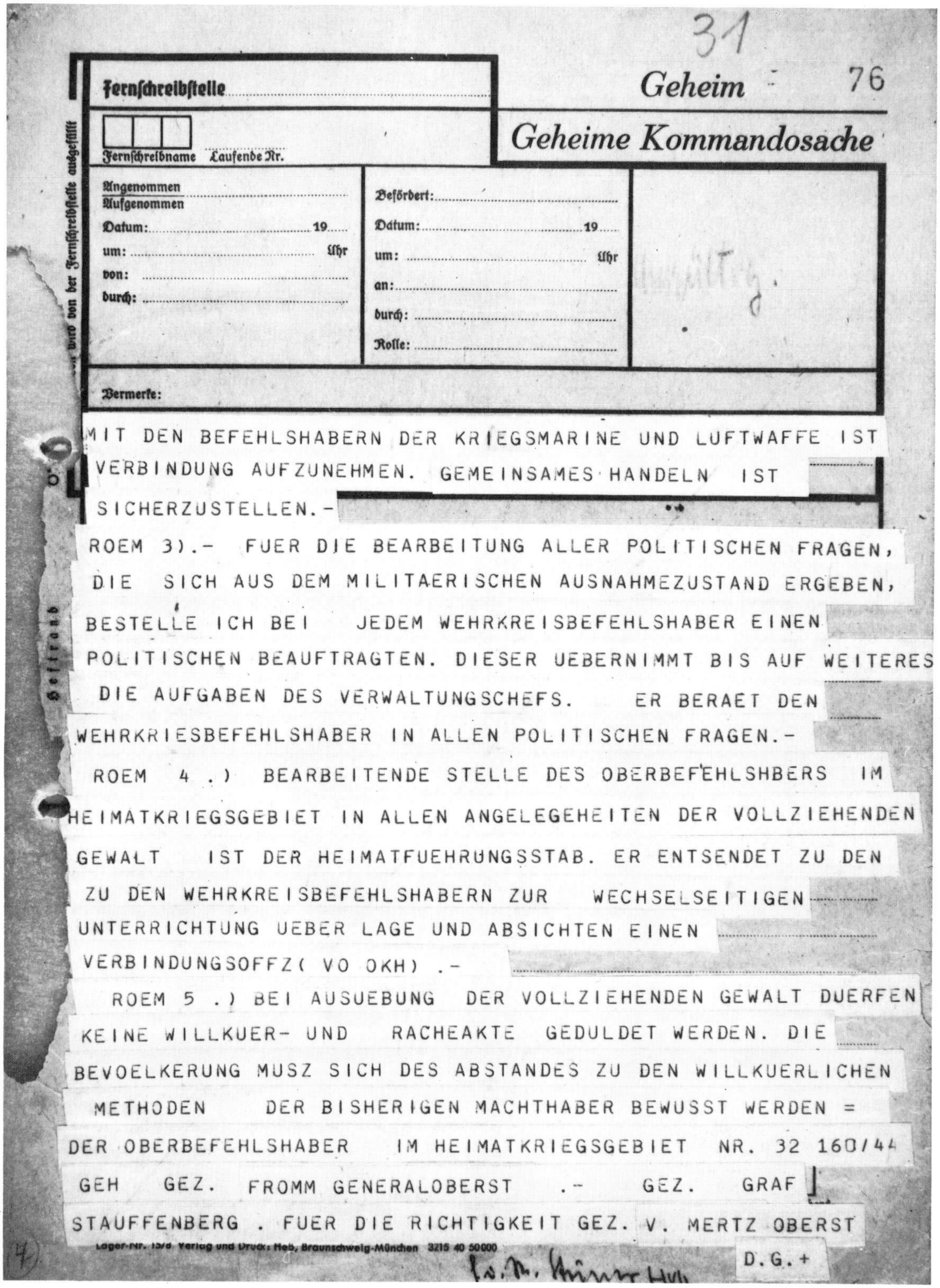

Geheim 76

Geheime Kommandosache

Fernschreibname Laufende Nr.

Wird von der Fernschreibstelle ausgefüllt

Angenommen
Aufgenommen
Datum: 19
um: Uhr
von:
durch:

Befördert:
Datum: 19
um: Uhr
an:
durch:
Rolle:

Vermerke:

MIT DEN BEFEHLSHABERN DER KRIEGSMARINE UND LUFTWAFFE IST VERBINDUNG AUFZUNEHMEN. GEMEINSAMES HANDELN IST SICHERZUSTELLEN.-

ROEM 3).- FUER DIE BEARBEITUNG ALLER POLITISCHEN FRAGEN, DIE SICH AUS DEM MILITAERISCHEN AUSNAHMEZUSTAND ERGEBEN, BESTELLE ICH BEI JEDEM WEHRKREISBEFEHLSHABER EINEN POLITISCHEN BEAUFTRAGTEN. DIESER UEBERNIMMT BIS AUF WEITERES DIE AUFGABEN DES VERWALTUNGSCHEFS. ER BERAET DEN WEHRKRIESBEFEHLSHABER IN ALLEN POLITISCHEN FRAGEN.-

ROEM 4 .) BEARBEITENDE STELLE DES OBERBEFEHLSHBERS IM HEIMATKRIEGSGEBIET IN ALLEN ANGELEGEHEITEN DER VOLLZIEHENDEN GEWALT IST DER HEIMATFUEHRUNGSSTAB. ER ENTSENDET ZU DEN ZU DEN WEHRKREISBEFEHLSHABERN ZUR WECHSELSEITIGEN UNTERRICHTUNG UEBER LAGE UND ABSICHTEN EINEN VERBINDUNGSOFFZ(VO OKH) .-

ROEM 5 .) BEI AUSUEBUNG DER VOLLZIEHENDEN GEWALT DUERFEN KEINE WILLKUER- UND RACHEAKTE GEDULDET WERDEN. DIE BEVOELKERUNG MUSZ SICH DES ABSTANDES ZU DEN WILLKUERLICHEN METHODEN DER BISHERIGEN MACHTHABER BEWUSST WERDEN =

DER OBERBEFEHLSHABER IM HEIMATKRIEGSGEBIET NR. 32 160/44 GEH GEZ. FROMM GENERALOBERST .- GEZ. GRAF STAUFFENBERG . FUER DIE RICHTIGKEIT GEZ. V. MERTZ OBERST

D.G.+

Lager-Nr. 13/8 Verlag und Druck: Heb, Braunschweig-München 3215 40 50000

125/126 *Originalfotos der als «Geheime Kommandosache» deklarierten, von Generalfeldmarschall v. Witzleben, Graf Stauffenberg und Mertz v. Quirnheim unterzeichneten Befehle, die am Nachmittag des 20. Juli als Fernschreiben aus der Bendlerstraße an die*

Fernschreibstelle

Geheime Kommandosache

VOLZIEHENDEN GEWALT BEI DURCHFUEHRUNG IHRER SCHWIERIGEN
AUFGABE MIT ALLEN ZU GEBOTE STEHENDEN MITTELN ZU
UNTERSTUETZEN UND DIE BEFOLGUNG IHRER WEISUNGEN DURCH
DIE UNTERGEORDNETEN DIENSTSTELLEN SICHERZUSTELLEN.-
   DER DEUTSCHE SOLDAT STEHT VOR EINER GESCHICHTLICHEN
AUFGABE. VON SEINER TATKRAFT UND HALTUNG WIRD ES ABHAENGEN,
OB DEUTSCHLAND GERETTET WIRD.-
GLEICHES HABEN ALLE TERRITORIALEN BEFEHLSHABER, DIE
OBERKOMMANDOS DER WEHRMACHTTEILE UND DIE DEN OBERKDOS
UNMITTELBAR UNTERSTEHENDEN KOMMANDOBEHOERDEN DES HEERES,
DER KRIEGSMARINE UND DER LUFTWAFFE = DER
OBERBEFEHLSHABER DER WEHRMACHT VON WITZLEBEN
GENERALFELDMARSCHALL ,-
AHA / STAB 111/44 GKDOS CHEFS. C. 20.7.44 GEZ. GRAF
STAUFFENBERG+

Wehrkreiskommandos und Führungsstellen des Ersatzheeres gingen. Sie verkündeten gemäß dem von den Verschwörern zur Tarnung benutzten Stichwort «Walküre» den Ausnahmezustand und die Einzelmaßnahmen, mit denen das Heer «die vollziehende Gewalt» übernehmen soll.

Öffentlichkeit auf den Tod Hitlers? Und wer hat den Sprengstoffanschlag verübt? Warum ist der Bendlerblock durch Militär abgeriegelt? Das Attentat fand doch im Hauptquartier in Ostpreußen statt.

Fragen, nichts als Fragen. Ich finde keine Antwort. Und dauernd rasseln meine Diensttelefone. Irgendein Stabsoffizier will die Namen der Orte wissen, die im letzten sowjetischen Armeebericht genannt werden. Ich verspreche mich ein paarmal beim Buchstabieren der fremdartigen Namen, so aufgeregt bin ich. Ein Mann vom Rüstungsamt fragt an, ob wir Auslandsmeldungen über die britische Flugzeugproduktion hätten. Ein Offizier der Abteilung Fremde Heere West braucht die letzten Positionsmeldungen von der Invasionsfront. Und dann erhalte ich plötzlich einen Anruf aus dem Hause. Werner von Haeften meldet sich. Im Hintergrund der Telefonmuschel höre ich Stimmengewirr, Türenklappen, Schritte, so daß ich Stauffenbergs Ordonnanzoffizier nur schwer verstehe: «Gut, daß Sie da sind. Passen Sie mal auf. Wie viele Leute brauchen Sie?» – «Leute – wofür?» «Stimmt, Sie wissen ja noch von nichts. Für die Aktion gegen das Deutsche Nachrichten-Büro natürlich, die besprochene.» – «Für die Berliner Zentrale mindestens zwanzig Leute, damit alles abgesichert werden kann», lautet meine Antwort. Haeften erwidert: «Zwanzig Mann, in Ordnung. Ich gebe es weiter und melde mich wieder. Halten Sie sich bereit!»

Ich will noch Fragen stellen. Aber Haeften hat schon aufgelegt, und sein Apparat ist dauernd besetzt. Verfluchte Unklarheit und Wirrnis! Ist das Attentat auf Hitler am Ende geglückt? Die Aktion scheint ja angelaufen zu sein. In welchem Stadium befindet sie sich? Soll ich Letterhaus anrufen? Er machte in der letzten Woche so seltsame Andeutungen, daß etwas im Gange sei. Zwischen den üblichen Dienstgesprächen überprüfe ich meine Pistole. Hatte Haeften nicht gesagt, ich solle mich bereithalten? Und welche Rolle spielt Stauffenberg bei der Aktion?

Wieder schrillt das Telefon. Die Stimme von Bernhard Letterhaus. Er ruft von unserer Außenstelle in einer Panzerkaserne bei Potsdam an, fragt zögernd, leise, ob es etwas Neues, Besonderes gäbe. Was soll ich ihm sagen? Weiß er denn nicht viel mehr als ich? Ich antworte ausweichend, – hört nicht jemand mit? – der Dienst sei sehr interessant heute nacht. Wenn er nichts Wichtigeres zu tun habe, könne er ja mal nach Berlin kommen. Letterhaus antwortete, er werde es sich überlegen. Wenn er Zeit habe, werde er kommen. Letterhaus kam nicht. Ich habe ihn nie wiedergesehen.

Gleich nach dem Anruf von Letterhaus höre ich Schüsse, Rufe, Befehle aus den unteren Stockwerken. Ich verlasse mein Telefon, eile die Treppe hinunter, in Richtung des Lärms. Jetzt verstehe ich die Rufe deutlich: «Für oder gegen den Führer? Antwort, oder wir schießen! Für oder gegen den Führer?»

Im nächsten Flur – im zweiten Stock, nicht weit von Stauffenbergs Büro – stürzen ein Oberstleutnant und ein paar Offiziere mit entsicherten Pistolen auf mich zu: «Für oder gegen den Führer?» Ich spiele den Verblüfften; erkläre dem Oberstleutnant, ich verstünde nicht, was die Frage bedeuten soll. Er fährt mich an: «Was haben Sie hier zu suchen?» Ich antworte, ich hätte gerade Nachtdienst bei der Auslandsabteilung und sei von dem Lärm aus meinem Zimmer getrieben worden. Was denn los sei? Der Oberstleutnant faucht mich an: «Das geht Sie einen Dreck an! Scheren Sie sich schleunigst auf Ihr Dienstzimmer! Heil Hitler!»

Heil Hitler – das klingt herausfordernd. Wer schreit und schießt hier gegen wen? Ein Offizier mit Pistole begleitet mich auf mein Zimmer, um festzustellen, ob ich auch nicht gelogen habe. Er ist befriedigt: ich bin in der Tat der Nachtdiensthabende von Ausland II C. Und dann, etwa eine Stunde nach Mitternacht, höre ich aus dem Rundfunkapparat ein mir aus vielen Radioreden wohlbekanntes Organ. Hitler persönlich spricht: «Deutsche Volksgenossen und Volksgenossinnen! Ich weiß nicht, zum wievielten Male nunmehr ein Attentat auf mich geplant und zur Durchführung gekommen ist... Eine ganz kleine Clique ehrgeiziger, gewissenloser und zugleich verbrecherischer, dummer Offiziere hat ein Komplott geschmiedet, um mich zu beseitigen... Die Bombe, die von dem Oberst Graf von Stauffenberg gelegt wurde, krepierte an meiner rechten Seite... Diesmal wird so abgerechnet, wie wir das als Nationalsozialisten gewohnt sind...»

11. Der Schlußakt: Ich komme noch einmal davon

Ja, Hitler, Himmler und ihre Schergen rechneten ab, wie sie es gewohnt waren. Stauffenberg, Haeften und ihre engsten Mitverschworenen wurden in der Nacht nach dem Attentat im Hof des Bendlerblocks erschossen. An die 200 Männer aus den Widerstandskreisen des 20. Juli fanden in den nächsten Wochen und Monaten den Tod, die meisten von ihnen durch Henkershand in dem kahlen Hinrichtungsraum des Zuchthauses Plötzensee. Auch mein Arbeits- und Amtskamerad Bernhard Letterhaus erlitt dort ein grausames Ende. Nahe dem Hinrichtungsort, der heutigen Gedenkstätte Plötzensee, wurde eine Straße nach Bernhard Letterhaus benannt. Ich glaube, nicht zuletzt seinem mutigen Schweigen bei den Verhören habe ich es zu verdanken, daß ich dem Zugriff der Schergen Himmlers entging.

Stauffenberg war zu meinem Glück kein Freund überflüssiger Aktennotizen. Beim ersten Gestapoverhör wurde mir die Frage gestellt, was es zu bedeuten habe, daß neben meinem Namen die Abkürzung DNB, also Deutsches Nachrichten-Büro, stehe. Ich schielte zu dem Aktenbündel hinüber, das der Beamte vor sich zu liegen hatte und das er vor mir nicht verbarg. Zu meiner Erleichterung sah ich, daß neben meinem Namen wirklich nur die drei Buchstaben DNB zu lesen waren, mehr nicht. Welch ein Verhängnis wäre es gewesen, wenn da vielleicht gestanden hätte: Übernahme des DNB usw. So konnte ich dem Beamten des Reichssicherheitshauptamtes, der außer mir noch andere Angehörige der Amtsgruppe Ausland vernahm, klarmachen, die Aktennotiz Holmsten-DNB bedeute wahrscheinlich, daß ich im Zivilberuf Redakteur dieser Agentur sei; ich sei meines Wissens der einzige DNB-Angestellte, der bei der Amtsgruppe Ausland und im Bendlerblock nach seiner Einziehung zum Militärdienst tätig sei.

Bei Gestapo-Verhören – das wußte ich von Bekannten, die bereits einige hinter sich hatten – war

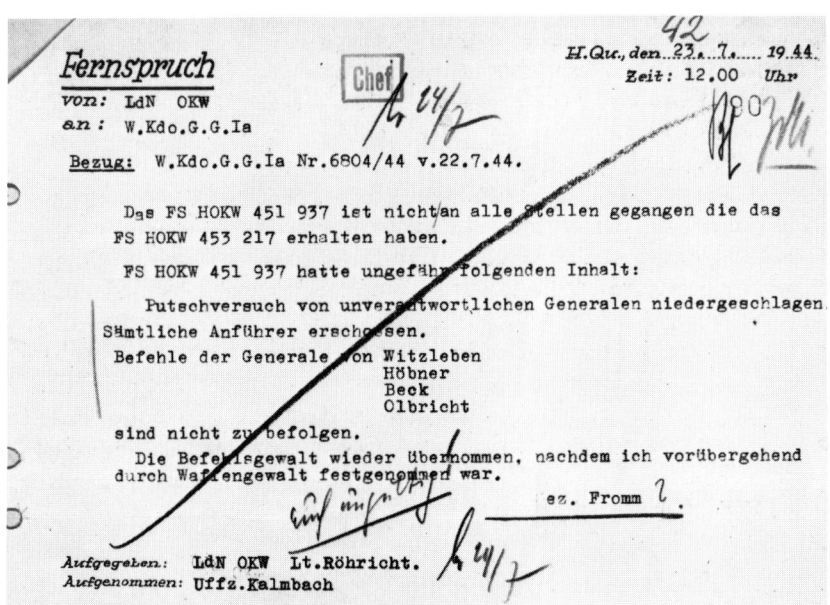

127 *Ein bezeichnender Fernspruch der Nachrichtenleitstelle des OKW, der die nervöse Atmosphäre am und nach dem 20. Juli widerspiegelt.*

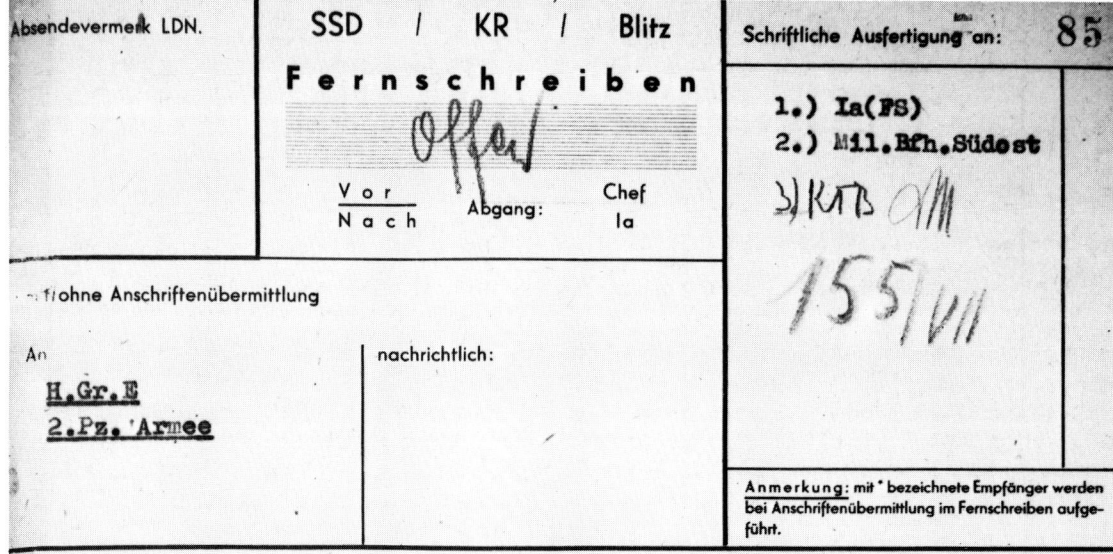

Der Führer hat nachstehenden Tagesbefehl an das Heer erlassen. Dieser Befehl ist sofort bekanntzugeben. Gegen eine Veröffentlichung durch die Feldzeitungen bestehen keine Bedenken. Eine Veröffentlichung durch Presse und Rundfunk erfolgt nicht.

"Tagesbefehl.

Soldaten des Heeres.

Ein kleiner Kreis gewissenloser Offiziere hat auf mich und den Stab der Wehrmachtführung einen Mordanschlag verübt, um die Staatsgewalt an sich reissen zu können. Die Vorsehung hat das Verbrechen missglücken lassen. Durch das sofortige tatkräftige Eingreifen treuer Offiziere und Soldaten des Heeres in der Heimat wurde die Verräter-Clique in wenigen Stunden ausgelöscht oder festgenommen. Ich habe das nicht anders erwartet. Ich weiss, dass ihr wie bisher in vorbildlichem Gehorsam und treuer Pflichterfüllung tapfer kämpft, bis am Ende der Sieg trotz allem unser sein wird.

Führerhauptquartier, 21.7.44
Der Führer: gez. Adolf Hitler.

128 *Hitlers Tagesbefehl an das Heer im Originalfernschreiben, wie es vom Führerhauptquartier an die Armeekommandos weitergeleitet wurde.*

im übrigen die Taktik des «understatement» zu empfehlen. Es war von Vorteil, ein unscheinbarer Zeitgenosse, eine «graue Maus», zu sein. Da ich wußte, daß Wehrmachtsoffiziere, vor allem die der Abwehr, nach dem 20. Juli vom RSHA mit besonderem Mißtrauen betrachtet wurden, erklärte ich gleich bei der ersten Vernehmung, ich sei kein Offizier, sondern nur ein Landser, der als OvD, als Offizier vom Dienst in Zivil, arbeitete. Der Beamte sah kopfschüttelnd mein Soldbuch mit den Eintragungen der Amtsgruppe Ausland durch und brummte etwas von «eigenartigen Zuständen», die nur bei der Abwehr möglich seien. Dann fragte er mich, ob ich etwas Besonderes über Offiziere oder andere Leute wüßte, die etwas mit dem 20. Juli zu tun gehabt hätten; immerhin seien bei Ausland/Abwehr besonders viele dieser Herren tätig gewesen, und wir hätten dienstlich mit manchen dieser Offiziere verkehrt. Getreu meiner Grauen-Maus-Rolle tat ich sehr erstaunt, daß er mir so exklusive Beziehungen zutraue. Er müsse doch wissen, welch eine Distanz zwischen Offizieren und Soldaten bei den Dienststellen des OKW herrsche. Die hohen Herren, die vielleicht etwas mit dem 20. Juli zu tun gehabt hätten, seien mir nur oberflächlich bekannt; die würden einem Landser kaum politische Geheimnisse anvertrauen. Diese Ironie aus der Landserperspektive gefiel dem RSHA-Beamten offensichtlich. Ermüdet von den vorhergehenden Vernehmungen ließ er mich bald gehen.

Nach dieser ersten Vernehmung atmete ich erleichtert auf. Aber war damit alles vorüber? Gab es am Ende außer der kurzen, wenig besagenden Personalnotiz «Holmsten-DNB» noch andere Aufzeichnungen über die DNB-Aktion im Büro Stauffenberg? Es folgten Wochen der Unruhe, des bangen Abwartens. Mit gar zu vielen Männern, die nach dem 20. Juli verhaftet wurden, hatte ich Kontakte, Gespräche gehabt, die über das Dienstliche hinausgingen. Ich habe nur einige genannt, um diesen Bericht nicht mit zu vielen Namen, Episoden aus immerhin zwei Jahren Bendlerblock zu belasten. In meiner eigenartigen Zwischen- und Zwitterstellung zwischen Nachrichtenjournalist, Offizier vom Dienst in Zivil und Soldat konnte ich freier und ungenierter als andere in diesem Haus Tätige, die durch militärische Konvention und Dienstränge eingezwängt waren, die Bekanntschaft von Männern machen, die heute als Repräsentanten des deutschen Widerstandes gelten. Glücklicherweise wurde ich über solche Männer bei den späteren Gestapo-Verhören nur am Rande befragt.

Das Hauptthema der Vernehmungen, die ich im Herbst 1944 zu durchstehen hatte, war das Deutsche Nachrichten-Büro, genauer gesagt, das Material, das meine frühere Arbeitsstätte einigen OKW-Dienststellen im Bendlerblock lieferte. Jedes der Verhöre, die sich in Dienststellen des Reichssicherheitshauptamts in Nebenstraßen des Kurfürstendamms abspielten, war eine neue Mutprobe. Denn nach dem gescheiterten Putsch des 20. Juli war es im Bendlerblock bekannt, daß mancher der Verhörten nicht mehr zurückgekehrt war. Einige waren vom Kurfürstendamm gleich in die berüchtigten Keller des RSHA in der Prinz-Albrecht-Straße transportiert worden.

Erst im Laufe der Vernehmungen stellte ich fest, daß die im übrigen meist recht höflichen Beamten anscheinend den Ehrgeiz hatten, einen zusammenfassenden Bericht über das Nachrichtenmaterial zu liefern, das in erster Linie vom DNB an die Amtsgruppe Ausland geliefert wurde, die es dann an andere Führungstellen der Wehrmacht verteilte. Das Reichssicherheitshauptamt, das nach der Ablösung von Canaris den größten Teil des Amtes Ausland/Abwehr übernommen hatte, hatte manches dagegen einzuwenden, daß nach wie vor so viele Offiziere der leitenden Stäbe und Abteilungen der Wehrmacht Tag für Tag Lageberichte und Meldungen aus dem Ausland erhielten, die ein ganz anderes Bild der militärischen und politischen Lage ergaben als die Wehrmachtsberichte. Besonders die rege Informationstätigkeit unserer Amtsgruppe Ausland, die beim Wehrmachtführungsstab verblieben und nicht dem RSHA unterstellt war, gab der Gestapo Anlaß zu permanentem Argwohn und Ärger. Nicht ganz mit Unrecht waren die staatspolizeilichen Stellen der Ansicht, daß die allzu wahrheitsgetreuen Berichte des feindlichen und neutralen Auslands die Mißstimmung nach den Niederlagen der Jahre 1943 und 1944 im Offizierkorps nur verstärken würden.

Das als «streng vertraulich» eingestufte Material von DNB-Weiß – so wegen des weißen Papiers benannt, auf dem es abgezogen war – entrüstete die Gestapobeamten immer wieder. Sie hielten mir die militärischen Meldungen über die Fortschritte der Alliierten an allen Fronten und die politischen Hintergrundberichte der DNB-Korrespondenten aus dem neutralen Ausland unter die Nase und erklärten, es sei doch eigentlich eine Unverschämtheit von uns, solche «Feindpropaganda» unter den Offizieren zu verbreiten. Ich hüte mich, den mit den Aufgaben und Gepflogenheiten der Abwehr anscheinend nicht sehr genau vertrauten Beamten zu widersprechen. Ich sagte lediglich, es sei nun einmal die leidige Pflicht des Auslandsnachrichtendienstes der Wehrmacht, wenigstens die militärischen Führungsstellen mit den Meldungen und Ansichten des Gegners bekanntzumachen. Im übrigen sei ich als kleiner Mann im großen Befehlsapparat der Wehrmacht nicht dafür verantwortlich, wenn und an wen solche Berichte verteilt würden. Meines Wissens handle es sich da um Absprachen zwischen dem OKW und DNB, über die ich als Jungredakteur und simpler Offizier vom Dienst in Zivil nicht so genau orientiert sei.

Erst nach dem Kriege ist mir ganz klar geworden, aus welchem Grunde die Gestapobeamten ausgerechnet von mir so eingehende Auskünfte über Herkunft und Empfänger der DNB-Berichte haben wollten. Sie nahmen mich nicht nur deshalb besonders «in die Zange», weil ich zufällig der einzige DNB-Angehörige bei der Amtsgruppe Ausland war, also ein einigermaßen sachkundiger Redakteur der Agentur, von der die Amtsgruppe damals die meisten Informationen bezog. Ich hatte das Pech, daß meine Vernehmung in eben jenen Monaten stattfand, in denen SS und RSHA mit mehr oder weniger List und Elan versuchten, den Nachrichtendienst der Wehrmacht völlig in ihren Machtbereich einzubeziehen.

Weder die mich vernehmenden Beamten noch ich selber waren damals im einzelnen über die diffizilen Verhandlungen orientiert, die nach der Absetzung des Abwehrchefs Canaris stattgefunden hatten. Aufgrund bisher unbekannter Quellen berichtet der Zeithistoriker Gert Buchheit in seinem Buch «Der deutsche Geheimdienst» über dieses 1944 nur den wenigen Eingeweihten und an den Verhandlungen Beteiligten genauer bekannte Kapitel der Kriegsgeschichte:

«Auch um die bisherige Amtsgruppe ‹Ausland› entbrannte ein heftiger Kampf. Schließlich gelang es dem Verhandlungsgeschick ihres Chefs, Vizeadmiral Bürkner, sie vor dem Zugriff des RSHA einstweilen zu bewahren. Sie wurde dem Wehrmachtführungsstab unterstellt. Die offizielle Übergabe der militärischen Abwehr an das RSHA fand auf einer besonderen Tagung auf einem Schloß bei Salzburg statt. Die Tagung wurde von dem Reichsführer SS Himmler persönlich in Anwesenheit des Chefs des OKW, Feldmarschall Keitel, gefeiert. Fast alle hohen SS-Führer waren zugegen. Himmler hielt eine Rede, in der er ‹das verdienstvolle Wirken der militärischen Abwehr› hervorhob. Die deutsche Wehrmacht war nunmehr die einzige in der Welt, die über keinen eigenen Nachrichtendienst mehr verfügte. Dem zielbewußten und intriganten Vorgehen Himmlers und seiner Genossen war es endlich gelungen, die militärische Abwehr zu zerschlagen und ihre Reste an sich zu bringen. Doch dieser Erfolg brachte dem ‹Sieger› nur eine Galgenfrist von kaum einem Jahr der heiß ersehnten Macht. Im übrigen ging der Kampf des RSHA gegen die Amtsgruppe ‹Ausland› unerbittlich weiter. Es wurde ihr vom SD jede Berechtigung abgesprochen, die Wehrmachtsführung nach objektiven Gesichtspunkten über die außenpolitische Lage und die öffentliche Meinung des Auslandes zu informieren. Man sperrte ihr die Zuleitung aller bei den übernommenen Abwehrabteilungen bisher anfallenden außenpolitischen Nachrichten und den Bezug ausländischer Zeitungen. Das RSHA vertrat nämlich die Auffassung, daß objektive Nachrichten aus dem Ausland im politisch ungeschulten Offizierskorps der höheren Führung nur Defaitismus erzeugten. Die täglichen Lageberichte mußten jeglichen Hinweis vermeiden, der eine Kritik an der deutschen Führung und an den Wehrmachtsberichten hervorrufen konnte. Zur Kontrolle wurde ein SD-Führer des RSHA/Amt VI bei der Amtsgruppe ‹Ausland› des bisherigen Amtes/Abwehr eingebaut. Nur mit Hilfe von Göring und Dönitz gelang es damals, die Amtsgruppe vor dem Zugriff Himmlers zu retten.»

In dieser gespannten Atmosphäre fanden die Vernehmungen und informatorischen Gespräche statt, in denen diverse Gestapobeamte offensichtlich den Ehrgeiz hatten, durch Befragung von Angehörigen der Amtsgruppe Ausland, des DNB und anderer Personen ihren Vorgesetzten Material zu weiteren Maßnahmen gegen die angeblich so schädliche und überflüssige Informationstätigkeit des Auslandsnachrichtendienstes der Wehrmacht zu liefern. Als die Beamten nicht aufhörten, mich mit Detailfragen zu belästigen, über die ich selbst nicht hinreichend unterrichtet war, wies ich sie erneut auf mei-

---

Theo Findahl, *Korrespondent der Osloer Zeitung «Aftenposten» im Berlin der Kriegsjahre, vermerkt am 21. und 22. Juli 1944 über seine Eindrücke von dem dramatischen Geschehen in seinen fortlaufend geführten Aufzeichnungen:*

«Der gestrige Revolteversuch hat nicht die geringsten Spuren in Berlins äußerem Leben hinterlassen. Alles geht seinen gewohnten Gang – Straßenbahnen, Untergrundbahnen fahren wieder nach ihren Fahrplänen, Läden und Büros sind geöffnet wie sonst, auf Straßen und Märkten benehmen sich die Menschen genau wie an anderen Werktagen. Man findet die alte Erfahrung bestätigt, die so viele ausländische Beobachter von Deutschland gemacht haben: Das deutsche Volk ist das gehorsamste, das unrevolutionärste von allen europäischen Nationen. Wäre man heute, am 22. Juli, mit einem Flugzeug nach Berlin geflogen und hier gelandet, so hätte man den Eindruck gewonnen, daß die Ereignisse des weltgeschichtlichen Tages, des 20. Juli, ganz aus der Weltgeschichte ausgelöscht sind. In Berlin gehen alle Menschen mehr oder weniger müde und verdrossen an ihr Tagewerk. Nicht die Spur von Aufruhr, nicht einmal eine Spur von Gemütsbewegungen ist bei den Massen zu erkennen. Die Gestapo und der SD räumen in schweigender Grausamkeit auf, eine Würgemaschine von höchster Wirkungskraft. Köpfe rollen, flüstern die Nonnen in der Johannisstraße. Das kann man sich sehr wohl denken, wenn Himmler regiert. Die Menschen haben den Glauben an den lebendigen Gott verloren, darum kommt all dies Unglück über uns, sagen sie und schlagen das Zeichen des Kreuzes.

Aber die Masse ist apathisch und liefert neue Beweise dafür, daß sie weder Phantasie, Einsicht noch Zielbewußtsein genug hat, um eine Revolution vom Stapel zu lassen, daß sie vielmehr nur nach neuen Führern ausspäht. Diesmal ist die Palastrevolution im Keime erstickt. Die Schreie dringen nicht durch die geschlossenen Kammern. Die Masse sieht weder noch hört sie etwas und bleibt daher völlig unberührt. Wenn man mit Leuten auf der Straße spricht, so sagen einige: Nun ja, Hitler lebt, das mag wohl für irgend etwas gut sein. Andere sagen: Uh ja, er lebt, das bedeutet nur, daß der Krieg noch viel länger dauert. Sie weinen weder noch jubeln oder wüten sie. Sie stöhnen, müde von all dem Unwesen, das die großen Leute, die Parteibonzen, die Cäsaren anstellen. Er hatte also durchaus recht, der Beamte des Propagandaministeriums, mit dem, was er am 13. März anläßlich eines Frühstücks sagte, das die Leitung des ausländischen Presseverbandes in Berlin im Klub am Leipziger Platz gab. Der hohe Beamte verbreitete sich vor mir über all das Gewäsch in englischen und amerikanischen Zeitungen über einen Aufruhr in Deutschland, eine Revolte gegen Hitler und seinen Staat. ‹Es ist lächerlich›, sagte der Beamte und verschlang ein Stück Wildschweinsbraten, ‹daß die bürgerlichen Demokratien nicht begreifen können, daß in einem totalen Staat ein Aufruhr technisch unmöglich ist. Der totale Staat hat ja alles in seiner Gewalt, Presse, Funk, alle Arten von Nachrichtendienst, er kann mit der Geschwindigkeit eines Blitzes niederfahren, wo immer er sich bedroht fühlt, und wenn die Führung fest entschlossen ist, die Stellung zu halten, so hat er alle Machtmittel dazu.›»

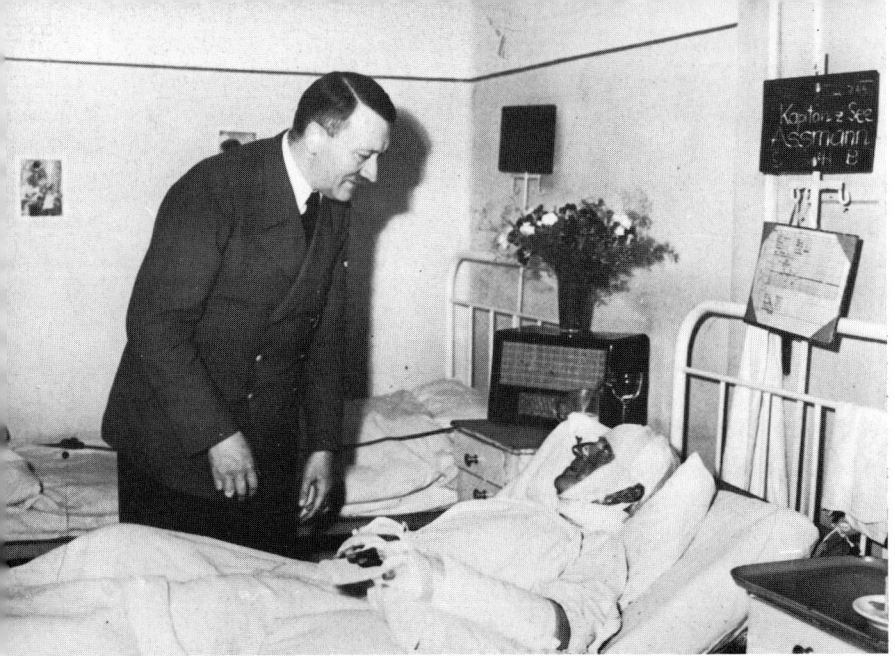

129 Hitler am Krankenbett des beim Attentat vom 20. Juli verletzten Kapitäns zur See Assmann.

130 Staatsakt für den bei dem Attentat am 20. Juli ums Leben gekommenen General Korten, Chef des Generalstabes der Luftwaffe, auf dem Ehrenhof der nationalen Gedenkstätte in Tannenberg im Beisein von Göring, Keitel und Dönitz.

131 Am 23. Juli, drei Tage nach dem Attentat im Führerhauptquartier, wurde bei der Wehrmacht, wo man bisher in militärischer Form durch Anlegen der rechten Hand an die Stirn gegrüßt hatte, der deutsche Gruß eingeführt. Künftig spielten sich in den Straßen Zeremonien wie die auf dem Bild gezeigte ab, an die sich Zivilisten und Soldaten erst gewöhnen mußten.

132 *Gleich nach dem 20. Juli werden überall in Deutschland und den besetzten Gebieten Treuekundgebungen für Hitler angesetzt, so etwa diese gemeinsam von der Panzer-Grenadier-Ersatzbrigade «Großdeutschland» mit der NSDAP und Hitler-Jugend veranstaltete Kundgebung.*

133 *Die führenden Funktionäre der NSDAP werden wenige Tage nach dem 20. Juli ins Führerhauptquartier beordert, wo sie Hitler zu dem überstandenen Attentat beglückwünschen.*
Die mächtigsten Männer der Partei sind in einer Reihe angetreten, um zu gratulieren. Nebeneinander stehen (von rechts nach links) der Reichsjugendführer v. Schirach, der Chef der Führerkanzlei Bouhler, der Minister für die besetzten Ostgebiete Rosenberg, der «Reichsarbeitsführer» Hierl, der Innenminister Frick, der Pressemagnat der NSDAP Amann, Propagandaminister Goebbels und (halb verdeckt) Reichsführer SS Himmler.

134 *Hitler verabschiedet sich von den Gauleitern der Partei, den bei der Bevölkerung meist wenig beliebten, gefürchteten «Gaufürsten», die gleichfalls zum Glückwunschakt ins Hauptquartier gekommen sind. Rechts im Bild Propagandaminister Goebbels, neben ihm der Reichsorganisationsleiter der Partei, Ley.*

ne relativ unbedeutende Dienststelle und den damals im Bendlerblock gültigen Führerbefehl Numero 1 hin, der lautete: «Keine Dienststelle, kein Offizier dürfen von einer geheimzuhaltenden Sache erfahren, wenn sie nicht aus dienstlichen Gründen unbedingt davon Kenntnis erhalten müssen», und sie dürfen nicht «mehr erfahren, als für die Durchführung ihrer Aufgabe unbedingt erforderlich ist.» Ich bat, doch statt bei meiner Wenigkeit lieber «höheren Orts» nachzufragen, zum Beispiel bei meinen militärischen Vorgesetzten oder bei den leitenden Männern des DNB. Dies geschehe bereits, und im übrigen müsse ich es schon den Verantwortlichen des RSHA überlassen, wen man befrage, erhielt ich in ungewöhnlichem scharfen Ton von dem sonst recht verbindlichen Beamten zur Antwort. Mein früherer Vorgesetzter im DNB, der Chefredakteur der Auslandsredaktion, Dr. Rau, und der Generaldirektor des DNB, Albrecht, hatten – wie sie mir bestätigten – gleichfalls das zweifelhafte Vergnügen, im RSHA über die Nachrichtenabsprachen zwischen dem DNB, dem OKW und speziell der Amtsgruppe Ausland befragt zu werden. Bis in die letzten Kriegswochen zogen sich die Bemühungen des RSHA hin, die Informationstätigkeit der Wehrmacht unter Kontrolle zu bringen und einzuschränken.

Diese Befragungen waren im übrigen eine vertrackte, undurchsichtige Angelegenheit. Man wußte oft nicht, ob die Beamten nur Informationen über die Arbeitsweise der Auslandskorrespondenten von Nachrichtenagenturen haben oder ob sie einen über Personen und Hintergründe des 20. Juli vernehmen wollten. Ich erinnere mich, wie der Beamte mir die Empfängerliste der Lageberichte unserer Amtsgruppe vorlegte. Er stockte, als er unter den Dienststellen des Befehlshabers des Ersatzheeres das Allgemeine Heeresamt entdeckte, in dem Stauffenberg als Chef des Stabes tätig gewesen war. «Das AHA und den Stauffenberg haben sie also auch mit Feindmeldungen versorgt», bemerkte er sarkastisch, worauf ich so lässig wie möglich erwiderte: «Tja, das AHA stand nun mal in unserer Verteilerliste.» Auf die Idee, mich zu fragen, ob ich vielleicht einen der Offiziere im zweiten Stock der Bendlerstraße gekannt hätte, kam der Gestapomann zum Glück nicht. Was hätte ich ihm dann wohl über meine Besuche in der Dienststelle Stauffenberg erzählen sollen, über die die Gestapo leicht etwas erfahren haben konnte? Auch über die Frontberichte der sowjetischen Tass-Agentur, die wir an die Abteilung Fremde Heere Ost gegeben hatten, regte sich der Beamte auf. Er hielt mir einen Stoß DNB-Weiß-Meldungen dieser Art unter die Nase. «Auch so ein wirrer Haufen, diese sogenannten Ostexperten», schimpfte er vor sich hin. «Die glauben jede Nachricht, die ihnen die Sowjets zuspielen.»

Solche und ähnliche Befragungen, bei denen es des öfteren um Personen aus OKW-Dienststellen ging,

---

Grete Letterhaus, *Witwe des Widerstandskämpfers Bernhard Letterhaus, erzählt:*
Wie war das damals? Als am 20. Juli 1944 durch Radio die Nachricht vom Attentat auf Hitler verbreitet wurde, begannen bange Stunden. Die erste Reaktion war, daß ich daran dachte, wie sehr gefährdet nun mein Mann war, welcher vor seiner Einberufung ins OKW als Verbandssekretär der KAB gewirkt hatte. Daraufhin habe ich die ganze Korrespondenz meines Mannes durchgesehen, um alle Briefe zu vernichten, die nur irgendeine Andeutung enthielten. Es waren wertvolle Zeitdokumente darunter. Ich erhielt auch nach dem 20. Juli noch Post von meinem Mann. Sein letzter Brief war datiert vom 25. Juli 1944, und er bemerkte darin, daß es ihm gut gehe und daß ich mir keine Sorgen machen solle. Am Abend dieses Tages wurde er – das erfuhr ich aber erst später – verhaftet. Er wurde in das Gefängnis in Berlin eingegliedert, von dort in das KZ Ravensbrück gebracht und später wieder in das Gefängnis nach Berlin-Tegel. Als nach dem 25. Juli keine Post mehr von meinem Mann kam, war ich gewiß, daß er verhaftet worden war. Ich schrieb auch weiterhin an seine Adresse im OKW, aber diese Post hat mein Mann nie erhalten. Am 11. August 1944 war ich nicht zuhause, als Nikolaus Groß im Schwesternhaus in Kastellaun/Hunsrück – wo ich seit der Zerstörung unserer Wohnung im Juli 1943 wohnte – nach mir fragte. Nach meiner Rückkehr sagte man mir, in der Nähe der Friedhofskapelle warte ein Herr auf mich. Ich ging hin und fand Nikolaus Groß,

die mir durch Besuche und Telefonate wohlbekannt waren, fielen mir allmählich auf die Nerven. Im Bendlerblock kursierten in den letzten Monaten des Jahres 1944 besonders viele vage Gerüchte über Vernehmungen und Verhaftungen. Man wußte nicht genau, wer vernommen wurde, was von irgend jemandem vielleicht über einen ausgesagt wurde. Daher beschloß ich, meine sowieso Anfang 1945 fällige Versetzung zu einer Fronttruppeneinheit zum «Untertauchen» zu benutzen. Ich hatte einen Freund in der Schreibstube der Kommandierten-Kompagnie, der Angaben in den Marschbefehlen «verwechselte». Auf diese Weise war nicht mehr feststellbar, bei welchem Truppenteil ich gelandet war. Für alle Arten von Nachforschungen, auch durch die Gestapo, war ich ab Anfang 1945 nicht mehr auffindbar.

Im übrigen fällt mir, wenn ich an die letzten Monate im Bendlerblock zurückdenke, fast nur Unerfreuliches, Beängstigendes ein: nachts und oft auch

---

der mir gleich sagte, daß er keine gute Nachricht bringe; ich erwiderte ihm: ‹Bernhard ist wohl verhaftet worden, ich hatte so lange keine Post mehr von ihm.› Herr Groß wollte mich beruhigen und meinte, in der Dienststelle meines Mannes sei einer der Freunde des Grafen Helldorf tätig gewesen, und man habe wohl vorsichtshalber alle aus dieser Umgebung verhaftet. Ich dankte Herrn Groß, daß er mich auf diese Weise beruhigen wollte, sagte ihm aber, nachdem die Fahndung nach Goerdeler so intensiv betrieben werde, sei wohl meine Vermutung richtig, daß mein Mann wegen des Attentats vom 20. Juli festgenommen sei. Um Gewißheit zu haben, wollte ich nach Berlin fahren und durch Dr. Nobel, der ebenfalls in der Dienststelle meines Mannes tätig war, etwas in Erfahrung bringen, vor allem, wo mein Mann sich befand. Nikolaus Groß sagte mir darauf: «Versprechen Sie mir, nicht nach Berlin zu fahren, Sie bringen sich und andere in Gefahr. In acht oder vierzehn Tagen komme ich wieder zu Ihnen. Wenn ich nicht komme, ist es ein anderer.» Als Nikolaus Groß bereits im Zug war, nahm er mir noch einmal das Versprechen ab, nicht nach Berlin zu fahren; ich gab es auch. Am 17. August machte die Gestapo in meinem Zimmer in Kastellaun Haussuchung und nahm dabei alle Briefe meines Mannes mit; nur einige wenige, die unter ein Bücherpaket gerutscht waren, übersahen sie – diese blieben mir erhalten. Ende August oder Anfang September 1944 erhielt ich von Herrn von Schierbrandt aus der Dienststelle meines Mannes im OKW die Mitteilung, daß mein Mann in Verbindung mit dem 20. Juli verhaftet worden sei. Er meinte, es handele sich um einen Irrtum und mein Mann werde wohl bald wieder freigelassen. Aus dem Gefängnis in Berlin-Tegel habe ich sechs Briefe meines Mannes erhalten, die meisten trafen ein, nachdem das am 13. November ausgesprochene Urteil bereits am 14. November 1944 vollstreckt war. Die offizielle Mitteilung über den Tod meines Mannes erhielt ich am 1. Dezember 1944 durch Schreiben des Oberreichsanwalts, der in zwei Sätzen schrieb, mein Mann sei wegen Hoch- und Landesverrats zum Tode verurteilt, das Urteil sei am 14. November 1944 vollstreckt. Im Dezember 1945 erhielt ich über Göttingen durch Bekannte den letzten Gruß meines Mannes, einen Zettel, auf dem er allen dankt, die ihm beigestanden haben, und die Freunde bittet, nach seiner Familie zu forschen, von der er nichts mehr gehört habe; er nahm an, daß wir durch ein Vorrücken der Front oder andere Ereignisse aus Kastellaun vertrieben worden seien. Mein Mann hat also seit seiner Verhaftung nichts mehr von uns gehört; alle Briefe, die ich nach Tegel geschrieben hatte, haben ihn nie erreicht. Trotz vieler Enttäuschungen in dieser harten Zeit bin ich nicht verbittert. Mit meinem Mann habe ich oft genug über all das gesprochen, und wir wußten auch um die Konsequenz: daß mit dem Tode zu rechnen sei, wenn es mißglücken sollte. Daß trotz allem die Tat der Männer und Frauen des 20. Juli ihren Sinn hatte, erleben wir heute.

Die Urteilsverkündung
im Prozeß vor dem Volksgerichtshof

Berlin, 9. August.

Nach mehrstündiger Beratung verkündete am Dienstag im Prozeß gegen acht der aus dem Heere ausgestoßenen Verräter, die am Verbrechen des 20. Juli führend beteiligt waren, der Präsident des Volksgerichtshofes folgendes Urteil:

„Im Namen des deutschen Volkes!
Eidbrüchige, ehrlose Ehrgeizlinge!

> Erwin von Witzleben,
> Erich Höppner,
> Hellmuth Stieff,
> Paul von Hase,
> Robert Bernardis,
> Peter Graf York von Wartenburg,
> Albrecht von Hagen,
> Friedrich Karl Klausing,

verrieten, statt mannhaft, wie das ganze deutsche Volk dem Führer folgend, den Sieg zu erkämpfen, so wie noch niemand in unserer ganzen Geschichte das Opfer unserer Krieger, Volk, Führer und Reich. Den Meuchelmord an unserem Führer setzten sie ins Werk. Feige dachten sie, dem Feinde unser Volk auf Gnade und Ungnade auszuliefern, es selbst in dunkeler Reaktion zu knechten. Verräter an allem, wofür wir leben und kämpfen, werden sie alle mit dem Tode bestraft. Ihr Vermögen verfällt dem Reich."

Die Urteilsbegründung

Zu seiner Urteilsbegründung entrollt der Präsident noch einmal ein Bild der furchtbaren Tat. Schaudernd erleben wir erneut, wie der erste Mord-Putsch-Gedanke in verbrecherischen Gehirnen aufkeimt, wie ein Schurke sich zum anderen fand, wie schließlich eine Clique von Reaktionären, Verbrechern und Mithelfern daranging, mit englischem Sprengstoff und englischem Zündwerk den Führer feige zu meucheln, Volk und Reich, Heimat und kämpfende Front zu vernichten.

Es ist ein entsetzenerregendes Bild menschlicher Verkommenheit, das sich in diesen beiden Tagen der Verhandlung enthüllt hat und das nun der Präsident bis in alle Einzelheiten nachzeichnet.

„Wovon wissen wir das alles?" – so fragt der Präsident am Schluß seiner Urteilsbegründung, und er antwortet: „Wir haben nur das festgestellt, was jeder der Angeklagten selbst in der Hauptverhandlung bekannt und eingestanden hat. Aber das, was wir feststellen, ist bei jedem von ihnen nur das Mindestmaß ihrer Schuld. Ihre wirkliche Schuld sprengt jedes Maß.

Der Verrat an unserem freien, starken deutschen Gemeinschaftsleben, an unserer Wesens- und Lebensart, die vermessene Begier, an die Stelle unserer inneren Freiheit die Knechtung und die Reaktion zu setzen, die moralische Selbstentmannung des Feiglings mitten im Kampf – das ist Hochverrat. Wenn jemand im Kriege unsere nationalsozialistische Lebensart zu vernichten trachtet, und damit unsere kriegerische Kampfkraft. Es gibt niemanden, und erst recht niemanden, der Offizier war, der das nicht wüßte. Und so ist es klar: Es ist auch Landesverrat, ein Landesverrat furchtbarster Form. Uns alle, jeden einzelnen von uns, jede einzelne Familie, das ganze Volk in allen seinen Stämmen, wollte dieser Verrat unseren Feinden als Knechte ausliefern.

Diese Tat ist der Verrat an den Toten des Krieges, ist der Verrat an den Toten der Bewegung, ist der Verrat an den Toten aller anderen Kämpfe der letzten 2000 Jahre, ist der Verrat an dem Tod aller Mütter, die in ihrer schwersten Stunde starben, damit junge Deutsche neu zur Welt kamen, ist der Verrat an unseren Kindern und Kindeskindern, ist der Verrat an allem, was wir haben, was wir sind, wofür wir leben und wofür wir kämpfen. Es ist der vollkommenste Verrat, den unsere Geschichte je gesehen hat.

Die Angeklagten können nicht erwarten, daß ihnen gegenüber irgendwie auch nur um ein Jota von dem Maß zurückgewichen wird, das unser Volk und unser Recht als das schwerste Maß der Dokumentierung von Schande kennt.

Als sich seinerzeit unser Reich das Gesetz schuf, wonach in Fällen besonders schimpflicher Tat die Vollstreckung der Todesstrafe durch den Strang erfolgen konnte, da hatte es eine furchtbare Terrortat im Jahre 1933 im Auge, die Terrortat, deren wir uns heute sicher, daß diese Tat, unter deren Eindruck dieses Gesetz damals erlassen wurde, verblaßt gegenüber der Tat, die diese Angeklagten – zunächst diese acht – vollbracht haben. Und damit habe ich gesagt, was hier zu sagen ist.

Wir haben festgestellt, daß die Angeklagten Verrat begangen haben an allem, was wir sind, an allem, was wir haben und an allem, wofür wir leben und wofür wir kämpfen. Wir stellen fest: Hier gibt es nur eines: den Tod. Wir stellen fest: Es ist die schimpflichste Tat, die unsere Geschichte je gesehen hat. Dafür gibt es nur die schimpflichste Art, den Tod zu erleiden, als Sühne: den Tod durch den Strang."

Das Urteil vollstreckt

Um 16.15 Uhr schloß der Präsident des Volksgerichtshofes die Sitzung. Zwei Stunden später war das Urteil an

Das Eichenlaub für General Kurt v. Tippelskirch

---

135 Am 7. und 8. August 1944 beginnt mit dem Prozeß gegen Generalfeldmarschall v. Witzleben und sieben andere Männer des Widerstandes die lange Reihe der Verfahren vor dem Volksgerichtshof. In den meisten Fällen folgte noch am gleichen Tage die Hinrichtung der zum Tode Verurteilten im Henkersschuppen von Berlin-Plötzensee. Die deutschen Zeitungen hatten gemäß den Weisungen der Presseabteilung des Propagandaministeriums Prozeßberichte und Kommentare zu veröffentlichen; hier der Bericht des «Völkischen Beobachters».

136 *Roland Freisler, «Präsident» dieses juristischen Gremiums, benutzte die Sitzungen, um politische Demagogie und Propaganda zu betreiben, ließ die Angeklagten oft nicht zu Wort kommen und beschimpfte sie. Sogar der sonst Hitler und der Partei ergebene Reichsjustizminister Thierack hielt es für angebracht, sich in einem Fernschreiben an Bormann über die Verhandlungsmethoden des «Rasenden Roland» zu beschweren:*

Sehr verehrter Herr Reichsleiter! Die Verhandlungsführung des Vorsitzers war bei den Angeklagten Wirmer und Goerdeler unbedenklich und sachlich, bei Lejeune-Jung etwas nervös. Leuschner und von Hassell ließ er nicht ausreden. Er überschrie sie wiederholt. Das machte einen recht schlechten Eindruck, zumal der Präsident etwa 300 Personen das Zuhören gestattet hatte. Es wird noch zu prüfen sein, welche Personen Eintrittskarten erhalten haben. Ein solches Verfahren in einer solchen Sitzung ist sehr bedenklich. Die politische Führung der Verhandlung war sonst nicht zu beanstanden. Leider redete er aber Leuschner als Viertelportion und Goerdeler als halbe Portion an und sprach von den Angeklagten als Würstchen. Darunter litt der Ernst dieser gewichtigen Versammlung erheblich. Wiederholte längere, nur auf Propagandawirkung abzielende Reden des Vorsitzers wirkten in diesem Kreise abstoßend. Auch hierunter litt der Ernst und die Würde des Gerichts. Es fehlt dem Präsidenten völlig an eiskalter, überlegener Zurückhaltung, die in solchem Prozeß allein geboten ist. Heil Hitler! Ihr gez. Dr. Thierack.

am Tage Luftangriffe, bei denen man froh war, wenn man gerade noch mit dem Leben davonkam; dazu die RSHA-Befragungen, denen man mit einigem Bangen entgegensah, wenn man wieder einmal von Prozessen gegen Männer aus dem Kreis um den 20. Juli erfuhr, die man mehr oder weniger gut gekannt hatte. Ich erinnerte mich nur zu gut, wie erstaunt und bestürzt ich war, als in den Wochen nach dem 20. Juli genauer bekannt wurde, wie sich die Ereignisse in der zweiten Etage der Bendlerstraße abgespielt hatten, mit welchen Männern Stauffenberg zusammengearbeitet und einen bei aller generalstabsmäßigen Vorbereitung doch mehr als riskanten Putsch gestartet hatte.
Schon damals hörte ich von den Offizieren im Bendlerblock jene kritischen Vorwürfe, die später nach dem Kriege gegen Stauffenberg und seine nächsten Mitarbeiter – von berufener und weniger berufener Seite – erhoben wurden. Es ist heute, nachdem man die Personen und Zusammenhänge

137 Der Hauptangeklagte bei dem ersten Volksgerichtshofprozeß, Generalfeldmarschall v. Witzleben, bei seiner Aussage, in der er Freisler erklärte: «Sie können uns dem Henker überantworten. In drei Monaten zieht das empörte und gequälte Volk Sie zur Rechenschaft und schleift Sie bei lebendigem Leib durch den Kot der Straßen.»

138 Die Prozesse gegen die Angehörigen der Opposition gegen Hitler ziehen sich über Monate hin. Hier stehen vier Offiziere vor Gericht (von links): Oberstleutnant Engelhorn, Oberstleutnant Kuebert, Hauptmann Strünck von der Abwehr und Oberst Freiherr v. Roenne, Chef der Abteilung «Fremde Heere West». Sie waren vor dem Gerichtstag bereits vom sogenannten «Ehrenhof des Heeres» aus der Wehrmacht ausgestoßen worden und hatten vor dem Gericht in schäbiger Kleidung anzutreten.

139 Verhandlung gegen drei führende Männer der geistigen Opposition gegen die NS-Diktatur, die dem sogenannten Kreisauer Kreis angehörten: der Jesuitenpater Alfred Delp bei der Vernehmung, rechts hinter ihm der führende Kopf des Kreises, Helmuth Graf v. Moltke, links im Hintergrund der sozialdemokratische Politiker Theodor Haubach. Alle drei wurden hingerichtet.

viel besser kennt als damals, für einen Kritiker nicht allzu schwer, den Männern des 20. Juli Fehler oder zumindest Unterlassungssünden in der Planung und Durchführung ihrer Aktion nachzuweisen. Nun, Stauffenberg und seine Mitverschworenen waren weder Berufsrevolutionäre noch machthungerige Putschisten. Es steht jedoch zweifelsfrei fest, daß sie unter Einsatz ihres Lebens das Beste für ihr Land und Volk gewollt haben.

Viel mehr Anlaß zur Kritik bieten sicherlich jene Marschälle und Generale, die über die Hoffnungslosigkeit der militärischen Lage sehr genau unterrichtet waren und trotzdem mit oft fadenscheinigen Vorwänden und Ausreden Stauffenberg, Tresckow, Goerdeler und ihren Gefährten jede aktive Unterstützung versagt haben. So kam es, daß Stauffenberg ohne Zweifel zuviel von sich verlangte, indem er zugleich die Vorbereitung des Staatsstreichs, das Attentat selber und die Organisation der ersten Maßnahmen nach seiner Rückkehr aus dem Hauptquartier durchzuführen versuchte. Aber hatte er eine andere Wahl, als vieles, was andere ihm nicht abnahmen und abnehmen konnten, schließlich selbst zu tun?

Ich erinnere mich noch, wie betroffen ich war, als ich nach dem 20. Juli in den Zeitungen die Namen der Männer las, denen vor dem sogenannten Volksgerichtshof der Prozeß gemacht wurde. Die am Staatsstreich beteiligten Persönlichkeiten mit den höchsten Diensträngen waren der Generalfeldmarschall von Witzleben, die Generalobersten Beck und Hoepner – alle drei Militärs außer Dienst, die keine direkte Kommandobefugnis mehr über Armeen, Divisionen hatten.

Wo waren die Marschälle, Armeechefs und Militärs aus dem Führerhauptquartier geblieben, auf deren Mitwirkung auch ich wie so mancher mit der Opposition Sympathisierende gehofft hatten? Von Jodl hörte man im Bendlerblock nur, daß er wenige Tage nach dem 20. Juli im Führerhauptquartier vor den Offizieren des Wehrmachtführungsstabes eine Ansprache gehalten hatte, in der er erklärte, der 20. Juli sei «der schwärzeste Tag, den die deutsche Geschichte bisher gesehen hat»: eine «Generalabrechnung», so drohte der Generaloberst, werde jetzt «hundertprozentig durchgeführt», bei der «Mitleid nicht angebracht» sei.

Es löste bei manchen Offizieren in der Bendlerstraße geradezu einen Schock aus, daß sich in den Dienst dieser «Generalabrechnung» ausgerechnet ein Mann stellte, der bei vielen als ein besonders achtenswerter Repräsentant der Heeresführung, der «guten alten Schule» der kaiserlichen Armee und Reichswehr, galt: der Generalfeldmarschall von Rundstedt. Trotz aller Konflikte, die er in den letzten Jahren mit Hitler und Keitel gehabt hatte, akzeptierte Rundstedt die Ernennung zum Vorsitzenden eines sogenannten «Ehrenhofes des Heeres», eines Gremiums, das die Aburteilung der am 20. Juli 1944 beteiligten Offiziere durch den Volksgerichtshof formell ermöglichte, indem der «Eh-

140 *Carl Friedrich Goerdeler vor dem Volksgerichtshof, der ihn am 10. September 1944 zum Henkerstod verurteilt.*

renhof» sie aus der Wehrmacht ausstieß und damit der Militärjustiz entzog. Daß der Eid auf den «Obersten Befehlshaber der Wehrmacht» und «Führer des Deutschen Reiches und Volkes Adolf Hitler», wie sich der unwürdige Partner des Treueides in der Schwurformel nannte, einem Jodl, einem Rundstedt und den andern über Deutschlands hoffnungslose Lage orientierten führenden Militärs immer noch soviel galt, das waren Tatsachen, die im Kriegsjahr 1944 jeden Einsichtigen und zum Selbstopfer Bereiten resignieren ließen.

Nach dem 20. Juli 1944 hat es keine größere Widerstandsaktion gegen das Hitlerregime mehr gege-

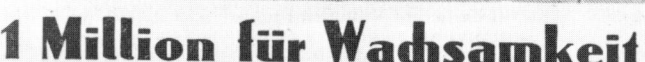

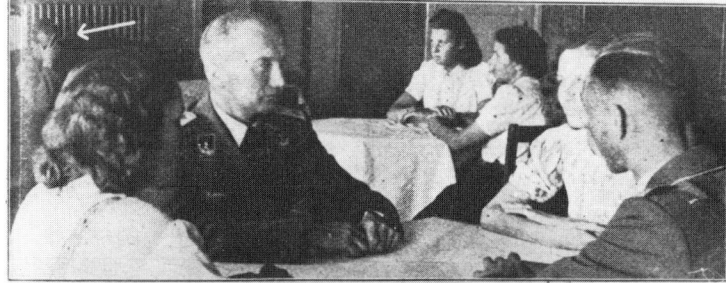
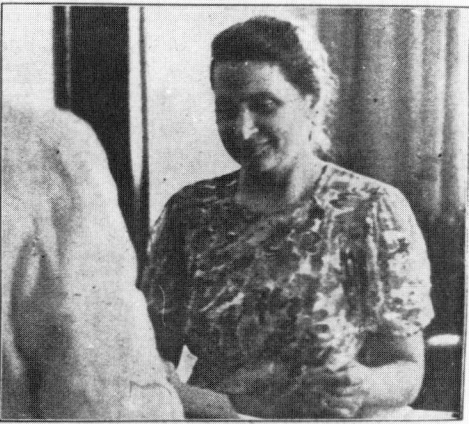
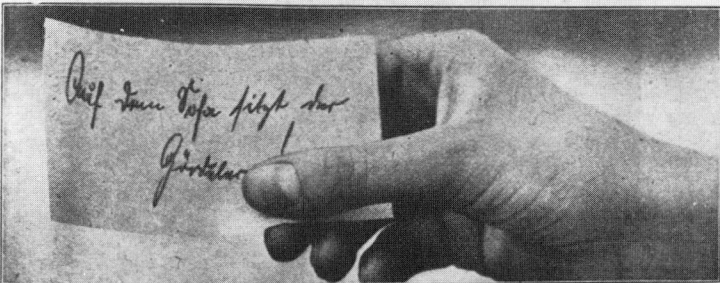

141 *Über die Verhaftung der Zentralgestalt der zivilen Opposition gegen Hitler, Carl Friedrich Goerdeler, berichtet die Presse ausführlich im August 1944. In einem Bildbericht stellt die «Berliner Illustrierte Zeitung» dar, wie es zu der Verhaftung Goerdelers am 12. August 1944 kam. «1 Million für Wachsamkeit» erhielt die Stabshelferin der Luftwaffe, die den auf der Flucht befindlichen Widerstandsmann erkannte und seine Festnahme veranlaßte.*

ben. Daß ein solches Unternehmen nur Aussicht auf Erfolg hatte, wenn es «von oben her», von leitenden Persönlichkeiten der Armee mit Kommandogewalt organisiert wurde, war jedem realistisch Denkenden klar. Jedoch solche Persönlichkeiten schien es in der deutschen Wehrmacht nicht mehr zu geben. Die Erkenntnis, daß viele noch immer dem Nationalsozialismus ergebene Truppenoffiziere und Soldaten an einem Staatsstreich nicht mitgewirkt hätten, wie es der 20. Juli bewies, mag manchen grundsätzlich zur Tat bereiten General davon abgehalten haben, ein Widerstandsunternehmen ernstlich zu planen. Es blieb bei der auf so tragische Weise gescheiterten Aktion Stauffenbergs und seiner Gefährten, für die ohne Einschränkung die mahnende Inschrift auf dem Denkmal im Ehrenhof des Bendlerblocks gilt: «Ihr trugt die Schande nicht – Ihr wehrtet Euch – Ihr gabt das große, ewig wache Zeichen der Umkehr, opfernd Euer heißes Leben für Freiheit, Recht und Ehre.»

Der Schriftsteller Rolf Italiaander, *der während des Krieges als niederländischer Staatsangehöriger in Berlin lebte und mit führenden Persönlichkeiten des Widerstandes Kontakt hatte, berichtet über ein Gestapoverhör, zu dem er kurz nach dem 20. Juli 1944 vorgeladen wurde:*

Wenige Tage später wurde ich zu der in einer Nebenstraße des Kurfürstendamms untergebrachten «Sonderkommission 20. Juli» zu dem gefürchteten «Gestapo-Müller» bestellt. Heinrich Müller war Generalleutnant der Polizei, SS-Gruppenführer und Chef der Geheimen Staatspolizei. Zunächst wollte ich untertauchen, wurde aber davor gewarnt; denn dadurch würde ich zusätzlich meine Eltern und Freunde, mit denen ich lebte, in Gefahr bringen: «Das kannst du unmöglich machen, du mußt da hin!»

Den Abend und die Nacht davor litt ich Höllenqualen, denn ich wußte nicht, ob ich als «freier Mann» nach Hause zurückkehren würde. Am Morgen nahm ich Pervitin (das damals viele nahmen, um sich aufzuputschen). Eines schwor ich mir selbst: so wenig wie möglich zu reden, was auch immer gefragt wurde, und mich jede Sekunde unter Kontrolle zu halten.

Ich kletterte mühsam die Treppen in dem zum Kommissariat hergerichteten Wohnhaus empor und wurde ziemlich schnell dem gefürchteten Gestapochef vorgeführt. Er saß in einem Zimmer, in dem grelle Scheinwerfer den Besucher blendeten, weshalb ich ihn nur schemenhaft erkennen konnte. Ich wußte auch nicht, wie viele Gestapomänner hinter ihm saßen, so geblendet war ich von der weißen Lichtflut. Mühsam tastete ich mich zu einem Sessel und nahm Müller gegenüber Platz. Leutselig fragte er erst, ob ich krank sei. «Sehr krank», stammelte ich, «ich kann mich kaum aufrecht halten. Hatte gerade zum drittenmal Diphterie (was übrigens stimmte).»

Nach den Fragen zur Person und der Vorlage meines niederländischen Passes wurde ich zunächst gefragt, warum ich nicht in die «Standarte Westland» eingetreten sei, «der doch die besten Niederländer angehören, um Deutschland gegen die Sowjetunion zu verteidigen». Ich murmelte, dazu sei ich viel zu krank. – Dann knallten die Fragen: «Was wissen Sie vom Attentat auf den Führer?» – «Nur das, was ich in den Zeitungen gelesen habe.» – «Kennen Sie welche von den Verbrechern?» – «Niemanden!» behauptete ich kühn. Aber dann wurden die Namen Haushofer, Hassell, Goerdeler, usw. genannt. Wann immer ein Name fiel, sah ich im Geiste sofort die letzte Gelegenheit vor mir, bei der ich den Betreffenden gesprochen hatte. Unter dem widerlichen Scheinwerferlicht spürte ich, wie viele Augenpaare auf mich gerichtet waren, um meine Reaktion minutiös zu beobachten. Plötzlich zitterte ich nicht mehr, denn ich war mir bewußt: Eine einzige falsche Silbe bringt mich an den Galgen.

Wenn ein Name fiel und ich gedrängt wurde, mich zu äußern («Geben Sie es doch zu, er ist Ihr Freund, wir haben Ihre Korrespondenz mit ihm!»), sagte ich Plattheiten wie: «Professor Haushofer ist Generalsekretär der Gesellschaft für Erdkunde, und ich interessiere mich für den deutschen Forschungsreisenden Heinrich Barth, der in jener Position einst sein Vorgänger war.» – «Was wissen Sie über Goerdeler?» – «Er war Bürgermeister in Leipzig, wo ich geboren bin.» – «Was wissen Sie über Hassell?» – «Er war Botschafter in Rom.» – «Was wissen Sie ...» So ging es weiter. Immer recht schön zackig. Weil Müller mich nicht genau auf den einen oder anderen festlegte, glaubte ich, daß er letztlich doch nicht viel von mir erwartete. Für ihn war ich wohl schließlich ein «kleiner Fisch». Auch hatte er augenscheinlich große Eile. Viele «Verdächtige» mußten vernommen werden.

Plötzlich allerdings kehrte einer zum Thema Goerdeler zurück. Immer weiter geblendet von den enervierenden Scheinwerfern hörte ich aus der Dunkelheit von einer scharfen Stimme den Satz: «Warum stehen Sie in Goerdelers Telefonbuch?» Das war eine lebensgefährliche Frage! Ich nuschelte: «Herr Goerdeler wollte vielleicht Kontakte mit alten Leipzigern pflegen. Anders kann ich mir den Eintrag nicht erklären.» – «Können Sie

eidesstattlich versichern, daß Sie Goerdeler seit Kriegsanfang nicht gesehen haben?» – Ich atmete auf: «Ja, das kann ich», sagte ich. Und das war sogar die Wahrheit.
Plötzlich gab es Fliegeralarm. Es folgte das Kommando: «Sofort in den Keller!» Ein Beamter brachte mich nach unten, und ich wurde in einen dunklen Kellerraum gesperrt, in dem schon andere Zivilisten standen. Keiner redete ein Wort. Diese unheimliche Stille – während über uns nur einzelne englische Aufklärer flogen – war schlimmer als in einem Totenhaus. Wußten wir denn, ob der Keller wieder aufgeschlossen werden würde?

Es geschah. Jeder eingesperrte Zivilist wurde von einem anderen Beamten betreut. Aber als ich bei Müller abgeliefert wurde, hatte der bereits einen anderen Besucher. – «Kann gehen», schnauzte er. Wortlos ging ich.
Ich mußte mich am Treppengeländer festhalten, um nicht zu stürzen, denn jetzt kam die Aufregung über mich. Ich wußte, daß das noch nicht das Ende der Affäre war. Weitere gräßliche Vernehmungen folgten. Aber meine Aussagen waren doch so, daß ich zwar immer wieder zeitweise festgehalten, aber niemals auf Dauer eingesperrt wurde.

Der englische Historiker John W. Wheeler-Bennett *urteilt in seinem Buch «Die Nemesis der Macht – Die deutsche Armee in der Politik 1918–1945» (Düsseldorf 1954) aus alliierter Sicht über die Problematik der Aktion des 20. Juli 1944:*

In gewissen Kreisen ist oft beklagt worden, daß der Putsch des 20. Juli nicht gelungen und es den Alliierten nicht ermöglicht worden ist, mit einem «neuen Deutschland» Frieden zu schließen. Dies zu tun, wären die britische und die amerikanische Regierung sicherlich unter Druck gesetzt worden, wenn der Putsch zum Erfolg geführt hätte. Die zwingendsten Argumente für die aus jenem Bedauern sprechende Auffassung sind, daß eine Beendigung der Feindseligkeiten im Sommer 1944 an allen Fronten viele Tausende von Menschenleben gerettet hätte und daß Deutschland der Verlust vieler politischer Führer erspart geblieben wäre, die sich auszeichneten durch Redlichkeit und Tradition, durch Fähigkeit und Charakterstärke – der Männer, die in dem Blutbad nach dem Fehlschlag des Putsches untergingen. Das ist zweifellos wahr, doch darf man sich weder durch ein Gefühl der Menschenliebe noch durch nachträgliche historische Betrachtungen den politischen Blick verdunkeln lassen.

Ein Friedensschluß mit irgendeiner deutschen Regierung – und zwar besonders mit einer, die durch einen Militärputsch ins Leben getreten wäre – hätte den Verzicht auf unser erklärtes Vorhaben bedeutet, den deutschen Militarismus zu vernichten. Man darf nicht vergessen, daß dies das Ziel war, wofür die Alliierten damals kämpften, wie es das Ziel gewesen war, für das sie den Ersten Weltkrieg bis zum Siege durchgefochten hatten. Damals ließ sich nicht voraussehen, daß die Alliierten, nachdem sie Deutschland in zwei Weltkriegen geschlagen hatten, um sein militärisches Potential zu vernichten, unter dem unwiderstehlichen Druck der Ereignisse gezwungen sein würden, entgegen ihrem Willen dasselbe Kriegspotential, zu einem großen Teil auf ihre eigenen Kosten, wiederaufzubauen. Wären die Alliierten der Versuchung erlegen, mit einem «neuen Deutschland» einen Verhandlungsfrieden herbeizuführen, dann hätte es in Reims keine bedingungslose Kapitulation gegeben und kein Eingeständnis der deutschen Armee, daß sie unbedingt geschlagen war. Das Ziel, für das die Jugend der Welt geopfert worden war, wäre nicht erreicht worden, und die Alliierten hätten sich nicht die Möglichkeit verschafft, auf einem neuen, unbeschriebenen

Blatt zu entwerfen, was, wie sie glaubten, das neue Deutschland sein sollte. Die Tatsache, daß infolge der sowjetischen Drohung die Wiederbewaffnung Deutschlands für notwendig erachtet worden ist –, sie kann nicht denen zur Last gelegt werden, die in den Jahren 1944 und 1945 die lebenswichtigen Entscheidungen zu treffen hatten. Damals war es notwendig, dem deutschen Volk nüchtern klarzumachen, daß es das Unheil, von dem es überwältigt wurde, und die vollständige, absolute Niederlage der deutschen Waffen durch seine blinde, gedankenlose, unterwürfige Ergebenheit für Adolf Hitler und das Naziregime selbst heraufbeschworen hatte. Wäre Hitler getötet worden, hätten sich die Alliierten einem Antinazi-Regime anbequemt und wäre das deutsche Heer im Hintergrund als Streitmacht bestehen geblieben, dann wären diese Ziele nicht erreicht worden. Der klägliche Selbstmord im Bunker der Reichskanzlei und die starre Wirklichkeit der Zeremonie in dem Schulhaus zu Reims waren für die böse Herrlichkeit des Dritten Reichs das angemessene und notwendige Ende, Märtyrertum und Opfertat hätten die Absicht der Alliierten nicht erfüllt. Dies soll jedoch der gebührenden Achtung vor denen nicht Eintrag tun, die, wenn auch vergeblich, von einem frühen Zeitpunkt an gegen die Nazityrannei gestritten hatten. Sie haben auf jeden Fall der Welt bewiesen, daß es im deutschen Volk und im deutschen Heer immer noch Männer gab, die nicht willens waren, zu leben und zu sterben wie stumme Hunde, sondern die den Mut hatten, ihr Leben einzusetzen zu dem verzweifelten Versuch, Deutschland und die Welt von einem fluchwürdigen und meineidigen Regime zu befreien.

Carl Ludwig Graf von Berg, im Sommer 1944 Ordonnanzoffizier des Oberbefehlshabers West, Generalfeldmarschall v. Kluge, war mit Generalmajor v. Tresckow, Legationsrat v. Trott zu Solz und andern Männern des Widerstandes befreundet und in ihre Planungen zum Teil eingeweiht. Er erzählt von seinen Erlebnissen am Rande des dramatischen Geschehens:

Vom Stauffenberg-Plan des 20. Juli wußte ich nichts. Aber kurz zuvor erhielt ich ein verschlüsseltes Telegramm von Trott, der mich um einen sofortigen Besuch in Berlin bat. Feldmarschall v. Kluge war mit meiner Berlin-Reise in seinem Kurierflugzeug einverstanden. Am 19. Juli landeten wir in Berlin-Tempelhof, und ich fuhr sofort ins Auswärtige Amt zu Trott. Dort sagte er mir: «Bitte fahre nach Schönfeld! (Schönfeld in der Uckermark war der Stammsitz der Bergs seit 1375.) Ich rufe dich dort morgen an. Tresckow weiß Bescheid, daß du hier bist.»
Ich hatte außerdem einen Brief Kluges mit, den ich dem Reichsaußenminister v. Ribben-

Graf von Berg, Verfasser des Berichts, auf 2 Fotos aus den Kriegsjahren, die ihn zusammen mit dem Generalfeldmarschall v. Kluge an der Ostfront zeigen: bei einer Wolfsjagd und ...

trop persönlich überreichen wollte. Ich gab ihn aber im Vorzimmer dem Staatssekretär Baron Steengracht, und wir lasen ihn gemeinsam. Der Brief enthielt die Bitte, eine Anweisung Hitlers für Kluge zu erwirken, daß der Feldmarschall mit den Amerikanern an der Invasionsfront Kontakt aufnehmen

... vor dem Stabsquartier des Marschalls.

dürfe. Steengracht erklärte mir dazu: «Sage deinem Feldmarschall – Führerbefehl: Das kommt gar nicht in Frage!» (Ich fand diesen Brief 1946 im German Documents Center bei Washington wieder.)
Am Morgen des 21. Juli hörte ich in Schönfeld im Radio von dem mißlungenen Anschlag auf Hitler. Jetzt ahnte ich, warum mich Trott aus Paris geholt hatte. Aber ich habe nie erfahren, was ich in Berlin sollte. – Am gleichen Tage noch fuhr ich von Schönfeld nach Berlin und begab mich ins Restaurant des Hotels Adlon, wohin mich Trott bestellt hatte. Hier traf ich den Botschafter v. Hassell, Peter Graf Yorck, Karl Graf Hardenberg und meinen Vetter Albrecht v. Hagen beim Lunch. Mir war es unbegreiflich, daß sich diese NS-Gegner nach dem mißglückten Anschlag und den Erschießungen im Hotel Adlon trafen, als sei nichts geschehen. Mir kam das schon damals höchst naiv vor. Ich (in Uniform) blieb vor dem Tisch stehen und begrüßte die mir bekannten Freunde nur durch Zuwinken. Dann nahm ich Trott beiseite und flehte ihn an, mit mir nach Paris zu kommen; ich hätte mein Kurierflugzeug in Tempelhof parat und könnte ihn in Paris im Untergrund verstecken. Trott sagte mit traurigen Augen: «Ich kann nicht mitkommen, meine Frau und die Kinder sind hier, und für den Fall des Mißlingens ist nichts vorbereitet.»

Mir ahnte Schlimmes, und ich hielt mich in dieser gefährdeten Runde im Adlon nur zehn Minuten auf. Als ich das Hotel verlassen wollte, war der Eingang bereits von SS-Männern blockiert. Ich mußte mich ausweisen und sollte festgenommen werden. Die Begründung war grotesk. Der Attentäter, so wurde mir gesagt, heiße Stauffenberg, da ich Berg heiße, sei ich sicherlich mit ihm bekannt oder verwandt. In diesem Augenblick kam mein Freund Major Graf Hardenberg aus der Hotelhalle. Ich erklärte ihm die Situation. Er fuhr die SS-Leute an: «Was ist das für ein Unsinn! Ich heiße Hardenberg und habe auch nichts mit Stauffenberg zu tun.» Der Sturmbannführer sah meinen Wehrpaß und den des Grafen Hardenberg an und murmelte: «Graf Stauffenberg, Graf Berg, Graf Hardenberg – alles dieselbe Muschpoke! Haut ab!» Wir ließen uns die Frechheit gefallen und verschwanden blitzschnell!
Auf dem Flugplatz stand mein Kurierflugzeug. Mit einem Taxi fuhr ich vom Adlon nach Tempelhof, hielt mich aber abseits, als ich sah, daß der Flughafen von der SS abgeriegelt war. Jetzt mit meinem Marschbefehl des Feldmarschalls v. Kluge zu operieren, wäre tödlich gewesen. Im Wehrmachtbericht hörte ich, daß mein Freund Generalmajor v. Tresckow «in vorderster Linie gefallen» sei. Später erfuhr ich die Wahrheit, daß Tresckow seinem Leben durch eine Handgranate selber ein Ende bereitet hatte.
Ich ließ das Flugzeug stehen, fuhr mit dem Zug nach Paris und meldete mich am 23. Juli bei Kluge, der mir erklärte: «Ich kann meine schützende Hand nicht mehr über Sie halten, lieber Berg. Sie müssen sofort verschwinden. Die Verhaftungen in unserem Stab haben schon begonnen. Ihre Division liegt bei Falaise. Da bildet sich ein Kessel, da müssen Sie hinein. Sie haben nur die Wahl zwischen Tod und Gefangenschaft. Ich wünsche Ihnen das letztere.» Er umarmte und entließ mich. Als der Feldmarschall dann damit rechnen mußte, daß er als Mitwisser von Widerstandsplanungen von Hitler zur Rechenschaft gezogen werden würde, beging er am 19. August Selbstmord durch Einnahme von Cyankali.

Ich ging für eine Woche in den Untergrund von Paris und fuhr am 1. August in den Kessel von Falaise. Am 22. August wurden wir tatsächlich von den Amerikanern gefangengenommen. Durch diesen Rat hat Kluge mein Leben gerettet.

Wir alle hatten den Willen, das verhaßte Regime zu beseitigen, aber wir gingen doch recht naiv vor, weil wir in keiner Weise als Revolutionäre geschult waren. Zu beklagen sind all diejenigen, die ein Opfer des mißlungenen Attentats wurden. Ich glaube freilich, daß diese Opfer letzten Endes nicht umsonst waren, denn die Welt hat später gelernt, daß es tapfere Männer gab, die bereit waren, ihr Leben zu opfern, um jene Verbrecherbande zu beseitigen.

Der Globuswitz
«Dieser kleine Fleck ist das Großdeutsche Reich.» – Fragt das Mütterchen erschrocken: «Hat denn der Führer auch einen Globus?»

Der Sonnenwitz
Was ist der Unterschied zwischen Sonne und Hitler? – Die Sonne geht im Osten auf, Hitler im Osten unter.

Ein Rest von Kultur und viel Propaganda

142 *Briefmarken sind seit jeher, vor allem in Diktaturen, ein vielbenutztes Mittel der staatlichen Propaganda; denn die bunten Markenbildchen werden von Millionen Postbenutzern gebraucht und dabei mehr oder weniger aufmerksam betrachtet. Auch die Post des Dritten Reiches macht im Kriegsjahr 1944 von Briefmarkenpropaganda ausgiebig Gebrauch. Auf den deutschen Marken prangt schon seit Ende 1943 die neue Staatsbezeichnung «Großdeutsches Reich», ein Begriff, der im Sommer und Herbst 1944 angesichts der zunehmenden Bedrohung der Grenzen des alten Deutschen Reiches – vom gerade erst etablierten Großdeutschen Reich ganz zu schweigen – nicht ohne tragische Ironie ist. 1944 erscheint noch eine besonders pompöse Führer-Geburtstagsmarke, die ein Porträt Hitlers aus seinen besseren Tagen zeigt; es sollte die letzte aller Führer-Geburtstagsmarken werden. Die Wehrmacht und ihre diversen Waffengattungen werden in einer nicht weniger als 13 Werte umfassenden Sonderserie verherrlicht. Auf Marken mit der Inschrift RAD = Reichsarbeitsdienst sind eine lächelnde «Arbeitsmaid» und ein «Arbeitsmann» vorgestellt.*

143/144 *Auch die Schauspieler stellen sich mehr oder weniger freiwillig in den Dienst der von den zuständigen Propaganda- und Parteiorganisationen angeordneten Freizeitgestaltung, die wie in den Vorkriegsjahren nach der Parole «Kraft durch Freude» abläuft. Der Publikumsliebling Hans Moser, aus vielen Filmen allen wohlbekannt, erheitert eine aus Soldaten und Zivilisten gemischte Hörerschaft mit humorigen Vorträgen.*

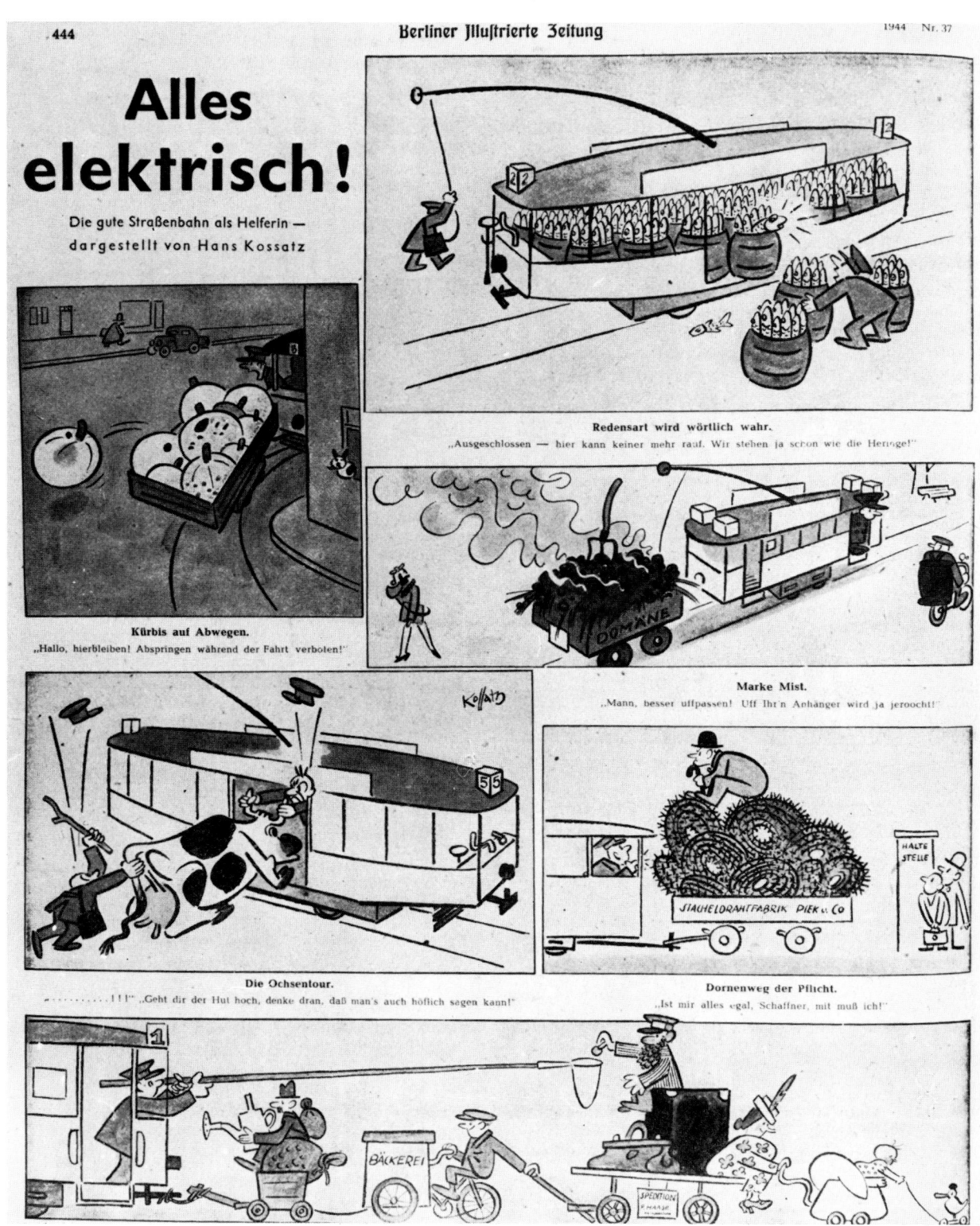

145/146 *Da die Leser der dauernden Bildreportagen über das Kriegsgeschehen an den Fronten und in der Heimat müde sind, bringt die «Berliner Illustrierte Zeitung» selbst im Sommer 1944 in jeder Nummer eine Humorseite, meist mit*

Witzzeichnungen bekannter Karikaturisten wie Kossatz und Myr. Die Redakteure wissen nur zu genau, daß das Blatt nicht zuletzt wegen dieser unpolitischen Beiträge gekauft wird.

Nummer 24 15. Juni 1944 — **53. Jahrgang Preis 20 Pfennig**
Copr. 1944 Deutscher Verlag

Berliner Illustrierte Zeitung

Das Geheimnis der „letzten Hand"

Arno Breker vollendet ein neues Werk.

„Die Form ist fertig — nun muß sie atmen lernen!", erklärte Professor Breker, während Feinmeißel und Hände wie beschwörend über den schimmernden Marmor gleiten. Die Konzentration auf das noch unerlöste Leben im gestalteten Stein verdichtet die schöpferische Spannung im Gesicht des Meisters: Das Schwerste muß mit der leichtesten Hand geschehen!
Eine Aufnahme zur großen Breker-Ausstellung von Charlotte Rohrbach

◁ 147 Noch in den Wochen nach der Invasion ist die Presse bemüht, die Kulturfassade des «Großdeutschen Reiches» aufrechtzuerhalten und den Lesern durch unterhaltsame Beiträge Erholung und Ablenkung vom Kriegsgeschehen zu spenden. Die «Berliner Illustrierte Zeitung» vom 15. Juni 1944 zeigt auf ihrer Titelseite den prominentesten Bildhauer des Dritten Reiches, Arno Breker, bei der Vollendung einer Frauenskulptur in Marmor, ein bemerkenswertes Faktum, da das Publikum gerade 1944 von Breker die von ihm sonst gemeißelten markigen Helden- und Kriegerdenkmäler in Großformat erwarten durfte.

Ein unglückliches Ende...

.. nahm anschließend der Versuch meines Freundes, Erika zu gewinnen. Sie ging ihm vor der Hochzeit durch. Das aber nur nebenbei, denn für mich stand plötzlich...

.. das Glück in der Tür.

Helene! Ist sie nicht bezaubernd? Sie ist es geblieben und noch mehr: sie liebt mich heute noch. (Szenen aus dem Berlin-Film „Intimitäten", Regie Paul Martin, Korff: Victor de Kowa, ferner Gretl Schörg, Harald Paulsen, Ernst Waldow und Camilla Horn.)

Aufnahmen: Borchmann-Berlin-Film

148/149 Der NS-Propagandaminister Goebbels, der ebenso wie sein Herr und Gebieter Hitler eine Vorliebe für amouröse, mit anspruchsloser Musik und Handlung ausgestattete Unterhaltungsfilme hat, läßt bis in die letzten Kriegsmonate in den deutschen Kinos amüsante Filmkomödien wie «Intimitäten» oder musikbeschwingte Streifen über den Wiener Walzerkönig Josef Strauß laufen; einer der populärsten Schauspieler jener Jahre, Willi Forst, wirkt mit.

151 *Zwei der Hauptdarsteller von «Kolberg»: Horst Caspar (rechts) als Gneisenau und Paul Wegener in der Rolle des Kolberger Festungskommandanten Loucadou.*

150 *Wichtiger als diese Unterhaltungsware sind der NS-Propaganda zielbewußt den Durchhaltewillen von Soldaten und Zivilisten fördernde Filme aus der deutschen Vergangenheit und Gegenwart, so etwa der im Preußen Friedrichs des Großen spielende Film «Affäre Roedern», der Kriegsversehrtenfilm «Der Wille zum Leben», der Zeitfilm «Die Degenhardts», sämtlich im Juli 1944 uraufgeführt. Das Panorama einer kriegszerstörten Stadt sieht man in den «Degenhardts», in der Hauptrolle Heinrich George.*

Das Filmereignis des Jahres 1944 sollte der Großfilm «Kolberg» werden, dessen Produktion Goebbels in einem Brief an den Regisseur Veit Harlan vom 1. Juni 1943 anordnete, in dem er erklärt: «Hiermit beauftrage ich Sie, einen Großfilm ‹Kolberg› herzustellen. Aufgabe dieses Films soll es sein, am Beispiel der Stadt, die dem Film den Titel gibt, zu zeigen, daß ein in Heimat und Front geeintes Volk jeden Gegner überwindet.» Das aufwendige Filmdokument um die Verteidigung der pommerschen Festung gegen die napoleonischen Truppen in den Jahren 1806 und 1807 verfehlte jedoch die vom Auftraggeber Goebbels beabsichtigte Wirkung auf das deutsche Publikum, da es trotz Forcierung der Dreharbeiten im Sommer und Herbst 1944 erst am 30. Januar 1945 uraufgeführt werden konnte, dem zwölften und letzten Jahrestag des Hitlerstaates.

Der Kellerwitz
Goethes Lied des Harfenspielers zeitgemäß erneuert: Wer nie sein Brot auf Marken aß, wer nie die flakdurchtobten Nächte im kalten Keller frierend saß, der kennt euch nicht, ihr Achsenmächte.

Und noch ein Kellerwitz
Wo wären wir jetzt, wenn wir nicht den Führer hätten? – Im Bett.

Der Zahnarztwitz
Die Zahnärzte müssen die Zähne in Deutschland von nun ab durch die Nase ziehen, weil es für die Patienten zu gefährlich ist, den Mund aufzumachen.

152/153 *Kampfszenen aus «Kolberg», für die ein Massenaufgebot von Darstellern engagiert wurde.*

Chronik der Ereignisse des Sommers 1944

Juni

1.–5. 6. Vorbereitung der Invasion durch Angriffe angloamerikanischer Bomberverbände auf Befestigungsanlagen und Verkehrsziele im französischen und belgischen Küstengebiet. Größere Angriffe gegen Ziele in Deutschland vorübergehend eingestellt.

4. 6. Einnahme Roms durch die Alliierten. Die Stadt wird von den deutschen Truppen ohne Widerstand geräumt, um «die Gefahr einer Einbeziehung des ältesten Kulturzentrums der Welt durch direkte Kampfhandlungen» zu vermeiden.

4. u. 5. 6. Die sozialdemokratischen Politiker Leber und Reichwein, die der Widerstandsbewegung gegen das Hitlerregime angehören, von der Gestapo verhaftet. Leber, der im Widerstandskabinett Goerdelers als Reichsinnenminister vorgesehen war, und der Geschichtsprofessor Reichwein aus dem sog. Kreisauer Kreis um den Grafen Helmuth von Moltke werden am 20. 10. 44 hingerichtet.

6. 6. Invasion in Frankreich beginnt mit Landung von 8 alliierten Divisionen auf dem See- und Luftwege in der Normandie. – Hitler, der sich mit den Mitarbeitern des Führerhauptquartiers in diesen Tagen auf dem Berghof bei Berchtesgaden aufhält, bei Eintreffen der Nachricht zu OKW-Chef Keitel: «Die Nachrichten können gar nicht besser sein. So lange sie in England waren, konnten wir sie nicht fassen. Jetzt haben wir sie endlich dort, wo wir sie schlagen können.»

9. 6. Sowjetische Offensive gegen die Finnen an der Front nordwestlich Leningrad beginnt.

Bildung einer Regierung aus Vertretern aller «antifaschistischen Parteien» unter dem Politiker Bonomi in Rom. Rücktritt des bisherigen Ministerpräsidenten Marschall Badoglio. König Viktor Emanuel III. setzt seinen Sohn, den Kronprinzen Umberto, zum «Generalstatthalter des Königreichs Italien» ein.

10. 6. Das südfranzösische Dorf Oradour-sur-Glane als Vergeltung für Partisanenaktionen gegen die SS-Panzer-Division «Das Reich» eingeäschert, die meisten Einwohner des Ortes getötet.

12. 6. Nachtangriff britischer Bomber auf Hydrierwerke bei Gelsenkirchen.

13. u. 14. 6. Beginn des Beschusses von Londoner Gebiet mit V 1-Waffen, unbemannten Flugkörpern, von vielen Deutschen als «Wunderwaffen» angesehen, die dem Krieg eine neue Wende geben sollen.

16. 6. V-Waffen-Einsatz erstmalig im Wehrmachtsbericht mit dem Satz bekanntgegeben: «Südengland und das Stadtgebiet von London wurden in der vergangenen Nacht und heute vormittag mit neuartigen Sprengkörpern schwersten Kalibers belegt.»

17. 6. Der Reichsminister für Rüstung und Kriegsproduktion, Speer, fordert in einer Rede vor Wehrwirtschaftsführern und Industriellen zu verstärkten Anstrengungen auf dem Gebiet der Waffenproduktion angesichts des steigenden Bedarfs der Wehrmacht an den Fronten und in der Heimat auf. Konferenz der Befehlshaber der Invasionsfront, der Generalfeldmarschälle von Rundstedt und Rommel, bei Soissons mit Hitler, der aufgrund der von Tag zu Tag kritischer werdenden Lage im Westen von Berchtesgaden nach

Frankreich geflogen ist; einer der letzten Frontbesuche Hitlers, der sein Hauptquartier in Deutschland kaum noch verläßt. Als Rommel Hitlers Vorwürfe, an dem Gelingen der Landung der Alliierten seien die zur Küstenverteidigung eingesetzten Truppen und ihre Chefs schuld, zurückweist und Hitler auffordert, angesichts der aussichtslosen Gesamtlage eine Beendigung des Krieges zu erwägen, erwidert Hitler brüsk: «Kümmern Sie sich nicht um den Weitergang des Krieges, sondern um Ihre Invasionsfront!»

18. 6. Bei Luftangriff auf Hamburg brennt eine der berühmtesten Kirchen der Stadt, die Jakobi-Kirche aus dem 14. Jahrhundert, bis auf die Mauern aus.
Deutsche Fußballmeisterschaft im Berliner Olympiastadion vor 70 000 Zuschauern. Dresdner SC siegt 4:0 über Luftwaffen SV Hamburg.

19. 6. Erlaß über Konzentration und Intensivierung der Rüstung und Kriegsproduktion von Hitler bekanntgegeben.

20. 6. Tagesangriff der 8. USAAF mit 1500 Bombern und mehr als 1000 begleitenden Jägern auf deutsche Hydrierwerke. Abwurf von insgesamt 4252 Tonnen Bomben auf Anlagen in Pölitz, Misburg, Magdeburg, Fallersleben, Ostermoor, Hamburg. Schwere Schäden und Produktionsausfälle in den nächsten Wochen.
«Sonderbevollmächtigter für die Aufrechterhaltung der Donauschiffahrt» benannt (Generaladmiral Marschall), da die Verminung des Flusses durch Minenabwürfe alliierter Flugzeuge die Benutzung dieser wichtigsten Ostwestroute immer mehr behindert.

21. 6. Angriff von etwa 2500 US-Bombern und Jägern auf Berlin. Hauptziele das Regierungsviertel, Verkehrsrouten und Flugzeugwerke der Hauptstadt. 44 Bomber abgeschossen. Ferner Tagesangriffe auf Hydrieranlagen in Ruhland in Schlesien.
An der Karelischen Front beginnt sowjetische Offensive.

22. 6. Beginn der sowjetischen Sommeroffensive gegen die deutsche Heeresgruppe Mitte zwischen den Pripjetsümpfen und der Düna am dritten Jahrestag des deutschen Angriffs auf die Sowjetunion. Tiefe Einbrüche der in Richtung Witebsk, Orscha, Mogilew und Bobruisk vorstoßenden sowjetischen Verbände.

28. 6. Generalfeldmarschall Busch, Oberbefehlshaber der Heeresgruppe Mitte, durch Generalfeldmarschall Model abgelöst, der zunächst auch den Oberbefehl über die Heeresgruppe Nord beibehält. Hitlers Befehle, sog. «Feste Plätze» wie Bobruisk, Mogilew und Orscha allen Einwänden der Frontkommandeure zum Trost zu halten, beschleunigen Auflösung und unvermeidbaren Rückzug der Heeresgruppe.

29. 6. Erneute Konferenz Hitlers mit den Chefs der Invasionsfront über die Frontlage auf dem Berghof. Die Marschälle Rommel und von Rundstedt weisen Hitler auf die von Tag zu Tag aussichtsloser werdende Situation der deutschen Verbände angesichts der alliierten Luftherrschaft und Überlegenheit an Menschen und Material hin. Hitler erklärt ihnen, die neu eingesetzte V 1-Waffe werde «kriegsentscheidende Wirkung» haben.

30. 6. Ende Juni stellt es sich heraus, daß von den etwa 2000 seit Mitte des Monats gegen England eingesetzten V 1-Flugkörpern 661, fast ein Drittel, durch britische Jäger und Flak abgeschossen wurden, da V 1 nur eine Stundengeschwindigkeit von 650 km erreicht. Schadenswirkung wegen mangelnder Zielgenauigkeit nur gering.
In Cherbourg, der von über 20 000 Soldaten verteidigten stärksten Festung im Invasionsgebiet, wird der letzte Widerstand eingestellt, nachdem der größte Teil der Besatzung schon am 26. Juni kapituliert hatte.
Bis Ende Juni haben die Alliierten über 850 000 Soldaten und etwa 150 000

Fahrzeuge auf dem Brückenkopf Normandie gelandet.

Juli

1. 7. Oberst Graf Schenk von Stauffenberg, der führende Kopf des militärischen Widerstandes gegen das Hitlerregime, zum Chef des Stabes des Befehlshabers des Ersatzheeres, Generaloberst Fromm, ernannt. Die Dienststelle hat ihren Sitz in der Bendlerstraße in Berlin, dem sog. Bendlerblock.

3. 7. Der Oberbefehlshaber West, Generalfeldmarschall von Rundstedt, der Hitler wiederholt durch seine Kritik an den Befehlen aus dem Führerhauptquartier für die Invasionsfront verärgert hat, wird durch Generalfeldmarschall von Kluge ersetzt.
Minsk, die Hauptstadt Weißrußlands, von sowjetischen Verbänden erobert.

4. 7. Hitler betont in einer Rede vor 200 Wehrwirtschaftsführern und Rüstungsfachleuten auf dem Berghof, seiner letzten Rede vor einem nichtmilitärischen Kreis, er werde keinen «faulen Kompromiß» machen. Unter Hinweis auf V 1 und andere neue Waffen erklärt er, der deutsche Erfindergeist sei im Begriff, das technische Gleichgewicht wiederherzustellen und das Steuer des Krieges endgültig herumzuwerfen.

6. 7. In Großbritannien bisher 2752 Menschen durch V 1 getötet. «Reichskriegshafen» Kiel von US-Bombern angegriffen.

7. 7. Tagesangriff von US-Bomberverbänden auf Leipzig. 58 Bomber und 24 Begleitjäger bei dieser Aktion durch deutsche Jäger im Raum Oschersleben abgeschossen.

8. 7. Kapitulation der Restverbände der 4. deutschen Armee im Kessel südöstlich Minsk. Seit Beginn der sowjetischen Sommeroffensive am 22. Juni sind damit 28 Divisionen mit 350 000 Mann vernichtet oder gefangen.

9. 7. Caen, Verkehrszentrum der Normandie, von britisch-kanadischen Truppen eingenommen.

Deutsche Meisterschaft im Halbschwergewichtsboxen in Hamburg, die u. a. Bevölkerung vom Kriegsgeschehen ablenken soll. Der Hamburger Richard Vogt erringt K.o.-Sieg über den Aachener Jean Kreitz.

11. 7. Stauffenberg, der sich mit Sprengladung in der Mappe zur Besprechung ins Führerhauptquartier Berghof begeben hat, verschiebt Attentat wegen Abwesenheit Himmlers.

11., 12. u. 13. 7. Tagesangriffe von US-Bomberverbänden auf München mit umfangreichen Zerstörungen.

13. u. 14. 7. Beginn der sowjetischen Großoffensiven gegen die Heeresgruppe Nord und die Heeresgruppe Nordukraine in Ostgalizien.
Kriegseinsatz der Zivilbevölkerung durch mehrere Verordnungen Hitlers verstärkt.

14. 7. Hitler begibt sich vom Berghof nach Ostpreußen in das Führerhauptquartier «Wolfsschanze» bei Rastenburg, das nunmehr bis zum 20. November sein Aufenthaltsort und seine Befehlszentrale wird.
Uraufführung des Films «Die Affäre Roedern» in Breslau, eines historischen Streifens um den Festungsbaumeister Friedrich des Großen, Friedrich von Roedern, mit zeitgemäßen Anspielungen auf deutsches Land, das heute ebenso wie einst befestigt und verteidigt werden müsse.

15. 7. Stauffenberg muß seinen zweiten Attentatsversuch aufgeben, da Hitler den Besprechungsraum im Hauptquartier «Wolfsschanze» vorzeitig verläßt.
Fernschreiben Generalfeldmarschall Rommels an Hitler, in dem er diesen auffordert, angesichts der «schweren Krise» an der Front der Normandie «die Folgerungen aus dieser Lage unverzüglich zu ziehen».

17. 7. Rommel bei Tieffliegerangriff auf sein Auto in Frankreich schwer verwundet. Damit fällt eine zentrale Persönlichkeit der Widerstandsaktionen gegen Hitler aus. Der Oberbefehlshaber West, Ge-

neralfeldmarschall von Kluge, übernimmt auch die Führung der bisher Rommel unterstellten Heeresgruppe B.

18. 7. Alliierte Offensive im Raum Caen mit dem Ziel, aus dem Brückenkopf in der Normandie den Ausbruch zu erzwingen, beginnt. Die Amerikaner erobern St. Lo.

19. 7. Großangriff von US-Bomberverbänden auf Augsburg und Schweinfurt, den Sitz der kriegswichtigen Kugellagerfabriken.

20. 7. Leipzig und Dessau, Sitz der Junkers-Flugzeugwerke, von US-Bomberverbänden angegriffen.
Attentat auf Hitler und Widerstandsaktion im Bendlerblock Berlin.

21. 7. Etwa 0.30 Uhr: Nach Scheitern des Staatsstreichs Erschießung Stauffenbergs und der drei andern standgerichtlich Verurteilten im Hof des Bendlerblocks.
Kurz vor 1 Uhr: Rundfunkansprachen von Hitler, Göring und Dönitz.
Generaloberst Guderian Chef des Generalstabes des Heeres.

23. 7. Deutscher Gruß in der Wehrmacht eingeführt.

24./25.– 28./29. 7. Nachtangriffe von mehr als 1800 britischen Bombern auf Stuttgart. Zerstörungen vor allem in der Innenstadt. 898 Tote, über 1900 Verletzte, mehr als 100000 Obdachlose.

25. 7. Reichspropagandaminister Goebbels zum «Reichsbevollmächtigten für den totalen Kriegseinsatz» ernannt.
Ölraffinerien in der Umgebung Wiens durch US-Bomberverbände von Italien aus angegriffen.
Entscheidender Durchbruch der Amerikaner an der Invasionsfront bei Avranches. Damit Beginn des Bewegungskrieges und schnelleren alliierten Vordringens im Westen.

28. 7. Reichsrüstungsminister Speer legt Hitler Denkschrift über kritische Lage der Hydrierwerke vor, die vor allem seit Mai 1944 ein Hauptziel alliierter Luftangriffe sind. Infolge der Bombardierungen Rückgang der Benzinproduktion von 175000 Tonnen im April auf 30000 im Juli 1944. – Am gleichen Tage Großangriff amerikanischer Bomber auf die Leuna-Werke in Thüringen, die größte deutsche Anlage zur Herstellung von synthetischem Treibstoff.
An der Ostfront Einnahme von Brest-Litowsk durch sowjetische Truppen.

29. 7. Erneuter Angriff von US-Bomberverbänden auf die Leuna-Werke.
An der baltischen Front erreichten sowjetische Truppen die Rigaer Bucht, damit ist die Heeresgruppe Nord von den übrigen deutschen Armeen abgeschnitten.

30. 7. Führerbefehl über die verstärkte Bekämpfung von «Terroristen und Saboteuren» in den besetzten Gebieten angesichts der steigenden Aktivität von Partisanen erlassen.
Uraufführung des Films «Der Wille zum Leben» in Berlin, eines typischen «Durchhaltefilms», der die ärztliche und berufliche Versorgung von Kriegsversehrten unter propagandistisch einseitigen, tröstlichen Aspekten darstellt.

31. 7. Mit dem Durchbruch der Alliierten zum Monatsende bei Avranches beginnt Vorstoß in das zentrale Frankreich und in Richtung Paris. Zusammenbruch der deutschen Abwehrfront am Atlantik zeichnet sich ab. Bis Ende Juli mehr als 1,5 Millionen alliierte Soldaten in der Normandie gelandet.

August

1. 8. Sippenhafterlaß Hitlers: Bei allen Wehrmachtsangehörigen, die des «Verrats» an Deutschland überführt sind, wird auch gegen Familienmitglieder vorgegangen. Zahlreiche Angehörige der Männer des 20. Juli werden in Konzentrationslager und Gefängnisse eingeliefert. Kowno, als Kaunas Hauptstadt der 1940 an die Sowjetunion

	angegliederten Republik Litauen, von Sowjettruppen eingenommen. In Warschau beginnt Aufstand der polnischen «Heimatarmee», einer Untergrundformation unter General Bor-Komorowski. Der Kampf um die polnische Hauptstadt dauert bis Anfang Oktober.
2. 8.	Alle Reichsmeisterschaften im Sport wegen des Einsatzes der Sportler im «totalen Krieg» eingestellt. Die Türkei bricht die diplomatischen Beziehungen zum Deutschen Reich ab.
4. 8.	Raketenversuchsanstalt Peenemünde an der Ostsee von US-Bombern angegriffen.
7. u. 8. 8.	Erster Prozeß gegen acht Männer des 20. Juli vor dem Volksgerichtshof in Berlin unter Vorsitz des Präsidenten Freisler. Todesurteile u. a. gegen Generalfeldmarschall von Witzleben und Generaloberst Hoepner.
10. 8.	Der Reichsbevollmächtigte für den totalen Kriegseinsatz ordnet an: «Das Kulturleben in allen seinen Sparten wird wesentlich eingeschränkt. U. a. wird der gesamte deutsche Nachwuchs für Film und Theater geschlossen in die Rüstungsindustrie überführt. Alle öffentlichen Veranstaltungen nicht kriegsmäßigen Charakters wie Empfänge, Fest- und Theaterwochen, Ausstellungseröffnungen haben zu unterbleiben.»
11. 8.	Der Reichspostminister gibt weitgehende Einschränkung des Kundendienstes der Post, der Brief- und Paketzustellung bekannt, ein «Vereinfachungsprogramm, das der Rüstung und Wehrmacht mit einem Schlag Zehntausende von hochqualifizierten Arbeitskräften und Soldaten zur Verfügung stellt.»
12. 8.	Carl Friedrich Goerdeler, der führende Kopf und Programmatiker des zivilen Widerstandskreises des 20. Juli, auf der Flucht in Westpreußen verhaftet. Nach langer Haft und vielen Verhören erst am 2. Februar 1945 hingerichtet.
15. 8.	Amerikanische und französische Truppen landen in Südfrankreich.
17. 8.	Generalfeldmarschall von Kluge, Oberbefehlshaber West und der Heeresgruppe B, auf Befehl Hitlers durch Generalfeldmarschall Model abgelöst. Grund der Absetzung vor allem Hitlers Verdacht, Kluge wolle angesichts der Lage an der Invasionsfront Kapitulationsverhandlungen aufnehmen.
18./19. 8.	Bremen und Oberhausen von britischen Bombern angegriffen.
19. 8.	Selbstmord des Generalfeldmarschalls von Kluge.
20. 8.	Sowjetische Großoffensive gegen deutsche Heeresgruppe Südukraine nordwestlich Jassy und gegen rumänische Verbände in Südrußland eröffnet. Ziel: Einschließung der 6. deutschen Armee im Frontbogen Kischinew.
23. 8.	Marschall Antonescu, «Staatsführer» Rumäniens, gestürzt. Neue rumänische Regierung unter König Michael schließt Waffenstillstand mit der Sowjetunion.
24. 8.	Ring um 6. deutsche Armee schließt sich. In Rumänien schnelles Vordringen sowjetischer Truppen. Die militärische Entwicklung bringt die schon lange schwelende politische Krise im Balkanraum zum Ausbruch. Der bulgarische Ministerpräsident Bagrianoff fordert den Abzug der deutschen Truppen. Der ungarische Reichsverweser Horthy ersetzt das mit Hitler zusammenarbeitende Kabinett Sztojai durch eine Militärregierung seines Vertrauens. In Deutschland konstituiert sich eine rumänische «Nationalregierung» unter Horia Sima, dem Chef der antibolschewistischen «Eisernen Garde». Das Kultur- und Arbeitsleben in Deutschland wird durch neue Erlasse des Reichsbevollmächtigten für den totalen Kriegseinsatz rigoros umgestaltet, u. a. erfolgt Schließung der Theater, Orchester, Kunsthochschulen. Die Arbeitszeit in den Büros der Behörden und Wirtschaft wird auf 60 Stunden in

	der Woche festgesetzt und eine allgemeine Urlaubssperre angeordnet.
25. 8.	Aufgrund der kritischen Entwicklung in den Balkanländern erläßt Hitler Befehl zur «Auflockerung» der militärischen Besetzung Südosteuropas. Teilweiser Abzug der im Südosten stationierten deutschen Truppen. Räumung Griechenlands wird vorbereitet. Raketenversuchsanstalt Peenemünde erneut von US-Bomberverbänden angegriffen. Übergabe von Paris an die Alliierten durch den deutschen Stadtkommandanten General von Choltitz, der entgegen dem Befehl Hitlers den Widerstand einstellen läßt, um die französische Hauptstadt vor Zerstörungen zu bewahren. Triumphaler Einzug von US-Truppen, einer französischen Panzerdivision sowie des Chefs des in England gegründeten Nationalkomitees der Freien Franzosen, de Gaulle.
25./26. 8.	Darmstadt und Opelwerke in Rüsselsheim von britischen Bomberverbänden angegriffen.
26. 8.	«Rückzug Bulgariens aus dem Kriege» und Neutralität des Landes durch Ministerpräsident Bagrianoff verkündet.
26./27. 8.	Kiel und Königsberg von britischen Bomberverbänden angegriffen.
28. 8.	Konzentrationslager Buchenwald bei Weimar bombardiert. Zu den dabei ums Leben gekommenen Häftlingen gehören, wie in einer amtlichen Meldung mitgeteilt wird, der sozialdemokratische Reichstagsabgeordnete Breitscheid und der Vorsitzende der verbotenen Kommunistischen Partei Deutschlands, Thälmann; dieser war jedoch in Wahrheit schon am 18. August erschossen worden.
29. 8.	Stettin und Königsberg von britischen Bomberverbänden angegriffen. Schwere Zerstörungen in der Innenstadt Königsberg.
30. 8.	Bremen und Kiel von US-Bombern angegriffen. Verlust des rumänischen Ölgebiets von Ploesti.
31. 8.	Bukarest von sowjetischen Truppen besetzt.

Der KZ-Witz
Was gibt es für einen neuen Witz? – Mindestens ein Jahr KZ.

Der Vergeltungswitz
Das Reichsministerium für Volksaufklärung und Propaganda gibt bekannt: Wenn die USA und Großbritannien nicht bis zum 31. August 1944 mit Terrorangriffen auf deutsche Städte aufhören, wird Reichsminister Dr. Goebbels eine vernichtende Vergeltungsrede halten.

Literatur zum Thema

Görlitz, Walter: Der deutsche Generalstab. Geschichte und Gestalt. Frankfurt 1953.

Hammerstein-Equord, Kunrat Freiherr v.: Spähtrupp. Stuttgart 1963.

Heiber, Helmut: Die Republik von Weimar. München 1966.

Hermann, Carl Hans: Deutsche Militärgeschichte. Frankfurt 1968.

Hoffmann, Peter: Widerstand, Staatsstreich, Attentat. Der Kampf der Opposition gegen Hitler. München 1970.

Hoßbach, Friedrich: Zwischen Wehrmacht und Hitler. Göttingen 1965.

Irving, David: Und Deutschlands Städte starben nicht. Zürich 1963.

Kiersch, Gerhard u. a.: Berliner Alltag im Dritten Reich. Düsseldorf 1981

Kurowski, Franz: Der Luftkrieg über Deutschland. Düsseldorf-Wien 1977.

Meier-Welcker, Hans: Seeckt. Frankfurt 1967.

Müller, Christian: Oberst i. G. Stauffenberg. Düsseldorf 1970.

Müller, Klaus-Jürgen: Das Heer und Hitler. Armee und nationalsozialistisches Regime 1933–40. Stuttgart 1969.

Paul, Wolfgang: Der Heimatkrieg 1939 bis 1945. Esslingen 1980.

Vollmacht des Gewissens (Sammelwerk). Bd. 1: Probleme des militärischen Widerstandes gegen Hitler. Bd. 2: Der militärische Widerstand gegen Hitler im Kriege. Frankfurt 1960 u. 1965.

Wheeler-Bennett, John W.: Die Nemesis der Macht. Die deutsche Armee in der Politik 1918–1945. Düsseldorf 1954 und 1980.

Wohlfeil, Rainer u. Dollinger, Hans: Die deutsche Reichswehr. Bilder, Dokumente, Texte. Wiesbaden 1977.

Zeller, Eberhard: Geist der Freiheit. Der 20. Juli. München 1963.

20. Juli 1944 (Dokumentation). Bearb. von Hans Royce u. a. Bonn 1961.

Zur Person des Autors

Georg Holmsten, am 4. August 1913 in Riga geboren. 1922 Übersiedlung nach Berlin. 1933 Abitur an einem Berliner Gymnasium. Während der NS-Zeit Nachrichtenjournalist, zunächst bei der amerikanischen Agentur United Press, seit Kriegsbeginn Redakteur und Chef vom Dienst der Auslandsredaktion des Deutschen Nachrichten-Büros. Vom 1. Juli 1942 bis Kriegsende Wehrmacht. Vom Februar 1943 bis Februar 1945 als Informationsoffizier in Zivil in der Amtsgruppe Ausland des Amtes Ausland/Abwehr tätig. An der Aktion des 20. Juli 1944 beteiligt (siehe Erlebnisbericht in diesem Buch).

Seit Kriegsende freier Schriftsteller. Autor von 30 Büchern, darunter die Kriegsbücher «Der Brückenkopf» und «Endstation Berlin», zehn biographische Romane über Ludwig XIV., Rembrandt und andere Persönlichkeiten in Gesamtauflage von über 1 Million, Rowohlt-Monographien über Voltaire, Rousseau, Friedrich den Großen und den Freiherrn vom Stein, die Historien «Potsdam – Geschichte der Stadt» und «Brandenburg – Geschichte der Mark» sowie Baedeker-Stadtführer durch sechs Berliner Bezirke.